世界简史

[英]赫伯特·乔治·威尔斯 ◎ 著　谢凯 ◎ 译

A Short
History of the
World

民主与建设出版社

© 民主与建设出版社，2021

图书在版编目（CIP）数据

世界简史 /（英）威尔斯（Welts, H.G.）著；谢凯译.
-- 北京：民主与建设出版社，2015.7（2021.1 重印）
ISBN 978-7-5139-0702-6

Ⅰ.①世… Ⅱ.①威… ②谢… Ⅲ.①世界史
Ⅳ.①K1

中国版本图书馆CIP数据核字(2015)第174703号

世界简史

SHIJIE JIANSHI

著　　者	（英）威尔斯（Welts, H.G.）
译　　者	谢　凯
责任编辑	李保华
封面设计	仙　境
出版发行	民主与建设出版社有限责任公司
电　　话	（010）59417747　59419778
社　　址	北京市海淀区西三环中路10号望海楼E座7层
邮　　编	100142
印　　刷	北京柯蓝博泰印务有限公司
版　　次	2015年10月第1版
印　　次	2021年1月第16次印刷
开　　本	710毫米×960毫米　　1/16
印　　张	21.75
字　　数	200千字
书　　号	ISBN 978-7-5139-0702-6
定　　价	39.80元

注：如有印、装质量问题，请与出版社联系。

序

✦〜✦〜✦〜✦

　　我写作这部《世界简史》的最大愿望，是希望读者能像读小说一样，一口气把它读完。为此，我在书中省去了那些繁琐的事件，以一种简洁明了的写法，把我们现今所知道的历史讲述出来。本书将让读者获得一个对历史的整体看法，作为进一步研究某一特定时期或特定国家的历史所依托的框架。此外，阅读本书也能为阅读我的另一本历史著作《世界史纲》[①]获得诸多有益的准备。然而，本书最主要的目的还是让那些无暇细读《世界史纲》的读者清晰理解人类伟大冒险活动的那些模糊的、琐碎的概念，纠正先前形成的一些错误认识。本书绝不是《世界史纲》的缩写版，因为《世界史纲》就其本身的目的来说，是无法缩写和提炼的。本书则采用了崭新的立意和写法，是一部更通俗、更普及的历史著作。

赫伯特·乔治·威尔斯

---

　　① 作者另外的一部历史著作。——编者注

目　录

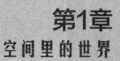

第1章
空间里的世界

我们现在对世界历史的了解是极不完全的。在200年以前，人们所掌握的仅限于3000年以来的历史。而3000年以前发生的事情，则仅仅是人们的推测和臆想，也有部分是传说。在当时的文明世界里，绝大多数人都被告之并相信，这个世界是在公元前4004年被突然创造出来的，不过，具体是在这一年的春季还是秋季，当时的权威们各执一词，众口不一。这种创世时间精确得有些荒谬的观点，是基于对希伯来《旧约》过于字面的解读，一种神学式的任意猜测。如今，这种观点早已被传教士所摒弃。人们普遍认为，我们生活的这个世界已经存在了很长甚至是无限长的时间。当然，这种观点也可能包含着荒谬的认识，就像在一间屋子相对的两面墙上都装上镜子，从而使屋子看起来没有尽头一样。那种认为我们生活的这个世界仅存在了六七千年的观点，早已经被彻底推翻。

如今，人们都知道我们生活的地球是一个直径约为8000英里①，两端稍扁的橘状球体。大约在2500年前，就有个别学者知道地球是一个球体。在这以前，人们一直认为地球是一个平面。那时有各种关于地球和天空、行星、恒星之

———————

① 1英里＝1 609.344米，8000英里为12 874 752米。——编者注

影响巨大的发光螺旋云

星云的侧面图

间相互关系的理论。在今天看来，这些理论全都不切实际。如今，人们知道每过24小时，地球就以地轴（比赤道的平均直径短24英里）为中心自转一周，由此形成昼夜交替。此外，地球还沿着轻微倾斜且慢慢变化的椭圆形轨道，一年绕太阳公转一周，由此形成四季更迭。地球在公转的过程中，离太阳最近的距离是9150万英里，最远的距离是9450万英里。

月球这个星体比地球小，在离地球平均239000英里远的地方围绕着地球运行。并不是只有地球和月球这两个星体在围绕太阳运行，在离地球3600万英里和6700万英里的地方，还有水星和金星。在地球的运行轨道外围，有无数的呈带状的、可忽略的小星体、小行星，此外还有火星、木星、土星、天王星和海王星等，它们距离太阳分别有14100万英里、48300万英里、88600万英里、178200万英里和279300万英里。这些庞大的数字肯定会给读者造成理解上的困难。如果把太阳和这些行星按一定的比例同时缩小，读者理解起来肯定会更容易一些。

假如我们用直径为1英寸[①]的球来代表地球，那么太阳就是直径为9英尺[②]、距

---

① 1英寸=0.0254米。——编者注
② 1英尺=0.3048米，9英尺=2.7432米。——编者注

离地球大约是323码^①，相当于五分之一英里——步行大约要走四五分钟——的一个大球。月球呢，则是一个距离地球2.5英尺、个头和豌豆差不多的小球。在地球和太阳之间，还有两颗内行星——水星和金星，它们到太阳的距离分别为125码和250码。在这些星体周围，空无一物，直到距离地球175码的地方，你会看到火星；在距离地球约1英里的地方，你会看到直径约为1英尺的木星；在距离地球约2英里的地方，你会看到个头稍小的土星；在4英里和6英里处，你会分别看到天王星和海王星。在更远的数千英里处，除了非常细微的尘埃和漂浮的稀薄气体外，其他什么也没有。然而，即使是在这样的缩小后的宇宙里，距离地球最近的恒星也在4万英里之外。

这些数字可能会让人们觉得，我们生活的这个空间无边无际。

在这样一个辽阔的空间里，我们所了解的仅仅是地球表面的生物，它们生活的地方从未深入过地下3英里，而地表到地心的距离竟有4000英里！它们生活的地方也从未超过地上5英里。除此之外，那里便是一片空漠和死寂的空间。

最深的海洋也没有超过5英里，飞机飞行的高度也不过4英里。有人曾乘坐热气球升到7英里的高空，但他承受了极大的痛苦。没有一种鸟的飞行高度能够超过5英里。有人曾用飞机把鸟和昆虫带到高空，但还远未到达如此高度时，它们就已经失去知觉了。

---

① 1码=0.9144米，323码=295.3512米。——编者注

第2章
时间里的世界

近50年来，科学家就地球的年龄和起源作了许多严谨而有趣的推测。因为它们涉及太多数学方面和物理方面的专业知识，所以我很难做细致的介绍。事实上，虽然如今的物理学和天文学已经取得了快速的发展，但是它们仍然没有取得任何超越这些解释的研究成果。从总体上来说，科学家趋向于把地球的年龄估算得越来越长。以如今的观点来看，地球似乎是一颗独立存在的行星，它绕着太阳一圈一圈地运行了二十多亿年。不过，地球的年龄或许还要老，甚至老得让人无法想象。

在地球独立存在的漫长时间之前，太阳、地球以及围绕太阳运行的其他行星的前身或许是散布在空间里的一些漩涡状的细小物质。人们通过望远镜看到了天空中发着光的漩涡状的物质云——涡状星云，它看起来就像围绕着一个中心在旋转。有些天文学家推测：太阳和它周围的行星，也是由这样的涡状星云形成的。涡状星云中的物质在非常遥远的时代开始凝聚，慢慢形成难以分辨的独立球体。不过，刚形成的地球和月球的旋转速度要比现在更快，距离太阳的距离也比现在更远，绕太阳运行的速度也比现在更快。它们的表面并不是坚硬的固态，而是白炽熔化的状态。

如果我们能穿越时空到那十分遥远的过去，去看一看童年时期的地球，所看到的情景一定会让你感到惊讶。那时的地球表面看起来就像是冶矿炉里熔化了的液态金属，或是像还没有冷却的岩浆。没有水，因为所有的水都化成水蒸气混合在硫黄蒸汽以及金属蒸汽中。在这些迷雾状的蒸汽之下，是翻滚着、沸腾着的熔岩"海洋"，以及漂浮着火云的天空。耀眼的太阳和月亮飞快掠过，就像一股火焰上腾起的灼人的气浪。

黑暗星云

"黑暗星云"这张图是使用世界上最大的望远镜于1920年拍摄而成，是威尔逊望远镜拍摄的第一批照片中的一张。

星云分为黑暗星云和发光星云。但亨利诺里斯罗素教授对英国理论持反对态度，认为黑暗星云在发光星云之前就已出现。

几百万年过去了，这个巨大的火球渐渐冷却下来。天空中漂浮的水蒸气越来越少，因为它们逐渐凝结成雨，落到地面。熔岩也逐渐凝固成巨大的熔渣，在熔岩的海平面上上下漂浮，随后又被其他漂浮物所覆盖。太阳和月球距离地球越来越远，它们看起来越来越小，运行的速度也越来越慢。由于月球体积小，温度降低得更

巨大的螺旋星云

另一螺旋星云

生命出现之前的景观，大量巨大的如熔岩，一般的岩石上没有任何土壤的痕迹

快，其表面已经变成固体，它时而遮住阳光，形成月食；时而反射阳光，形成满月。

然后，又经过了非常漫长的时间，地球以非常缓慢的速度变成我们今天看到的样子。在变化的最后一个时期，水蒸气遇到冷空气变成雨云，然后凝结成雨滴，稀稀落落地落在最早形成的岩石上。在之后的漫长岁月里，地球上的大部分水依然蒸发到大气中，不过，此时已经有了滚热的水流淌在凝固的岩石上，冲刷着碎石和沉积物。水逐渐向低处汇聚，形成湖泊和沼泽。

最后，人类终于获得了赖以繁衍生息的家园。如果能回到那个时期的地球上，我们一定身处在一个头上是狂风暴雨，脚下是滚烫的、光秃秃的岩石，没有泥土、花草和树木的环境中。灼人的狂风，比如今最暴虐的龙卷风还要强大。倾盆的大雨，对今天生活在地球上的人来说简直无法想象。雨水汇成条条急流，挟带着碎石和岩屑，在岩石上冲刷出条条巨壑深谷，最终连带沉积物一起流进最初的海洋。透过云隙，我们看到巨大的太阳掠过天空。伴随着太阳和月球的移动，地球上不断地发生地震和地壳隆起。如今，我们只能看到月球的一面，而那时，月亮也很明显地转动着，如今它羞于展现的那一面也可以看到。

随着地球年龄的增长，一天的时间也越来越长，地球与太阳之间的距离也越来越远。阳光慢慢变得柔和，月球运行的速度也渐趋缓慢，地球上的狂风暴雨也逐渐减少。最初的海面不断扩大，最后形成大洋，也就是如今地球上蓝色的服饰。

不过，此时地球上还没有任何生命存在，海洋里一片死寂，岩石上也一片荒芜。

第3章
生命的起源

　　关于人类拥有最初的记忆和最古老的传说之前的那些生命知识，我们几乎只能通过这些生命体留在岩石中的化石和痕迹去获取相关的知识。在页岩、板岩、石灰岩和砂岩中，人们发现了很多骨骼、贝壳、纤维、果核、足迹和爪印，还有最初的潮汐冲刷的痕迹和最早的降雨在岩石上滴打出来的凹痕。正是通过精心查阅这些"岩石记录"，地球上的古老生命之谜才得以破解。如今，这些发现已经成为一种常识。沉积岩并不是十分平整地一层压在另一层上面，它们也有扭曲、歪斜、挤压和交错的地方，就像一本被多次争抢和搓揉后的图书的内页一样。这些沉积岩之所以还能被人们"阅读"，完全得力于大量考古学家的不懈努力，有些考古学家为了破解其中的奥秘，花费了毕生心血。根据这些"岩石记录"，我们可以了解到大约16亿年前的生命形态。

　　地质学家把包含着生命迹象的最初的岩石称为原生岩。在北美洲，有很大一片裸露在地表的原生岩。地质学家根据它的厚度推测，它们至少有八亿年的历史，即地质学记录的地球年龄的一半。我要在此重申这样一个事实，从陆地和海洋首次分离至今的一半时间内，地球上没有留下任何生命痕迹。虽然在岩层中留有潮汐和降雨的痕迹，但看不到任何有关生命的迹象。

随着我们对"岩石记录"的一步步勘察，生命的迹象终于显现出来，并逐渐增多。在世界历史上，我们发现了生命痕迹的最早时期，这个时期被地质学家称之为古生代早期。这一时期生命迹象的证据，是一些比较低等的生物的遗迹，比如水生贝类的贝壳、植物状动物的花状头、海藻、沙蚕类、甲壳类生物的足迹和骨骼化石。最早出生的生物跟蚜虫十分相似，它们能够像蚜虫那样把身体卷成球状，这种生物就是三叶虫。过了几百万年，出现了一种海蝎，它比先前出现的生物更灵活，也更有力。

寒武纪时期的海洋生物

这些早期生物的个头普遍很小。不过，也有一种海蝎的身长达到9英尺。在这一时期的陆地上，没有植物也没有动物，总之，还没有任何生命的迹象。此时，海洋里也没有鱼类和其他脊椎类动物出现。地球的这一历史时期出现的所有动物和植物，都生活在海洋的浅水区或潮水涨落处。今天，如果我们想看到和古生代早期岩石中的动植物化石相似的动植物，最好的办法就是从岩熔池或长有浮藻

三叶虫化石

的水池取一滴水，然后放在显微镜下仔细观察。如果不考虑体积大小，我们会看到，这滴水中所包含的贝类、海绵、珊瑚或海藻与当初统治着我们这颗星球的那些更笨拙、更庞大的动植物有着令人吃惊的相似。

不过，请记住这一点：古生代早期的岩石或许根本不能为我们提供这颗星球生命开始的记录。因为假如一种生物没有骨骼或其他坚硬的部分，没有足够的体重在泥沙上留下痕迹，它就不可能留下任何可以用来证明它曾经存在过的化石痕迹。如今，地球上就有无数种微小的软体动物，它们也绝对不会留下任何可供未来的地质学家考察的痕迹。同样，在遥远的过去，地球上也有许多不知名的生物

在生活、繁衍和繁荣，但当它们全部死后却没有留下任何痕迹。所以说，在那个所谓的"无生代"时期，或许有无数种低等的、没有骨骼和硬壳的胶质动物，它们生活在温暖的浅海、浅湖里。此外，还有无数种绿色的浮藻，生长在阳光可以照射到的潮水涨落处的岩石和海滩上。

不同种类的海豆芽的早期化石，这些最古老的贝类生物至今仍然存活在地球上

就像银行的账簿不能作为邻近人员存在的记录一样，"岩石记录"也不能当成过去生命的完整记录。只有当生命进化到出现骨骼、针骨、甲壳或石灰质的茎干，并能将某些东西留给后代时，它们才能成为某种记录。不过，在比那些含有化石痕迹的岩石还要早的岩石里，偶尔也能发现石墨——一种分离形态的碳。

有些权威的专家称，碳或许正是某种不为人知的生物通过自身的生命活动从碳的化合物中分离出来的。

迷齿亚纲类动物的足迹化石上的化石脚印

第4章
鱼类时期

在"世界只延续了几千年"这种观念占统治地位的时期，人们认为动植物的种类是固定不变的，各种生物现在的样子也就是它们最开始出现时的样子。不过，在人们开始发现并研究了"岩石记录"以后，这种观念开始慢慢改变。人们开始思考：在漫长的年代里，动植物是否经历了变化和发展？这种思考慢慢变成一种关于生物进化的观念：地球上的所有生物，不管是动物还是植物，都是由原生代时期地球上简单的生命形式，也就是几乎没有组织的生命形式经过漫长的、持续不断地演化才出现的。

关于生物进化的问题，就像地球的年龄问题一样，一直都是带有争议的问题。在过去的一段时间里，关于生物进化的观念被以某种莫名其妙的理由说成是违背天主教、犹太教和回教教义的异端邪说。幸好，那个时代早已经过去。如今，绝大多数天主教徒、基督徒、犹太教徒和回教徒都认可了这种更新、更普遍的观念：地球上的所有生物都有一个共同的起源，它们不会突然出现在地球上。这些生物在过去的年代里不断进化，在当今的年代也在不断地进化。在那漫长的历史中，它们一代又一代地慢慢进化着，从最初潮起潮落时在泥沙里的细微蠕动，到如今自由、强健、具有意识的生物。

生物是由有限的个体组成，它们不像一团或一块无生命的物质，也不像晶体那样是无界限、无运动的物质。它们具有所有非生命体都不具备的两个特征：一是能够同化其他物质，使其成为自身的一部分；二是可以再造自己。它们吃东西，它们繁殖后代。它们和后代之间在很大程度是相同的，但也有一些非常细微的变异。也就是说，每个生命体和后代之间都存在着某些种族上的相似，但同时也存在着个体之间的差异。不管是什么生物，也不管在生命的哪个阶段，这一点都不会改变。

母体和后代之间为什么相似？母体和后代之间为什么又有差别？关于这两个问题，科学家们至今仍没有给出令人满意的答案。从后代与母体的相同与不同来考虑，得出随着生存条件的变化，种族本身也会发生相应的变化这一结论，与其说是科学推理的结论，还不如说是

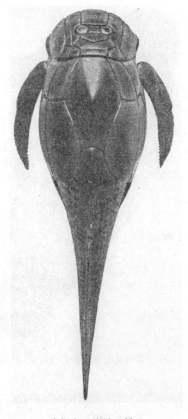

海蝎盔甲的展示样品

一种基本常识。任何一个种族的后代都有很多个体，其中大部分因为变异而更好地适应了生长环境，也有一部分因变异而使自己在新环境中难以生存。相比较而言，前者比后者的生存时间更长，繁衍后代也更有保障，后代的数量也会一代一代地增加。这个过程被称为"自然选择"。自然选择严格来说并不算是一种科学理念，它只是从繁殖与个体变异这一事实得出的某种必然的推论。在种族的生存、演变或灭绝过程中，或许有多种力量在起作用，但是科学家无法给出明确的答案。不过，如果有人因此而否定自然选择在生命出现的初级阶段所起的作用，那么他不是无视有关生命的根本事实，就是缺乏最基本的思维能力。

有很多科学家都研究过生物起源问题，他们的见解大多生动有趣。不过，关于生物的起源，至今仍没有明确的知识和令人信服的推测。不过，几乎所有的权

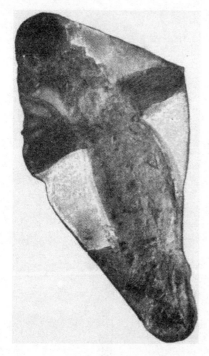

裂口鲨化石，泥盆纪鲨鱼

鲨鱼和泥盆纪硬鳞鱼

威学者都一致认为：最早孕育生命的地方大概是有温暖的阳光照射、带点少许盐分的浅海下的泥沙里，然后，这些生物又随着潮涨潮落扩散到海岸和大海深处。

在最初的海洋上，潮汐活动非常频繁，而且十分强烈。生命个体要么被潮水卷到海岸上被阳光晒干，要么被卷到大海深处，因缺少阳光和空气而死亡。这种生存环境促使生物向着生根固定的趋向，以及形成外壳以避免被迅速晒干的趋向进化。从很早的时期开始，生命体就依靠敏锐的味觉来寻找食物，它们也依靠对光线的敏感离开深海和洞穴，以及逃离因太过于明亮而险象环生的浅滩。

生物身上最初的甲壳，或许不是为了抵抗敌人的盔甲，而是防止被迅速晒干的保护层。不过，牙齿和爪子，很早就在地球上出现了。

我在前面曾经提到过古代海蝎的大小。在相当长的一段时间里，它们都以生物界的君主这一身份统治着地球。后来，在古生代岩石中的志留纪层——许多地质学家认为这一时期大约在5亿年以前——人们发现了有眼睛和牙齿、会游泳、生存能力更强的新型动物。这是已知的最早的脊椎动物——最早的鱼类。

在岩层的下一纪层，也就是泥盆纪岩层里，鱼类的数量明显增多。由于在这一地质时期，鱼类是非常常见的生物，所以岩石记录的这一时期被称为"鱼类时期"。如今，这些鱼类早已经消失，它们的样子和现在的鲨鱼、鲟鱼有些相似。它们喜欢在水中快速穿梭，喜欢在水面上跳跃，喜欢在海藻间觅食，喜欢追逐捕食同类，为海洋带来勃勃生机。以我们如今的眼光来看，它们算不上是大型鱼类，能够长到两三英尺长只是少数。但也有个别的例外，最长的甚至可以长到20英尺长。

我们无法从地质学上获得任何关于这些鱼类祖先的有用知识，它们与之前出现的鱼类没有什么关系。动物学家们曾对这些鱼类的祖先得出过许多有趣的见解，不过，这些见解都是根据对它们现存的近缘鱼类卵的进化研究，以及其他一些资料推测出来的。十分明显，脊椎动物的祖先就是软体动物，有可能是最早在嘴里或嘴的四周长出牙状硬物的十分微小的游水动物。鳐鱼和角鲨的牙齿遮住了上腭和下腭，从嘴边开始，全身长满了齿状的鳞片。当这些鱼类长出齿状的鳞片后，它们就从以往黑暗的隐藏之处，游到了光明的地方。地质学中最早的脊椎动物就这样出现了。

第5章
石炭纪沼泽期

在鱼类时期，陆地上还是一片沉寂，完全没有生命存在。裸露的贫瘠岩石形成悬崖和起伏的丘陵，任凭日晒雨淋。此时，地球上还没有真正的土壤，因为有助于土壤形成的蚯蚓还没有出现，致使岩石破碎从而形成土壤的植物也没有出现，甚至连苔藓和地衣都还没有。此时，所有的生命都仅存于海洋中。

在这到处都是岩石的世界中，气候剧烈地变化着。引起气候变化的原因非常复杂，至今也只能得出某种推论。地球运行轨道的变化、地球自转时两极的缓慢变化、大陆形态的变化，甚至太阳温度的升降，这些原因加在一起，导致地球表面广大地区长期笼罩在寒冷和冰冻之中。

后来，整个地球又被温暖宜人的气候所笼罩，这种气候持续了数百万年。在地球的演变过程中，其内部有若干次剧烈的变动。数百万年积聚的上冲力，骤然形成火山爆发，导致地球表面的高山和大地的轮廓发生了剧烈的变化：海洋更深、山地更高，气候也趋于极端。接下来，是很长一段非常平静的时期。在此期间，由于降雨、冰冻以及河流的冲刷，山地的高度慢慢降低。另一方面，河流挟带着大量的泥沙流进海里，致使海底增高，海水变浅，海面不断变宽，以前靠近海水的陆地都变成了浅海。这也是地球历史上"高而深"和"低而平"两个不同的时代。很多读者认为地球在外壳硬结之后，地表的温度已经完全冷却，这种看法必须完全清除掉。事实上，在经过了漫长的严寒期后，地球内部的温度才不再对地表温度产生影响。就算是在"无生代"时期，也同样存在到处都是冰雪的"冰河时期"的痕迹。

到了鱼类时代的末期，也就是生物生活在广阔的浅海和海湾的时期，生物也以各种相应的方式从浅水里来到陆地上。毫无疑问，这些开始大量出现的早期物种，事实上是经过千百万年，以一种罕见的、不明确的方式进化而来的。如今，它们终于迎来了属于自己的时代。

植物肯定先于动物移居到陆地上，但两者登陆的时间恐怕相距不久。植物要在陆地上生存，必须解决两大难题：一是它需要一个支撑物，以便在有浮力的潮水退去之后，可以支撑叶状物接受太阳的照射；二是离开水之后，需要从潮湿的地面吸取水分。这两大难题因木质纤维的发展而得到了圆满解决。木质纤维既可以支撑植物，又可以承担向叶子输送水分的任务。事实也证明了这一点。在这

石炭纪的沼泽，正在形成的煤层

一个迷齿亚纲类动物、大头螈属的头骨

一时期的岩石记录中，各种各样的大型湿地木质植物骤然增多，有木质苔藓、木质蕨类、巨型木贼等。在过了一段漫长的时间后，各种动物也从水里来到陆地上，有蜈蚣和马陆，有最早的原生昆虫，有古代的鲨和海蝎的近亲——它们后来成为最早的蜘蛛和陆地蝎。没过多久，脊椎动物也纷纷登陆了。

一些原始昆虫的体型非常大。有一种蜻蜓，它的翅膀完全展开时有29英寸长。

这些新奇的动物通过各自不同的方法，让自己适应呼吸空气。而在此之前，所有动物都是呼吸溶解于水的空气。呼吸空气是一切登陆的动物都必须进行的活动，同时，它们还必须具备获取水分的能力。即便是在今天，如果人的肺完全干枯，人也会因窒息而死亡。因为只有当肺叶表面充分湿润时，空气才能通过肺进入血液。

动物获得这种呼吸游离态空气的能力，要么是因为进化了某个器官，使其遮住旧有的鳃防止水分蒸发，要么是进化出深藏在体内的由分泌的液体保持湿润的管状器官和其他新的呼吸器官。脊椎动物的始祖——鱼类，它们的鳃不能适应陆地上的呼吸，后来它们进化出新的呼吸器官，也就是隐藏在体内的肺——事实上是鱼鳔。两栖类动物，如蛙和蝾螈，它们出生在水里，最初用鳃呼吸，后来它们的呼吸器官和许多鱼类的鳔发生了同样的进化，在咽喉附近长出一个类似囊状的肺，肺开始接替鳃执行呼吸功能，然后它们才到陆地上生活。接着，它们的鳃开始退化，鳃裂消失（其中一个鳃裂进化成耳到鼓膜的通道）。此后，它们只能生活在空气里，不过它们在产卵时仍需回到水里去。

蚓螈的骨架

在沼泽植物时期，所有呼吸空气的脊椎动物都属于两栖动物。它们和今天的蝾螈很像，不过体型要大得多。虽然它们的确是陆地动物，不过必须生活在沼泽中或沼泽附近的湿润地带。这个时期生长的那些高大的树木，从生长习性来说，也可以说是两栖类植物。因为这些植物的种子必须落在水中才能发芽；如果落在地上，仅依靠雨露的滋润根本不能发芽。

生物对从水中移居到空气中的环境变化，有着让人惊讶的、复杂的适应能力。研究这种适应能力是比较解剖学中最有魅力、最有趣味的内容。一切生物，包括植物和动物，最初都生活在水中。例如，比鱼类更高级的脊椎动物，包括人在内，无论是在卵的发育阶段，还是在胎儿出生以前，都有一个鳃裂消失的阶段。鱼类被水浸润的眼睛，也得到一种更高形式的保护——用眼睑和分泌水分的泪腺保持其湿润。由于空气中声音的震动相对微弱，因此耳膜成为必要的听觉器官。动物身上的其他器官，为了适应空气中这种新的生存环境，都有类似的变化和调整，以及类似的保护。

在石炭纪两栖类时期，生物生活在沼泽、海湾以及低洼地带。虽然生物分布的区域明显扩大，但是在丘陵和高地仍然是一片荒芜，没有生物存在。这一时期的生物的确学会了呼吸空气，但它们仍没有完全离开水的故园，还必须回到水里去繁衍后代。

第6章
爬行动物时期

在生物丰富的石炭纪之后，紧接而来的是一个干燥的、漫长的时期。这一时期的岩石记录是堆积很厚的砂层岩，不过其中很少见到化石。地球上的温度剧烈变化着，大地多次处于寒冷的冰河时代。之前茂盛的各种各样沼泽地植物，如今已经完全消失了。它们被新的堆积层掩埋，开始了一个压缩和矿物化的过程。正是因为这一过程，如今我们才有丰富的煤炭资源可供开采。

不过，正是在这一个大变动的时期，生物发生了急剧的变化，并且在恶劣的环境中得到了最有价值的进化。当地面环境又恢复到温暖和潮湿时，一系列新的动物和植物先后出现了。在岩石记录中，我们发现了一些卵生脊椎动物，它们的卵在孵化完成前就已经接近发育的成熟阶段。它们的后代一来到这个世界上，就可以在空气中生活，而不必像蛙的后代那样必须在水中生活一段时间。

这些不经过"蝌蚪阶段"的全新动物就是爬行类动物。与此同时，出现了结籽的植物，它们可以不依赖沼泽和湖泊，自由播散种子。此外，还出现了棕榈和苏铁类植物和多种热带带针叶植物。不过，开花的植物和草类还没有出现。

另外，还有种类繁多的羊齿类植物。昆虫的种类也丰富起来。虽然还没有出现蜜蜂和蝴蝶，但已经有了各种甲虫。无论如何，新的、真正的陆生动植物的主要种类在漫长的严寒时期已经形成。它们只要遇到适宜的环境，就会迅速繁荣起来。

一个中生代的沙鱼蜥蜴化石

在经过漫长时间的变化之后，地球终于迎来了一个平和时期。地球不计其数的地壳运动，地球轨道的变化，运行轨道和地轴斜度的增减等一系列因素，共同造就了一个时间漫长且范围极广的温暖环境。如今，根据科学家的推算，这一时期持续的时间大约有两亿年以上。这个时期被称为"中生代"，用来区别之前更遥远的"古生代"和"无生代"（共14亿年），还用来区别介于其末期和现代之间的"新生代"。这一时期也被称为爬行类时期，因为在这个时期爬行动物的数量明显超过其他动物。"中生代"一直持续到大约距今约8000万年以前。

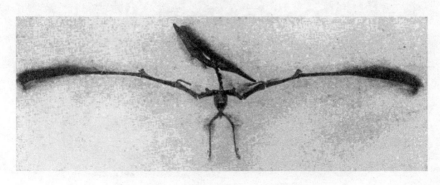

一只翼龙

如今，地球上的爬行动物的种类相当少，分布的区域也十分有限。然而，今天保留下来的这些少数爬行动物，它们的祖先曾在石炭纪主宰着地球。那个时候，它们的种类要比今天丰富得多。其中有一些现在还存在着，比如蛇、鳖、海龟、美洲鳄、鳄鱼及蜥蜴。这些动物无一例外地需要终年温暖的环境，不能暴露在严寒中。不过，也许所有的"中生代"爬行动物对生存环境都有着同样的要求。它们是生活在温室植物丛林中的温室动物，经受不了严寒。不过，此时的地球至少已经出现了真正能在干燥的陆地环境下生存的动植物，它们与地球生物全盛时期的湿地和沼泽中的动植物迥然不同。

那时爬行动物的种类比我们今天所知道的数目要多得多，除了大海龟、龟、巨鳄、蜥蜴和蛇之外，当时还有许多现在已经灭绝的大得令人吃惊的动物。其中有一种称为恐龙的动物品种繁多。至于植物，如芦苇、羊齿类等，它们已经遍布了低平地面。以这些植物的嫩芽为食的食草类动物，它们的体型在"中生代"的全盛时期达到了顶峰。其中最大的，其体型甚至超过了在此之前的所有陆生动物，同海里的鲸鱼的大小相当。比如梁龙，从它的鼻尖到尾尖长达84英尺；又比如巨龙，它的体型更大，足足有100英尺长。以这些巨型动物为食的，则是一些和它们个头差不多的食肉类恐龙。其中有一种叫霸王龙，在许多书中都被描写成为空前绝后的、可怕而凶猛的爬行动物。

一只栖息于沼泽地的大型恐龙，梁龙，从鼻子到尾尖总长24米

当这些巨型动物在"中生代"丛林的蕨叶和常绿植物之间觅食或相互追逐时，一种现已灭绝的其他爬行动物，正用它们那进化成蝙蝠翅膀状的前肢捕捉昆虫，你追我赶。最初，它们只能跳跃，然后靠风鼓动，终于能在森林的树枝间滑翔了，它们就是翼龙。它们是最早的有脊椎的飞行动物，在脊椎动物能力发展史上开创了新纪元。

此外，某些爬行动物又回到了海里生活。有三种会游泳的大型爬行动物回到它们的祖先生活的海洋里，它们是沧龙、蛇颈龙和鱼龙。它们的体型和今天的鲸鱼差不多。鱼龙似乎只有在排卵时才回到海里。至于蛇颈龙，现在已经找不到和它同类的动物。它的体型庞大，强健有力，长着可以划水的器官，在沼泽或浅水处既可以游泳也可以爬行。它的头一般比较小，长在巨蛇一样的脖子上。蛇颈龙不仅可以像天鹅一样在游水时觅食，还可以潜入水下，捕食鱼类和其他动物。

这些就是称霸"中生代"的最主要的陆生动物。以人类的眼光来看，它们比以前的生物有了很大的进步，无论在体型大小、分布范围、力量，还是活动能力方面，都比之前的动物更有生命力。在海洋里，虽然物种的进步没有这样明显，不过海洋生物的新品种也在不断出现。在浅海区，出现了各种带有硬壳、形似鱿鱼的动物，它们被称为菊石类动物。它们的远祖曾经生活在"古生代"的海洋里，直到"中生代"才迎来全盛时期。如今，这种动物已经灭绝。与它们最相似的近亲，是生长在热带海洋里的产珍珠的鹦鹉螺。还有一种新的、多产的鱼类，它们具有比之前鱼类的片形和齿形鱼鳞更优质的鳞片。这种鱼类在此时成为湖泊海洋中的主要物种，并在以后的年代中，始终占据着优势地位。

第7章
最早的鸟类和哺乳动物

前面几章，对生物最为兴旺的"中生代"时期的那些繁茂的植物和各种各样的动物做了简要的介绍。此时，恐龙就是热带雨林和潮湿平原上的霸主，翼手龙尖叫着在林间滑翔，捕食在无花灌木丛中和林间飞着嗡嗡叫的昆虫。然而，在这些强势生物的势力范围之外，还生活着一些既弱小，数量也不多的动物，它们不断获得某些生存的能力，学会某些忍耐的本领。当太阳和地球失去它昔日的温和和仁慈时，这些能力和本领对种族的延续显得尤其重要。

一些擅长跳跃的爬行类动物以及较小的恐龙类动物，由于经常受到敌人的袭击和生存竞争的威胁，有的最后灭绝，有的被迫改变自己生存的适应能力，逃到高山或海边的寒冷环境中去。这些不幸的物种慢慢进化出一种全新的鳞片，这些鳞片后来慢慢拉长形成管状，然后分开形成天然羽毛的雏形。这种管状鳞片重叠起来覆盖在动物身上，可以起到比同时期的爬行动物的皮肤更有效的保暖作用。靠着这种保温层的保护，它们才可以进入其他没有羽毛的动物不能涉足的寒冷地带生活。与此同时，这些动物对自己的卵也表现出更大的关心。大多数爬行动物对自己产下的卵都漠不关心，听凭阳光和季节温度去孵化。而在生命之树上新生的一个分支上出现的某些变种，却养成了保护自己的卵，并用自己的体温去孵卵的习性。

这种对严寒的适应性，也影响到动物身体内部的变化，逐渐进化成恒温动物，从而可以独立地保持体温。最初的鸟类大概是以捕鱼为生的海鸟，它们的前肢与其说像翅膀，还不如说像企鹅用来划水的蹼足。新西兰的鹬鸵是一种奇特的原始鸟类，长着十分简陋的羽毛，既不能用来飞行，看起来又不像是从会飞的祖先那里遗传下来的。在鸟类的进化过程中，羽毛的出现要先于翅膀。事实上，在羽毛发育完全，可以轻轻展开时，就会自然而然地进化出翅膀。我们知道有这样一种鸟的化石：它的腭上长着爬行动物的牙齿，尾部长着爬行动物的长尾，然而它还长着鸟类的翅膀。可以肯定的是，它们曾经混迹于"中生代"的翼手龙中间。不过，"中生代"的鸟类种类不多，数量极其有限。如果有人能回到"中生代"，他可能一连好几天都看不见一只鸟，听不到一声鸟叫，只能看见大量的翼手龙和昆虫在羊齿丛和芦苇丛中出没。

最古老的鸟类化石：原始鸟类之一

黄昏鸟在它们出生的海域

另外，他可能也看不到任何哺乳动物的身影。尽管最早的哺乳动物可能比鸟类早几百万年出现，不过由于它们太渺小、太稀少，所以根本不能引起人的注意。

和早期的鸟类一样，最初的哺乳动物也是因为竞争和驱赶，被迫到严寒环境中生活，进而获得了对严寒的适应能力。它们体表的鳞片进化成羽毛状，形成一个保温层，这一点与鸟类的变化大同小异。它们也进化成恒温动物，可以独立地保持体温。不过，这些哺乳动物并没有进化出羽毛，而是进化出毛发；它们也不用体温去孵卵，而是把卵一直保存在温暖的身体里，直到幼体发育接近成熟才产出来。大多数哺乳动物都是胎生的，它们一来到这个世界上就是活生生的样子。在幼体出生后，母体仍要承担保护和哺乳的责任。如今大多数哺乳动物都有乳房，并用乳房哺育自己的后代。当然也不是所有的哺乳动物都是这样，有两种现存的哺乳动物——鸭嘴兽和食蚁兽——就没有乳房，它们通过产卵的方式繁殖后代，用皮肤分泌出的营养物质来哺养后代。当食蚁兽产下硬壳蛋后，它就把蛋放在腹下的温暖又安全的袋囊中，一直到幼仔被孵化出来。

正如回到"中生代"的参观者需要寻觅数日或数周才能发现鸟类的身影一样，他们同样很难看到哺乳动物的身影，除非他们事先知道哺乳动物所在的确切的地点。因为在整个"中生代"，鸟类和哺乳动物都不是占主导地位的最重要的动物。

据推测，爬行动物时期大概延续了八千万年。如果以人类有限的知识来理解这一无限漫长的世界，那么我们一定会这样认为：这种充满阳光、物种丰富的繁荣景象一定会平安而长久地持续下去，在泥沼中爬行的恐龙和展翅飞翔的飞龙也一定会长久地繁衍下去。然而，宇宙的神秘规律和它长久以来蓄积的力量却打破了这种似乎可以永世长存的和平和安定，生物种族的美好日子就要结束了。一个时代接着一个时代过去了，一百万年接着一百万年流逝了，世界的停滞甚至倒退让环境变得非常恶劣：平原地貌发生了巨大的改变，山川和海洋也重新调整了分布的位置。从岩石记录中，我们可以明显看到：在"中生代"漫长的繁荣之

Photo: Autotype Fine Art Co.

几维鸟，在新西兰仍然能看到这种鸟

上新世深层泥灰岩板，发现于希腊，含有丰富的早期哺乳动物化石

后是一个衰落期。在这期间，环境发生了巨大的持续性的变化，生物物种也随之改变，新奇的物种相继出现。那些旧有生物在遭受灭绝的威胁之下，也都竭力去适应环境的变化，例如菊石类在中生代后期就进化出多个奇特的变种。在安定的环境中，新出现的物种往往会被压制，难以发展，因为最能适应环境的物种是那些已有的种族。然而在新的环境下，恰恰是已有的种族会遭受折磨，新的物种往往能抓住机会生存下去。

岩石记录到此中断了数百万年之久。这一时期就像一块厚厚的帘幕，遮住了生命进化历史的整个舞台。当我们跳过这块帘幕，爬行类时代已经结束，恐龙、蛇颈龙、鱼龙、翼手龙以及菊石类等无数种生物都灭绝了。尽管这些物种拥有难以尽数的变种，但仍然全部灭绝，没有任何后代存留下来。严寒夺走了它们的生命。如此看来，这些物种所有的变种都有缺陷，都未能适应当时的条件而幸存下来。世界曾经经历了一段超出它们忍受极限的恶劣天气，"中生代"的生物在这段时间遭到逐步地、彻底地灭绝。随后，我们看到一个与之前看到的世界完全不同的景象：一些新的、更耐寒的植物和动物，重新占据了这个世界。

当生命的历史即将翻开新的一页时，地球上仍然是一片荒凉和死寂。而后，靠落叶来抵御严寒的乔木、开花的植物和灌木取代了以前的苏铁类和热带松柏类植物。而以前爬行动物生存繁衍的地方，各种鸟类和哺乳动物正呈现出一派欣欣向荣的景象。

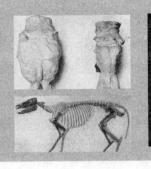

第8章
哺乳动物时期

地球生命进程的下一个伟大时期是新生代。在这个时期，地壳剧烈地运动着，火山频繁爆发，地面不断隆起。阿尔卑斯山、喜马拉雅山等大型山脉以及落基山、安第斯山等高山都是在这一时期崛起的。如今的海洋和陆地的轮廓也是在这一时期形成的。此时的地图版图和现在的世界地图看起来有些大致相似了。据估计，新生代距今约有四千万年到八千万年。

在新生代初期，地球上的气候极其寒冷，之后才慢慢变暖，形成一个物种非常丰富的繁荣时期。之后，地球上的环境再度变得恶劣，地球又进入了极其寒冷的冰河时期。我们如今的这个世界大约就是以此为起点渐渐发展起来的。

不过，直到今天我们仍没有充分掌握当时气候复杂多变的原因，也无法预测未来气候会如何变化。或许，地球上的日照会逐渐加强，或许，地球会再次进入"冰河时期"，或许，火山爆发和地面隆起会加剧进行，也可能会逐渐减弱。我们无法做出科学的判断，因为在这些问题上我们缺乏最充分的科学知识。

随着新生代的开始，各种草也出现了，地球上首次出现了草原。那些曾经生活在被人遗忘的角落的哺乳动物获得了全面的发展，出现了很多有趣的食草动物，也出现了很多以它们为生的食肉动物。

起初，这些早期的哺乳动物和那些曾经繁荣一时，后来又从地球上消失的食草动物和食肉动物非常相似，似乎只有少数习性不同。因此，一些粗心的读者会认为此时重新开始的第二个气候温暖、物种丰富的漫长时期是上一时代的重复，只不过是食草、食肉的哺乳类代替了食草、食肉的恐龙类，鸟类代替了翼手龙而已。事实上，这是一种非常肤浅的认识。宇宙的变化是无穷无尽的，是持续不断的，是永远向前的，历史永远不会重演，任何雷同的事物都有着本质的区别。中生代的生物和新生代的生物之间的差异与两者之间的相似比较起来，前者的意义更加重大和深远。

一种新生代时期的哺乳动物，奇蹄类，渐雷兽

这两个时期生物的最根本的区别，在于它们的精神生活不同。这种差别就其本质来说，主要是来源于母体和后代之间不同程度的接触。在这一方面，哺乳动物和鸟类以及爬行动物有着本质的区别：哺乳动物和后代紧密接触，鸟类次之，而爬行动物和后代之间几乎没有接触。除个别特例之外，爬行动物在产卵之后就会自行离开，任其自生自灭。幼体出生后，对于谁是自己的父母一无所知。在爬行动物身上几乎没有任何亲代知识的延续，它们的知识来源始终仅限于自己的经历。它们可以容忍同类的存在，但不会和他们有什么联系。他们从不会相互模仿，相互学习，也不会共同行动。它们过着一种孤独的个体的生活。不过，以哺育和抚养后代为特点的新生哺乳动物和鸟类，则通过相互模仿，使相互学习成为可能。通过发出带着警戒意义的鸣叫或其他协同的行为，使彼此间的联系成为可能，进而使彼此间的控制和教育成为可能。至此，一种可以接受教育的生物终于出现在地球上。

"新生代"最早的哺乳动物的大脑体积，和更加活跃的食肉恐龙的大脑相比，略有增加。不过，我们沿着岩石记录再往下看，我们就会发现，任何不同种类哺乳动物，其脑容量都随着进化而不停地增加。比如，在这一时期的最初阶段生活着一种名叫"雷兽"的巨犀，它的生活习性和需求与如今的犀牛很像，不过，它的脑容量不到后者的十分之一。

早期的哺乳动物，似乎在哺乳期一结束就和后代完全分开。但是，一旦它们获得了相互理解的能力，个体之间保持联系的机会就大大增加了。如今，我们发现，有许多哺乳动物已经开始过上了真正的社会生活。它们结成群体，相互模仿，彼此照顾，通过各种叫声或动作传达警报。这是以前的脊椎动物从未有过的。当然，在以前的沼泽和浅滩中，也可以看到一些爬行动物类和鱼类的群体，它们之所以成群结队，是因为它们被大量地孵化出来和生存条件相似等外部原因。而哺乳动物的社会性的群集，其原因并非单纯的外部压力，而是受内心的感应力的驱使。它们也不仅仅因为彼此相像才在同一时间聚集在同地点，它们聚集在一起，是因为它们互相爱恋，是一种自发的行为。

爬行类动物和人类思维的差异，让人们无法对它们产生好感。人类无法理解爬行动物那种迅速、简单的本能动机，比如饥渴、恐惧和憎恶等，原因是因为人类的动机很复杂。人类的动机是均衡的，绝不是简单的冲动，它更在乎结果。哺乳类和鸟类都有自控能力，有顾及别的同类的习性，有社会性要求，在这些方面与人类的最低标准很像。因此，可以说人类和它们之间了存在着一定的联系。当它们在痛苦中挣扎时，它们的叫声或动作也会让我们感觉怜惜。由于它们可以作为人类某种感情的寄托物，所以经常被人们当成知心的宠物。它们也可以通过驯养而成为听话、忠诚和懂事的玩物。

"新生代"动物的大脑重量迅速增加，这是那个时代最重要的事实。这促使

小古驼属，长颈骆驼

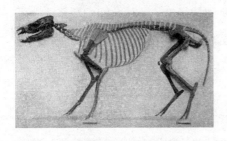

原马属类的骨架，初期的马

生物个体之间建立了某种友善和相互依存的新关系。它预示着人类社会的产生，这一点我随后就会讲到。

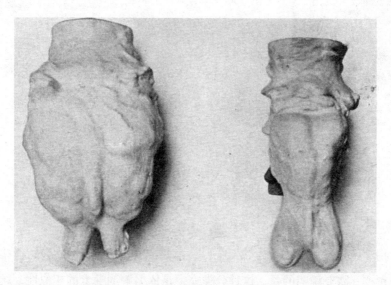

犀牛和恐角兽大脑尺寸的对比

随着"新生代"的不断向前发展，那个时期的动植物群和今天地球上的动植物群越来越相似。体型庞大、行动笨拙的巨犀，以及各种在现在动物中难以找到相似体型的巨兽都已经灭绝。另一方面，从那些笨拙奇特的祖先那里逐渐演化出的长颈鹿、骆驼、马、象、鹿、狗、狮子和老虎等动物也相继出现在地球上。在岩石记录上，马的进化有着特别明显的记载。从新生代初期的小貘样的原始马开始，我们对各种马的演变有一套完整的进化资料。此外，关于驼马和骆驼的演变线索，我们也掌握得比较准确。

第9章
猿、类人猿和原始人

生物学家把哺乳动物分为若干个目，排在首位的是灵长目，包括狐猿、猿、类人猿和人。需要说明的是，这种分类完全是依据解剖学上的相似性，丝毫没有考虑任何精神方面的因素。

关于灵长目过去的历史，我们很难在地质学记录中找到相关的知识。灵长目大多生活在森林里，比如狐猿和长尾猿，也有一些生活在光秃秃的岩石上，比如狒狒。它们很少被溺死，一般死后被沉积物淹埋。再加上它们的数量不多，因此很难找到它们的化石，这和马、骆驼等动物的祖先明显不同。不过，我们知道在新生代的最初阶段，也就是在大约四千万年以前，已经出现了最早的猿类和狐猿类。虽然它们的大脑远不及它们的后代那样发达，但脑的各部分已有了明确的分工。

后来，"新生代"中期的全盛时期终于结束了，它是继生物史上的两个全盛时期——石炭纪沼泽期和爬行类时期——之后的另一个全盛时期。然而，地球又一次进入了严寒的冰河时期。之后有一段时期，地球上出现过短暂的暖和时期，随后地球再次笼罩在天寒地冻之中。在那温暖日子里，河马在鲜嫩多汁的亚热带植物中嬉戏，凶猛的剑齿虎在今天新闻记者们来来往往的伦敦舰队街①的位置潜伏，

———————
① 舰队街因邻近舰队河得名，是英国伦敦市内一条著名的街道，英国新闻界的代称。——编者注

伺机捕杀猎物。地球每进入一次寒冻，都有一批物种被淘汰。只有那些耐寒的长毛犀和大象那披着长毛的堂兄弟——猛犸，以及北极的麝牛和驯鹿逃过了一次次的劫难，仍在地球上生存繁衍。之后，一个世纪接着一个世纪过去了，北极的冰帽在大严寒时期不断向南方扩展，延伸到英国的泰晤士河和美国

一头猛犸

的俄亥俄州。虽然期间也有数千年的气候回暖，不过时间不长，很快又被更为寒冷的气候笼罩。

地质学家把这些严寒时期划分为第一、第二、第三和第四冰河时期，把介于两次冰河时期之间的气候较为温暖的时期称为"间冰期"。如今，我们仍然可以看到地球在冰河时期遭受严寒侵蚀而留下的痕迹。第一冰河时期距今有60万年，第四冰河时期到达冰冷峰极的时间距今约有5万年。正是在第四冰河时期，类人猿开始出现在这个星球上。

到了"新生代"中期，地球上的猿无论是种类还是数量都有很多。它们的腭和腿骨与人相似。不过，我们只能在接近冰河时期时，才能找到一些"几乎是人"的猿类的遗迹。这些遗迹并不是指骨骼化石，而是指某些它们使用过的器具。在欧洲曾发现过大约50万年到100万年前明显由有手的动物专门削制而成的燧石片和普通石片，这些石片的边缘被打磨得十分锋利，可以用来砍削、敲打和战斗。这些石头工具被人们称为"原始石器"。在欧洲，除了发现这些石器之外，既没有发现打制这些石器的动物的骨骼，也没有发现其他相关的遗物。这些石器的打造者可能根本不是人类，而是一些聪明的猿猴。不过，科学家在爪哇的特利尼地区同时期的地质堆积层中，发现了某种猿人的一片头骨、各种牙齿和一些骨头。这种猿人的头盖骨比当今任何类人猿的头盖骨都要大，似乎还可以直立行走。如今，我们把这种猿人称为"直立猿人"，也就是能直立行走的猿人。它们留下来的数量极少的骨骼化石，是我们至今所拥有的，有助于我们揭开那些"原始石器"制造者神秘面纱的唯一资料。

在鲁特教授的监督下，
以海德堡人为模型

在皮尔丹地区发现的原始人打火工具

在至今约25万年以前的砂石层中，我们才发现原始人的遗迹。科学家在岩石记录中发现了大量的石器，它们在制作水平上较原始石器有了明显的进步。这些石器看起来不像原始石器那样粗糙，它们打制得很精巧，样式也很好看，而且比之后"真人"打制的石器要大得多。随后，在海得堡的一处砂坑中又挖出一块与人相似的腭骨。它没有下巴，样子看起来很丑，比真人的腭骨要窄得多，也要重得多。据此我们推测，这种动物的舌头不能灵活转动，所以不能发出十分清晰的声音。科学家根据这块骨头做出这样的推断：这种动物很重，长着粗壮的四肢和躯体，毛发浓密，外形上和人很相似。科学家把它称为"海德堡人"。

我个人认为，对人类的好奇心来说，这块腭骨无疑让人大伤脑筋。人们观察这块骨头，就像用一个坏了的望远镜去观察过去。我们似乎可以看到这种动物在广阔的原野上慢慢行走，看到它们爬到树上躲避剑齿虎，也看到它们时刻警惕着林中的长毛犀。当我们试图进一步看个究竟时，它们在突然之间全都消失了，只在地层中留下它们为了使用而制造的大量完整的石器。

然而，在沙塞克的比尔特丹的堆积层中发现的某种动物的骨骼更让人觉得难以捉摸。据估计，这种动物生长在距今约10万到15万年前的时代。不过，也有一些权威专家认为这些特别的遗物比海德堡骨骼化石还要早。这些骨骼中有一块头盖骨和人类的头盖骨十分相似，它比现存的任何类人猿的头盖骨都要大；有一块和猩猩的鄂骨相似的骨头，让人很难确定它是否是前者身体骨骼的一部分；有一块棒状象骨上有明显的加工痕迹，上面有一个人工钻成的小洞；有一块鹿的腿骨上刻着记痕，看起来很像符木。在皮尔丹发现的遗骨[①]就是这些。

鲁特教授制成的一尊直立猿人复原塑像

这种在地上、在动物骨头上钻孔刻痕的究竟是一种什么样的动物？

科学家把它们称为"原始人"。原始人和它的类猿动物不一样，也明显迥异于"海德堡人"和现存的任何类人猿。除了皮尔丹的遗迹外，再也没有发现有关这种原始人的遗迹。不过，在之后10万年的沙砾层和沉积层中，科学家发现了越来越多的燧石和类似的石器。这些石器和粗糙的原始石器明显不同，考古学家已经能够分辨出刮刀、石钻、尖刀、投枪、掷石、石斧……

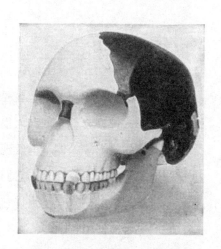

皮尔丹颅骨，将原始碎片加以重构

慢慢地，我们描述的动物和人越来越接近了。在下一章，我将介绍所有人类先驱中最特别的尼安德特人。虽然它们还不是完全的"真人"，不过已经和人极为接近了。

不过，我要强调一点：至今为止没有一个科学家认为这些动物——不管是海德堡人还是原始人——就是人类的直接祖先。它们充其量不过是和人最相似的物种。

---

① 1912，在英国皮尔丹地区的沙砾中发现了一个类人猿头骨。此后，科学家们对此产生了浓厚的兴趣。但1953年，科学家们最终揭示这只是一位无名伪造者的杰作。——编者注

第10章
尼安德特人和罗得西亚人

　　大约在五六万年以前，也就是在第四冰河期的冰冷峰极到来之前，在地球上生活着这样一种动物，它们和人很像，以至于直到几年前，这种动物的遗骨还被当成是人类的骨骼。人们不但发现了这种动物的头盖骨和其他骨骼，还发现了由他们制造和使用的大型器具。它们已经学会用火，为了避寒和躲避猛兽的袭击，它们栖身于现成的洞穴里。也许它们还把兽皮剥下来裹在身上御寒。和现代人一样，它们也习惯使用右手。

　　不过，如今的人类学家已经明确告诉我们，这种动物并不是真正意义上的人，它们只不过是和人同属的不同种类。它们下腭突出，前额很低，眉骨向上隆起；它们的拇指不像人的拇指那样可以弯向其他手指；它们的脖子又粗又短，根本不能向后扭转或抬头仰望天空。也许是它们经常屈身走路，所以头向前低倾着。它们的腭骨没有下巴，这一点和海德堡人的腭骨十分相似，与人的腭骨则截然不同。它们的牙齿的形状和人的牙齿差异很大：它们的臼齿的结构比人的更复杂，不过没有人的臼齿那样长长的牙根，而且也没有人通常都有的犬齿。它们的头骨的容积和人类差不多，不过和人类比起来，它们的脑的后部更大，前部则更低。就智力结构而言，它们和人类全然不同。无论是生理结构还是精神方面，它们都不是人类谱系的祖先。

因为这种动物的头骨和其他骨骼是在一个名叫尼安德特的地方发现的，所以这种奇特的原始人被人们称为"尼安德特人"。它们在欧洲生存繁衍了几百年甚至几千年时间。

当时地球上的气候和地貌与现在大为不同。比如，当时覆盖欧洲的冰雪，一直向南延伸至泰晤士河，还覆盖了德国和俄国中部地区；当时的英国和法国之间还没有海峡隔开①；如今的

尼安德特人，由鲁特教授重塑

地中海和红海在当时还是巨大的山谷，只有在较低的地方有一些湖泊；一个巨大的内陆海，从今天的黑海开始，横过俄国南部，一直延伸到中亚地区；虽然西班牙并没有被欧洲的冰雪所覆盖，但是气候比拉布拉多半岛更加恶劣。一直要向南到达南非地区，才有温暖的气候。为了找到赖以生存的植物、长毛象、长毛犀、大野牛和驯鹿等动物，尼安德特人开始向只生长着稀疏寒带植物的欧洲南部大规模迁徙。它们在春天北迁，在冬天南返，过着漂泊不定的生活。

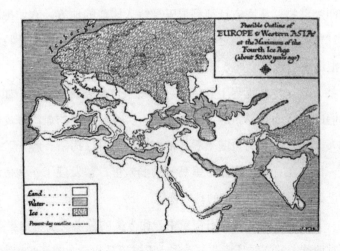

在第四冰川期（大约50000年前），欧洲和西亚上陆地、水、冰的轮廓

---

① 当时还不存在英吉利海峡。——编者注

我们可以想象尼安德特人的迁徙生活：它们捕捉小动物，采集植物果实和根茎为食。它们的食物以素食为主，主要是植物的枝叶和根茎，从它们磨得平整的牙齿可以看出来。不过，我们在它们居住过的洞穴里，也发现了巨兽长长的骨骼。这些骨骼被敲碎，骨髓被吸干。从它们所使用的武器来看，它们似乎还无力和巨兽直接搏斗。我们可以设想，它们也许是趁巨兽在渡河时用长矛发起突袭，或者是设置陷阱来捕捉巨兽。不过，还有一种可能是，它们尾随在兽群后面，捕杀那些在混战中受伤的巨兽，或是直接偷走被剑齿虎杀死的猎物。尽管尼安德特人以素食为主，但残酷的冰河时期的生存环境逼迫着它们开始猎杀野兽，以获得所需的食物。

我们难以描绘尼安德特人的外貌。它们或许全身长着长毛，和人的样子一点也不像。甚至连它们能否直立行走，我们也不确定。为了支撑身体，它们可以手足并用。它们可能独来独往，也可能结成小群体集体行动。从它们的腭骨的结构来看，我们可以推断它们不能说类似我们今天所说的语言。

在数千年时间里，尼安德特人是欧洲地区出现的最高级的动物。然后，直到距今3万或3.5万年时，随着气候变暖，另一种更聪明、懂得更多、能交谈、懂得相互合作的同类动物，从南方迁徙到尼安德特人居住的地方。它们把尼安德特人从居住的洞穴里赶出去，并与之争抢食物。也许就是它们和尼安德特人挑起了战争，最后并把尼安德特人全部杀死。

尼安德特人就这样在世界上灭绝了。这些来自南方或东方——如今我们已经难以确定他们的发祥地——新的占领者，和人类有着相同的血统和皮肤，他们就是最早的真人。从解剖学的角度来看，他们的头盖骨、拇指、脖子、牙齿的结构和人类完全一样。在克罗马农和格里马第的洞穴里，曾发现了一些他们的遗骨，这是迄今为止我们所拥有的最早的真人遗骸。

就这样，人类终于出现在岩石记录中。而人类的故事，也从这里开始了。

虽然当时地球上的气候环境非常恶劣，不过还是和现在的气候越来越接近。在欧洲，冰河时期的冰川开始消退。在法国和西班牙，随着草的种类日渐增多，往日成群的驯鹿逐渐被马群取代。欧洲南部的猛犸越来越少，最后全部迁到北方地区。

我们很难确定"真正人类"的发源地究竟在哪里。1921年夏，人们在非洲南部的布罗肯希尔发现了一个很奇特的头骨和若干片碎骨。从骨骼的特征来看，它们似乎是一种介于尼安德特人和人类之间的另一种动物的遗骨。这种动物的大脑前大后小，头骨笔直地长在脊椎上，这和人类很相似。此外，牙齿和其他骨骼也和人类相似。不过，脸型更像类人猿，眉骨高高向上隆起，头盖骨中部也向上隆起。事实上，这种动物已是真人，不过还留着类人猿尼安德特人的脸型。很明显，这种罗得西亚人比尼安德特人更接近真正的人类。

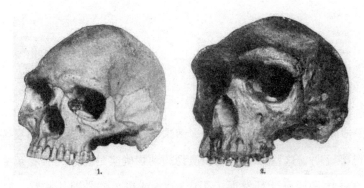

现代头骨1和罗得西亚头骨2的对比

罗得西亚人的头盖骨，可能是继发现类人猿尼安德特人头盖骨之后发现的第二种亚人类的头盖骨。这些亚人类从冰河初期一直到它们共同的后代，或者说它们共同的埋葬者——真正人类——出现为止，长时间地生活在地球上。如果仅从头盖骨来看，罗得西亚人可能算不上特别古老的物种，它们生存的具体年代到本书出版时还没有确定。直到近代，这种亚人类动物似乎还生存在南部非洲。

第11章
最早的真正人类

在欧洲，特别是在法国和西班牙，多次发现过人类最初留下的痕迹和遗物。科学研究已经证明，这些留下痕迹和遗物的动物确实是与人类有着亲缘关系的真正人类。在法国和西班牙都发现了距今3万年或更久的骨骼、武器、刻画在骨头和岩石上的痕迹、雕刻过的骨片、洞穴内岩壁上的绘画等。可以说，西班牙是人类的真正祖先留下遗物最多的国家。

当然，如今我们搜集到的材料，还仅仅是一个开始。将来会有更多的学者对所有的相关材料进行更彻底地考察。那个时候，如今的考古学家没有到过的国家，可能会有许多新发现。那时，我们所收集的资料必将更加丰富。亚洲和非洲的大部分地区，迄今为止仍没有被考古学家自由地探索过，因此，我们应该格外地谨慎，避免过早地做出早期的真正人类就是西欧的居民，他们最早出现在这个地区的结论。[①]

在亚洲、非洲或其他一些如今已深入海底的地区，可能沉积着比如今已发现

---

① 1929年，即作者撰写此书的同时，在中国北京的周口店地区，发现了距今60多万年前的北京猿人。——编者注

的一切还要丰富、还要古老的真正人类的遗迹。我之所以只提到亚洲和非洲而没有提到美洲，是因为除了在美洲发现过一颗牙齿外，在那里还没有发现其他任何高级灵长目动物的遗迹，无论是类人猿、亚人类、尼安德特人，还是早期真正人类。生物的发展，似乎只是在旧大陆上进行。直到旧石器时代末期，人类才通过如今已被白令海峡阻断的陆路，最早来到美洲大陆。

一副奇妙的阿尔塔米拉洞穴壁画，这些洞穴的墙壁上覆盖有公牛等画像，涂有红色阴影和黑色的柔和色彩。他们的历史可能达到一万五千年到两万年

我们在欧洲发现最早的真正人类，至少属于两种以上不同人种，其中一种事实上已经非常高级。他们身材高大、脑袋也很大。其中发现的一块女性头盖骨，容量已超出今天男性头盖骨容量的平数值。还有一具男性骨架高达6英尺，体型和今天的印第安人颇为相似。由于他们的骨骼最早是在克罗马农的一处洞穴中发现的，所以这个人种被称为克罗马农人。他们是野蛮人，不过是高级的野蛮人。另外一个人种的骨骼是在格里马第的一处洞穴里找到的，他们的体态特征很像黑人。与这个人种具有近亲关系的是如今非洲南部的布士曼人和霍屯督人。我们看到，人类历史刚开始，人类至少已经分成了两类，这的确很有趣。人们认为前一种人可能是褐色人种，而不是黑色人种，来自北方或东方，后一种人可能是黑色人种，而不是褐色人种，来自赤道以南的热带地区。不过，这只是人们的臆测，并没有多少科学依据。

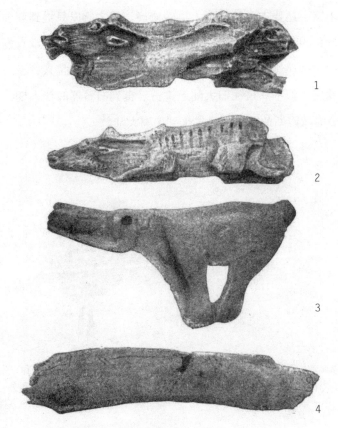

原始石器时期的骨雕
1和2猛犸牙雕刻而成的驯鹿状骨雕，3代表猛犸的匕首柄，4刻有马头的骨头

　　这些生活在4万年以前的野蛮人已经具有人的一些特征。他们收集贝壳然后做成项链；在身体上涂上颜色；在骨头和石头上雕刻图案；在洞穴里光滑的石壁上或在引人注目的岩石表面刻画一些粗糙但很生动形象的动物图案。他们制作的石器比尼安德特人的石器更小巧，更精美，种类也更多。如今，博物馆里收藏着很多他们留下来的器具、雕刻、崖壁画和其他东西。

　　最初，他们以狩猎为生。他们猎杀的猎物主要是一种长着胡须的小型野马。这些野马随牧草而迁移，他们则跟着野马迁居。此外，他们也捕杀野牛。他们一定见过猛犸，因为他们留下的壁画里就有这种动物的十分形象的图案。根据一幅很模糊的绘画来判断，他们曾经用陷阱来捕杀猛犸。

他们狩猎的工具是矛和掷石，当时似乎还没有发明弓箭。他们还没有学会驯养动物，没有狗。人们曾发现过一处马头的雕刻和一两幅套着缰绳的马的图画。那些缰绳可能是用兽皮或兽筋拧成的。当时，那个地区的马个头较小，不能用来骑行，所以即使是他们已经驯养了马，也只是套上缰绳用来运东西。他们是否把动物的奶当成是一种食物，这一点很值得怀疑，似乎不大可能。

尽管他们已经学会使用兽皮搭建帐篷，但当时还没有建造的房屋。尽管他们已经学会制作黏土塑像，但还不会制作陶器。由于没有炊具，他们煮食物的方法肯定很原始，甚至根本就不会煮。他们对耕种、编织和织布一无所知。除了身上披了一张兽皮之外，它们仍是赤裸身体，在身上涂颜色的野蛮人。

这种最早被人们所知的人类，在欧洲广阔的旷野上以狩猎为生，持续了将近100个世纪。后来，因气候变化而迁移到其他地方。一个世纪接着一个世纪过去了，欧洲大地渐渐变得温暖而湿润。驯鹿、野马和野牛也渐渐向北或向东迁移。森林覆盖了平原，赤鹿代替了野牛和野马。原始人制作的器具的用途和性质也发生了很大的变化。到河里、湖泊捕鱼成为重要的日常活动，用鱼骨制作的骨针也极为常见。迪·莫泰里曾这样说："这个时期制作的骨针，要比后来的更精美，甚至比文艺复兴时期所有的骨针都要精美。比如说罗马人，他们制作的骨针从来就没有这些骨针精美。"

在大约15000年到12000年以前，有一个新的人种迁移到西班牙南部地区，他们在露天的崖壁上画了很多让人惊叹的壁画。这个人种就是阿济尔人（因马斯·阿济尔洞穴而得名）。他们已会使用弓箭，头上看起来还戴着羽毛头饰。他们留下的绘画栩栩如生，而且还会某些非常简约的线条来表示一个人，比如用几条不规则的线

一尊克鲁马努人在雕刻的半身塑像

条就画出一个人的样子。事实上，这一点体现出某种文字观念的萌芽。除了描绘狩猎的场面，他们也画一些符号似的东西，如下面这两幅图便是。上图是蜂蜜采集者站在一架绳梯上采蜜，下图是弓箭手在战斗。

蜂蜜采集者
站在一架绳梯上采蜜

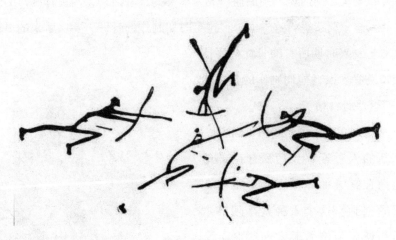

弓箭手在战斗

在众多原始石器艺术的最新发现里，这些标本于1920年被发现于西班牙。他们的历史可能长达一两万年。

他们就是被我们称为旧石器古代的最后一批人，因为它们仍只有削成的器具。大约在10000到12000年以前，在欧洲出现了一种新的生活方式，那时的人不仅会削制器具，还会打磨石器和耕种，于是，一个新的时期——新石器时代开始了。

有趣的是，直到100年以前，在塔斯马尼亚这个世界上极为偏远的角落还存在着一个种族，他们和那些在欧洲大陆留下痕迹的早期人类种族相比，无论是体质还是智力都要低得多。在很久以前，由于地理变迁的原因，塔斯马尼亚和其他种族完全隔绝，从而失去了和外界接触和进步的机会。这个人种不但没有向前发展，反而不断地退化。当欧洲的探险家发现他们时，他们还以贝类和其他小野兽为食，生活方式和原始人一样。他们没有固定的住所，利用天然的蔽体之地随遇而安。虽然他们和我们都是真正的人类，但是它们没有早期真人所掌握的制作技能，也没有他们的艺术才能。

第12章
原始思维

现在，让我们来做一个有趣的思考：在人类开始冒险的最初时期，它们是怎么认识到自己是"人"的呢？在遥远的四万年以前，在人类还只是靠狩猎为生，不懂得播种和收获，过着飘忽不定的生活的时代，他们又是如何思考的？他们又在思考些什么？由于当时还没有文字把他们的感想记录下来，所以我们只能推理和猜测这些问题的答案。

当今的科学家采用了各种方法来再现原始人的精神状态。近年来，精神分析学在考察和研究儿童为了适应社会生活的需要而限制、压抑、减弱和掩饰自我和强烈的本能冲动方面取得了很大的进展，这似乎为研究史前社会历史提供了可以借鉴的方法。还有另一种行之有效的方法，就是研究那些现存的尚未开化的人种的习俗和观念。此外，那些在现代文明人中广泛流传的民间传说，以及那些根深蒂固的迷信和偏见，也包含着大量的精神化石。最后，我们还可以以各种绘画、雕像、符号为研究对象。离我们如今这个时代越近，这些东西就越多，我们也可以越来越清楚地了解他们对什么东西最感兴趣，以及他们认为什么东西最值得记录或重现。

原始人的思维和儿童的思维非常相似，都是一连串的形象的画面。他们先是想象出某些画面，或者说许多画面在他们脑中浮现，由此产生某种情绪，并支配他们的行为。今天的儿童和一些未接受启蒙教育的人的行为方式也是如此。很明显，在人类的经验中，直到很晚的时间他们才具备系统思维的能力。即使是今天，也只有少数人可以控制和约束自己的思维，绝大多数人都是凭着想象和冲动去生活。

在真正的人类历史初期，最早的人类可能是以家庭为单位的小群体。早期的哺乳动物群是以共同繁殖的家族群组成，人类社会最早的部落也是以这种方式建立。要想建立起这种聚合，首先个人必须对自我为中心的意识要压制，其次还必须把对父亲的畏惧和对母亲的尊敬融入日常生活之中。群体中的年长者对长大成人的男孩子之间容易滋生的好斗的风气应及时加以制止。当然，母亲是孩子成长过程中的天然劝教者和保护者。孩子在长大后都有离开父母独立生活和寻求配偶的愿望，不过，他们又对独立生活所面临的种种不便和危险有所顾虑，人类社会就是在这两种相互对立的趋向中形成的发展起来的。天才般的人类学家、作家阿特金森在他的《原始法律》一书中，对未开化的野蛮人的习惯法则禁忌做了详细的介绍。它们是原始社会中让人感到惊心动魄的事实，可以看成是原始人进入社会生活的一种心理约束。之后的精神分析学家所做的研究，进一步证实了阿特金森对此所作的解释。

一些思维活跃的理论家试图让人们相信：原始人对年长男人的敬畏、对年长妇女或者说族群保护人的情感，在梦中被夸大，在幻想的精神活动中被不断丰富，从而成为原始宗教的主要内容，并形成男神和女神的概念。由于那些强大的、可求助的人在死后有时会在人们的梦中出现，所以即便在他们死后，人们对他们的敬畏也一如既往。这很容易让原始人相信他们没有真的死去，而是移居到一个更远、更有力量的神秘之地去了。

儿童的梦境、想象和恐惧，要比成年人的更生动，更现实。在这一点上，原始人和儿童相似。同时，他们和动物也很相似，他们认为动物和自己有着同样的动机和感情。在他们眼里，动物可能是朋友、敌人或者是神。如果人们想要真切地体会那些形状奇特的石头，扭曲错落的树瘤、奇形怪状的大树对原始人来说具有何等重要、何等有意义、何等神奇、何等友好，以及他们又是如何信服从这些东西衍生出来的故事和传说，那么他必须具有儿童那样的丰富想象力不可。其中，有些故事值得人们记忆下来，然后一遍一遍地讲述，女人就喜欢把这些故事讲给孩子听，于是，这些故事就成了传说。如今，有一些想象力丰富的孩子常常也喜欢以他们喜爱的玩具、小动物，或某种半人半兽的动物为主人公编造故事。原始人或许也是这样，不过，他们比儿童更相信故事中的英雄是真实存在的。

石器时代的遗迹，来自索马里兰的打火石

如今我们知道的最初的人类，可能已经非常擅长语言交流了。在这方面，它们的确不同于尼安德特人，要比后者更高级，因为尼安德特人有可能是一种哑巴动物。当然，原始人的语言可能只是一些简单的单词罗列，他们必须借助身体的姿势和手势作为辅助。

世界上任何一个未开化的种族，都不会愚昧到连因果关系都不知道。不过，原始人对因果关系缺乏基本的分析和判断能力，他们常常把某种结果和毫不相干的原因联系起来。他们认为："因为这样做，所以就会有那样的结果。"比如说，因为给孩子吃了某种水果，所以孩子会死；因为吃了勇敢的敌人的心脏，所以会像敌人一样勇敢。在这两个因果关系中，前一个是真实的，后一个是错误的。我们把未开化的野蛮人所理解的因果关系称为"迷信"。迷信是野蛮人的科学，它与现代科学的不同之处是它不成体系，没有批判，常常错误百出。

左边是一个发掘于伦敦格雷律师学院的打火石，右边是
一个以相似形式组成的索马里兰原始人使用的打火石

在大多数情况下，原因和结果都很容易联系起来；在另一些情况下，错误的观念也会被很快纠正过来。有一些对原始人非常重要的事情，尽管他们力求探明原因，却往往做出错误的解释，不过又没有错到让他们轻易发现错误所在的程度。捕获到大量的野兽，捕捉到大量的鱼虾，对原始人来说是非常重要的事，他们坚信要得到这种可喜的结果必须依靠成百上千次念咒和占卜，他们对这些符咒坚信不疑。另一件他们特别关心的事是疾病和死亡。有时候，传染病暴发，人们成批地死去；有时候，人们会没有明显的原因就突然死去或身体衰弱。这些事情让原始人冲动而不安，进而做出一些狂热的事情。梦境或幻想式的猜测使它们时而诅咒某个人、兽或物，时而又乞求某个人、兽或物的帮助。他们在面对恐惧和危险时的态度和孩子一样。

在早期的小部落中，当危险来袭时，部落里那些年长而位重的人虽然也会像普通人那样感觉恐惧，但由于地位不同，他们通常都表现得非常镇定，并承担起告诫、指挥和命令别人的责任。他们会指出什么是不祥的，什么是不可避免的；什么吉兆，什么又是凶兆。在原始人当中，最早的祭司就是那些坚信迷信或擅长念咒的人。他们负责劝诫、解梦、预测，并通过一套复杂的巫术使人结交好运，远离灾祸。原始宗教并不是我们今天所说的那种应该信奉和遵守的宗教，它实际上是一种习俗和仪式。古代祭司所掌握的，不过是一种独有的、原始的实用科学。

第13章
耕种的开始

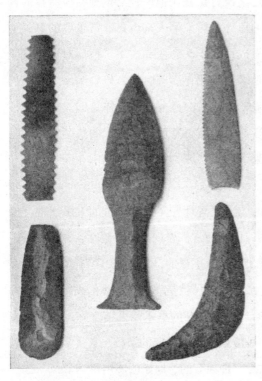

新石器时代的打火石工具

尽管近50年来，科学家对人类何时开始耕种和定居这一问题做了大量的考察和研究，但迄今为止收获甚少。如今，我们唯一能够确信的是，在大约公元前1.5万年到1.2万年之前，当早期狩猎部族阿济尔人的余部从西班牙南部向北方和东方迁移的时候，居住在北非或西非，还有居住在当时尚未被地中海淹没的峡谷的部族，正在世世代代进行着两项至关生存的尝试：开始耕种和驯养动物。此外，除了继承从狩猎祖先那里获得的削制器具方法外，他们还学会了打磨器具。他们用植物纤维编织笼网，也开始制造一些简陋的黏土陶器。

至此，人类跨入了一个全新的时代——新石器时代，它与克罗马农人、格里马第人和阿济尔人生活的旧石器古代截然不同。这些新石器时代的部族慢慢地扩展到世界上各个比较温暖的地方。他们娴熟的制造技术、驯养动物的方法和耕种的技术，通过其他部族的模仿、学习，在世界上广为传播。到了公元前1万年左右，世界上的绝大部分人类部族都进入了"新石器时代"。

在现代人看来，耕地之后播种，农作物成熟之后收割，然后把粮食晒干磨粉，这是一个所有人都知道的粮食生产过程，就像人人都知道地球是圆的一样。有人甚至还会反问："不是这样难道还是其他样子吗？"不过，对生活在两万年前的原始人来说，真的没有那么简单。如今我们认为非常浅显或一目了然的做事的顺序和道理，他们可能觉得非常深奥而一无所知。他们总要经过无数次的尝试，经过无数次的失败，经过无数劳而无功的劳作和经过不断的想象之后，才能获得正确有效的方法。在地中海的某个地方曾生长着野小麦，生活在那里的人似乎在学会播种之前也已经知道把麦子磨成粉之后作为食物。也就是说，在学会播种之前，人类就已经知道收获了。

矛头，由澳大利亚土著居民完全按照新石器时代的模样制造

一个非常值得注意的事实是：在全世界，凡是存在播种和收获的地方，都会发现播种的观念和血祭思想强烈而野蛮地结合在一起，而且最早都是用活人来祭献。对那些好奇心强烈的人来说，探索这种联系的原因无疑具有非常大的吸引力。对此感兴趣的读者，可以阅读弗雷泽的《金枝》一书，以了解更多详细的论述。我们必须记住，这是一种幼稚的、幻想的、生活在神话里的原始人的想象，是无法用理解的方法来解释的。在1.2万年或2万年以前，每当播种季节到来，新石器时代的人们就要让活人作牺牲来举行祭献仪式。用来作牺牲的活人，并不是那些卑贱的或被驱逐的人，相反，他们是被精心挑选出来的童男和童女。在祭献仪式开始之前，所有人都把他们当成神一样膜拜，而杀死他们的过程也有一套庄严的仪式，由部族的长者主持。

起初，原始人对季节的认识很模糊，在确定何时播种和何时祭献时肯定伤透了脑筋。我们有理由认为，在人类早期的历史中肯定存在着一个没有"年"这一概念的阶段。最早的年代记录是"太阴月"为计算单位。有人认为，圣经中那些最年长者的年龄，事实上是把一个月当成一年来计算的。古巴比伦人的历法也明确地显示出，他们以13个太阴月为计算时间的周期，以确定播种的时间。这种历法的影响一直持续到如今。基督教复活节的日期就不是每年的一个固定的日子，而是根据月亮的圆缺一年一年地变换着日期。如果我们不了解太阴月的概念，一定会对此感觉莫名其妙。

最早的农业部族是否已经开始观测星象，这一点很难确定。一般来说，最早开始观测星象的是游牧民族，他们把星星当成参照以分辨方向。不过，一旦发现它也可以用来分辨季节时，对农业就起到了非常重要的作用。播种前举行的祭献仪式总是与某颗显而易见的南方或北方星星联系

新石器时代的陶器标本，发掘于泰晤士河床的牛轭湖

起来，所以，自然而然地，原始人就产生了对这颗星星的膜拜和编造出与之相关的神话。

我们很容易理解，在新石器时代，那些主持祭献仪式和懂得星象的人，其地位有多的显赫。

原始人对污秽的恐怖以及清除恐怖的愿望，使得某些深谙此道的男人和女人获得了一种权势，男巫和女巫、男祭司和女祭司随之出现。最初的祭司，与其说是神学家，还不如说是实用科学家。他们所掌握的科学来源于经验，在现代人看来通常都是错误的。他们谨慎地防止这种科学在普通人中流传。然而，这并不会改变这样的事实：祭司的首要职能是掌握知识，他的主要作用是实际运用这些知识。

在12000年到15000年以前，在气候温暖而水源充沛的地方，生活的新石器时代的部族群体，都有男祭司和女祭司的等级和传统，有耕种的农田，有发展起来的村落和用简单的城墙围起来的城镇。新石器时代的原始公社，得到了不断的发展。久而久之，不同的公社之间开始相互交流并传播思想。艾略特·史密斯和利弗尔把这种早期的农业居民文化称为"日石文化"。或许，"日石"（太阳和石头）并不是最恰当的名字，不过，在学者还没找到一个更好的名字之前，我们只好先用这个名词了。这种文化的发源地在地中海或西亚的某个地区，然后逐渐向东传播。上一代传给下一代，一个岛屿传到另一个岛屿，最后穿过太平洋，终于传到了美洲大陆。在那里，它与从北方迁移过来的蒙古部族的更为原始的生活方式融合在一起。

拥有日石文化的褐色人种无论走到什么地方，必然带去所有或大部分奇妙的想法和实际的做法。其中，有一些非常奇怪，非得有心理学家的解释才能了解。他们建造金字塔和巨型坟墓，还用巨石建筑高大的圆塔，以便祭司爬到塔顶上观测星象；他们把死人的全部或部分躯体做成木乃伊；他们文身和施割礼；他们还有"父代母娩"的风俗，也就是当女人分娩时，丈夫也会卧床禁食；他们还把"卍"作为幸运和吉祥的象征。

如果要在如今的地图上用点标示出流行这种做法的地区，我们可以从英格兰的史前巨石柱开始，然后经过西班牙，横穿世界到达墨西哥和秘鲁，这些点在温带和亚热带的沿岸地区连成一条线。不过，在赤道以南的非洲、中欧北部和亚洲北部却没有这样的点。在这些地方生活的种族，是按照另一条完全独立的线索发展的。

第14章
新石器时期的原始文明

　　到了大约公元前1万年，世界的地理轮廓已和今天大体相似。当时，由于截断直布罗陀海峡的天然堤坝——它堵住海水流进地中海——因长年累月的侵蚀而崩溃，海水大量流进地中海，使得地中海的海岸和今天非常相似。那时的里海可能比现在更宽阔，或许它还和黑海相连，往北一直延伸到高加索山脉。如今已成一片旷野和荒漠的中亚沿海地区，在当时是富饶、适合居住的地方。总体来说，当时的世界是一个富饶、湿润的世界。当时，位于欧洲部分的俄罗斯领土上有很多沼泽和湖泊。今天隔断亚洲和美洲大陆的白令海峡，在当时还是连接两大洲的陆地。

　　如今我们所知道的主要的人种，在那个时代已经可以区分出来了。拥有日石文化的褐色人种，分布在离海岸线不远的温暖且树木茂盛的地区，他们就是如今居住在地中海沿岸的柏柏尔人、埃及人的祖先。当然，这一人种还有很多分支，比如大西洋和地中海沿岸的伊比利亚人、地中海人、暗白人，以及包括柏柏尔人和埃及人在内的哈姆族人、特拉维达东印度人和大多数皮肤较黑的印度人，还有多种波利尼西亚人和毛利人等。其在西方的分支的肤色要比在东方的分支的肤色稍浅一些。在欧洲中部和北部的林木里，生活着一种眼睛呈浅蓝色、肤色比褐色

玛雅石碑，刻有一位拜神者以及蛇神，
面目奇怪的人正奋笔疾书

更浅的人种，他们被人们称为北欧人种。在亚洲东北部的开阔平原上，生活着褐色人种的另一个分支。他们眼角微微上翘，颧骨很高，皮肤呈黄色，毛发黑而直，他们就是蒙古族。在非洲南部，澳大利亚以及亚洲南部的许多热带岛屿上，还残存着早期黑人的后代。非洲中部此时已成为多个种族杂居的地方。如今，非洲几乎所有的有色人种，都是黑色人种和北方的褐色人种的混血后代。

我们一定要记住，所有人种都可以杂交，就像天上的云朵一样可以独立分开，又可以重新融合，而不是像树枝那样，一旦长出来就再也不能融合在一起。一有机会，不同的人种就会重新融合，这一点我们应该牢记在心。如果明白这一点，我们就可以避免许多错误和偏见。人们通常极不恰当地使用"人种"一词，并发表一通极为荒谬的议论，宣扬"英吉利人种"和"欧罗巴人种"如何如何优越，殊不知道几乎所有的欧洲人，都是褐色人、深肤色白人、浅肤色白人和蒙古人的混合后代。

蒙古系人种首次来到美洲大陆是在人类发展到新石器时代的时候。很明显，他们是经过白令海峡到达美洲，然后向南方扩散。他们在美洲北部发现了驯鹿，在美洲南部发现成群的野牛。在他们到达美洲南部的时候，那里还生活着一种类似犰狳的大型雕齿兽和一种体型如大象般的獭兽。这两种动物可能是由于身体庞大、行动不便而遭到灭绝。

大部分的美洲部落都没有超越新石器时代的狩猎和游牧的生活。他们从不知道如何使用铁，使用的金属只有天然的金和铜。不过，由于墨西哥、尤卡坦和秘鲁的环境非常适合定居的农耕生活，在公元前1000年左右，在这些地方出现了与旧世界的文明相媲美，然而形式又全然不同的有趣的文明。和世界的原始文化一样，这些地方也盛行着播种和收获时用活人祭献的仪式。不过，我们知道，这些旧世界的早期人类的思想后来在与其他思想相互碰撞、交融中，在有些地方已经消失，在有些地方被其他观念淹没，而在美洲这种思想却被保留下来，并进一步发展到更高级、更复杂的阶段。这些美洲的文明国家事实上都是由祭司统治。它们的战争领袖和统治者，实际上都处在法律和预言的控制之下。

新石器时代的战士

在祭司的推动下，天文学逐渐发展成为一种精确的高水平的科学。他们比我即将在后面介绍的巴比伦人更精通历法。在尤坦卡，他们创造出一种非常奇特和复杂的文字——玛雅文字。从我们如今已经解释的全部内容来看，这种文字记录的是祭司们呕心沥血创造出的精准而又复杂的历法。在公元前800年到公元前700年之间，玛雅文明的艺术达到了巅峰。这个时期的雕刻作品，以其伟大的创造力和不可思议的美征服了现代人。不过，它那怪诞而又疯狂的特点，又使现代人迷惑不解。在旧世界里我们从未见到过这些形象，与之相似的是古印度的一些雕刻。玛雅人的每一件雕像上都刻着编织的羽毛和蛇缠绕在一起的图案。许多玛雅人的雕刻都不像旧世界的任何一件作品，更像欧洲神经病医院里的患者随手画出来的夸张而又复杂的图。玛雅人的精神，似乎完全沿着一条与旧世界截然不同的线索在发展，与旧世界的精神形成鲜明的对比。按照旧世界的标准，玛雅人的精神完全是不合理的。

这种脱离旧世界精神的美洲文明与其他野蛮部落非常相似，这一点从他们非常嗜血的这一事实可以证明。墨西哥文明尤其是一种血淋淋的文明，每年墨西哥的祭司都要把数千活人开膛剖肚，取出还在跳动的心脏。一切公共活动，包括国家祭典，都会举行这种恐怖而疯狂的活人取心活动。

在这种社会里，普通人的日常生活和野蛮人极为相似。他们擅长制作陶器，纺织和染色也做得十分出色。人们不仅把玛雅文字刻在石头上，还写或画在兽皮等东西上。在欧洲和美洲的博物馆里，收藏着大量的让人觉得不可思议的玛雅文字手稿，迄今为止，我们除了看懂其中计算日历的一小部分外，其他的都没有翻译出来。在秘鲁，曾经也有过和玛雅文字相似的文字，不过，后来被"结绳记事"这一方法代替了。事实上，早在几千年前，中国人就开始使用这种方法了。

在公元前4000年或公元前5000年的旧世界中，或者说比美洲文明早三四千年以前，就已经出现了与美洲文明极为相似的原始文明。这种文明以寺庙为基础，以大量的活人祭献为主要内容，存在着一个精通天文的祭司阶层。在旧世界，各种原始文明相互作用，共同促进世界向现代文明发展。然而，美洲文明始终没有超越原始水平而达到更高的阶级，它在自己狭小的世界里自生自灭。在欧洲人来到美洲之前，墨西哥人从未听说过秘鲁，他们对马铃薯——秘鲁人的主食——也从未听说过。

一代接着一代，生活在这里的人们忙于敬神、祭献，然后死去。玛雅艺术装饰性方面达到了非常高的水平。人们追求爱情，部落间不断爆发战争，灾荒和丰年、疾病和健康轮流交替。在漫长的几个世纪里，祭司们精心编制了历法和改进了祭献仪式，然而在其他方面，实在没有取得任何进步。

第15章
苏美尔、古埃及和文字

　　和新世界比起来，旧世界[①]是一个更开阔、变化多端的阶段。到公元前6000年或公元前7000年左右，在亚洲和尼罗河富饶的土地上已经发展出与秘鲁文明相媲美的公社文明。那个时候，北波斯、西土耳其和南阿拉伯的土地都要比现在肥沃，这些地方都产生了早期的公社。不过，最早出现城市、寺庙、完善的浇灌系统和超出简单的原始野蛮人部落的社会组织的地方，是在相对低洼的美索不亚达地区和埃及。在当时，幼发拉底河和底格里斯河从不同的河口流进波斯湾。美索不亚达正是在这两条河的中间地带，建立了他们的第一座城市。几乎与此同时，不过确切时间无法确定，埃及人的历史也翻开了第一页。

苏美尔人石雕

---

　　① 旧世界是相对于美洲新大陆的，是指东半球，尤其是指欧洲。——编者注

公元前2200年，巴比伦王国的汉谟拉比大典的砖，上刻有记载太阳神庙宇的楔形文字

第一个埃及王朝的乌木圆柱印章

苏美尔人似乎是鼻梁高高的棕色人种。他们使用过的文字如今已能翻译出来，他们说的语言如今也有人能听懂。他们懂得如何使用青铜，并学会在阳光下把泥砖晒干用来建造塔形庙宇。当地的黏土质量很好，于是苏美尔人就把黏土做成泥板，然后在上面书写，这些泥板一直保存至今。他们已经有牛、绵羊、山羊和毛驴，但没有马。作战时，他们手持长矛和兽皮盾，排成密集的队形，徒步前进。他们的头发全被剃掉，身上穿着用羊毛纺织成的衣服。

几乎每一个苏美尔的城市都是独立的，城市里的人有自己信奉的神灵和自己的祭司。不过，有些时候某个城市会攻占另一个城市，然后要求被占领城市的原住居民交贡品。在尼泊尔的一块古碑上，记载着苏美尔地区一个名叫伊勒克的"城市帝国"，这是第一个有记录的帝国。这个帝国的王国，同时也是神和祭司统治着从波斯湾到红海的广大地区。

起初，文字仅仅是用图画来记事的一种简化形式。甚至，在新石器开始之前，原始人就已经开始了书写。前面介绍的阿济尔人的岩石壁画，事实上可以看成是文字的起源。这些画主要是狩猎活动和远征的场景，画上的人物大多都很完整。不过，或许是绘画者失去了耐心，或是想快速完成绘画，有些人物没有画头和四肢，仅用一条竖线和一两条横线来表示。由此发展到简洁的象形文字，并不是一个很难的过程。苏美尔人用木棒把文字写在泥板上，随着时间的流逝，特别是经过日晒雨淋后就会越来越难以辨认，让人无法理解这些文字所表达的意思。不过，埃及人把文字写在纸莎草（最早的纸）和墙壁上，所以他们临摹的事物的样子可以长久保存下去。苏美尔人的象形文字看起来很笨拙，像一个个的楔子，所以被称为楔形文字。

当图画不再用来表现原物，而是代表类似的事物时，图画就向文字转变迈出了一大步。如今孩子们非常喜欢的字谜可以说明这个道理。如果画一个营帐（camp），再画一个铃铛（bell），孩子们很快就会猜到这幅画指的是一个苏格兰人的名字：坎贝尔（campbell）。苏美尔人的文字是一种章节文字，和如今美洲印第安人的文字相似，它可以表达用绘画不能表达的意思。几乎与此同时，埃及文字也得到了类似的发展。后来，那些不太明白语音的音节体系的外来民族学会了这种绘画文字后，对它进行了修改和简化，使其最终发展成为字母文字。可以这样说，世界上的所有字母，都是由苏美尔的楔形文字和埃及的象形文字融合发展而来。后来，在遥远的中国也曾产生过象形文字，不过这种文字终究没有发展成字母文字。

文字的出现和发展，对推动人类社会向前发展起着重要的作用。有了文字之后，各种契约、法律和命令等才被记录下来；它也便比以往任何城市更大的国家的出现成为可能，使历史意识连续不断成为可能。从此，祭司和统治者的命令和印章才可能传到眼睛看不到，声

楔形文字泥板

胡夫金字塔塔顶俯瞰图，显示出这些伟大的建筑占据了主导地位的平原景观

位于地特拉的哈索尔神庙

音传不到的地方，并且在他们死后也能长久保存。非常有趣的是，古代的苏美尔人普遍使用签名印章。国王、贵族、富人和商人的印章雕刻得非常精美，用来印在他们认可的泥制文件上。这说明，早在6000年前，人类的文明就已经和印刷术密切相连了。黏土被晒干后非常坚硬，可以长久保存。读者们一定还记得，在美索不达米亚地区，所有书信、事件记录、账目都是写在不易毁坏的泥板上，这才让我们获得大量关于那个时代的历史知识。

苏美尔人和埃及人很早以前就知道青铜、金、铜、银等金属和视若罕见的珍宝的陨石。

在旧世界，最初的城市生活，无论在苏美尔还是在埃及都十分相似。如果街上没有驴和牛，这种城市生活和三四千年后美洲的玛雅城市生活也很相似。在平时，除了举行祭祀活动外，大多数人都忙着浇灌农作物和耕种。那时还没有货币，因为货币还没有出现的必要。他们偶尔为之的小宗贸易，是通过物物交换的方式进行。只有富有的君主、贵族才偶尔用金条、银块和其他宝石来做交易。当时，寺庙在人们的生活中占有重要的位置。苏美尔的庙宇是高大的塔形建筑，塔顶通过设有平台用来观测天象，不过，埃及的庙宇则是一座巨大的单层建筑。在苏美尔，最有地位最有权势的人是祭司，然而在埃及，有一个人的地位和权势超过了祭司，他被视为这一地区主神的活化身，他就是法老——诸神之王。

这一时期的世界几乎没有什么大的变动。人们在炎炎烈日下辛勤地劳作，按部就班地过着非常艰苦的生活。祭司们根据古老的律法指导人们生活；观测星象，确定播种时间；从祭献的征兆推测凶吉；以及解释梦境的预示。普通人劳作，结婚生子，然后安然死去。他们对自己种族的过去一无所知，对自己的未来漠不关心。那时的统治者有的很仁慈，比如佩比二世，他统治埃及长达90年；有的统治者则很暴虐，有着强烈的征服欲望，强迫人们为他攻城略地，修建巨大的建筑物，比如基奥普斯、基弗林和迈塞林等，他们强迫民众在基萨建造了规模宏大的金字塔。这些金字塔最大的高450英尺，所用的石料加起来有4883000吨。这些石料都是先用船沿尼罗河运到工地附近，然后靠人工搬运到工地上。建造这些巨型建筑所消耗的埃及的国力，远远大于经过一场大规模的战争。

撒哈拉河金字塔，右边的阶梯状金字塔是世界上最古老的石头建筑

第16章
原始游牧民族

在公元前6000年到公元前3000年之间，除美索不达米亚地区和尼罗河流域出现了定居的耕种文明，建立了城邦国家，世界上大多数凡是便于浇灌，终年食物丰盛的地方，人们都放弃了漂泊不定和十分艰苦的游牧生活方式，定居下来。在底格里斯河上游，亚述人建立了自己的城市；在小亚细亚的谷地、地中海沿岸和岛屿上，也建立了一些小的部落公社。几乎与此同时，在印度和中国的一些富饶的地方，也出现了类似的定居文明。在欧洲的一些湖泊遍布或河流交错鱼虾富足的地区，早已有许多小型的部落在水边建起水上房屋，靠捕获鱼虾来弥补农耕的不足。然而，这样的生活方式并没有遍布旧世界的每一个角落。因为有些地区土地贫瘠，森林过于茂密，

陶器工具

气候也非常干燥并且变化无常，就当时那些只有极少生产工具和科学知识的人来说，显然无法在这样的地方定居下来。

当代湖村，这些婆罗洲居民实际上就相当于公元前6000年欧洲新石器时代的聚居地

要在原始的文明条件下定居，必须要有丰富的水源和温暖的阳光。在这两个基本条件无法同时满足的地方，人们只好靠捕杀鸟兽为生，过着狩猎生活；或者是随着四季的变迁，逐水草而居，过着游牧的生活。从以狩猎为主转向以放牧为主，这个过程肯定是非常漫长的。（在亚洲）放牧生活可能起源于人们的财产私有这一观念，他们把野牛或野马赶到山谷里围起来，并时常与狼、野狗和其他食肉动物搏斗，以保护它们不受伤害。

在农耕的原始文明以大河流域为基地发展起来的同时，另一种不同的生活方式，也就是从冬季草场到夏季草场不停迁移的游牧生活也发展起来了。游牧生活比农耕生活更辛苦，游牧民所收获的品种和数量都很少。游牧部落没有永久性的庙宇，也没有组织严密的祭司制度。他们使用的工具少得可怜，但读者朋友千万不要以此认为他们的生活是落后的。从很多方面来说，这种自由自在的生活比农耕生活更加充实；每个人都更加独立，群体的组织显得松散；首领的地位明显比巫师更加重要。

游牧民的足迹遍布广阔的大地，他们的眼界也因此更加开阔。他们与各种不同风俗的居民接触，为争夺丰美的水草与敌对的部落进行交涉和协商。他们经常翻山越岭，接触了各种不同的岩石，因而他们所具有的矿物使得自然定居的农耕民更多。有可能游牧民都是高水平的冶炼能手。冶炼青铜，尤其是冶炼铁，很可能就是由游牧民最早发明的。在中欧，曾出土过一批比人类早期文明还要早的铁器，打造这些铁器的铁显然是用铁矿石冶炼出来的。

埃及的游牧民族。在埃及中部，古老的本尼哈森附近有一个墓穴的墙壁上绘有古埃及壁画。壁画描述的是大约公元前1895年生活在埃及的闪米特游牧民族

另一方面，定居的农耕民也学会了纺织，还学会了制作陶器等其他生活必需品。农耕文明和游牧文明一经分化，必然导致两者之间出现更频繁的贸易和掠夺。比如在苏美尔地区，那里既有耕地又有沙漠，游牧民部落只好在耕地旁搭建帐篷。他们之间很可能进行交易，不过也有偷盗和诈骗，就像今天的吉卜赛人的所作所为一样。（不过，他们肯定不会偷鸡，因为在公元前1000年之前，鸡这种动物还生活在原始森林里，并没有成为家禽。）游牧民往往用宝石、金属制品和各种皮货换回农耕民的陶器、珍珠、玻璃制品、衣服和其他手工制品。

在苏美尔地区和古埃及的早期文明时代，曾有三个半漂泊、半定居的种族在

三个主要的地区生活。远在欧洲的森林里，生活着皮肤白皙的北欧人，他们是较低级的狩猎或游牧种族。在公元前1500年前的原始文明时期，这个种族十分少见。在遥远的东亚草原上，各个蒙古部落——他们是匈奴人——开始驯养野马，他们随着季节的变换，在冬季草场和夏季草场之间不断地迁居，其足迹遍布辽阔的大草原。当时的北欧人和匈奴人之所以没有发生接触，原因可能是被俄罗斯的沼泽地和面积比今日更宽阔的里海隔离开来。当时的俄罗斯，大部分土地都是沼泽地。

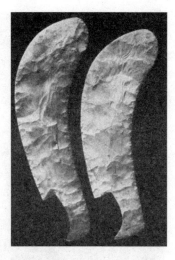

公元前4500年的火石刀，由英国原始学科学院1922年于埃及第一王朝墓葬群发掘

在如今已经变得干燥的叙利亚和阿拉伯沙漠里，皮肤暗白或浅黑的闪米特人赶着成群的绵羊、山羊和驴，穿梭于不同的草场。这些闪米特族的牧民和那些从南波斯来肤色更黑的伊拉姆人，才是最早接触早期文明的人。他们有时为了贸易，有时为了掠夺，后来他们中间那些有勇有谋的人，最终成为征服者。

去劳作的埃及农民

大约在公元前2750年，伟大的闪米特人的领袖萨尔贡征服了整个苏尔美地区，他统治了从波斯湾到地中海这一广大的地区。萨尔贡是一个目不识丁的文

阿卡德的纳拉姆辛国王胜利石碑。这个国王是萨尔贡一世的儿子，是一位伟大的征服者。石碑于1898年在波斯的苏萨废墟中被发现。

盲，但他的臣民古卜德人学会了苏美尔的文字，他把苏美尔语定为官方语言和智者使用的语言。他建立的帝国一直延续了两个世纪，然后才走向灭亡。

之后，闪米特人在苏美尔地区开始强大起来，不过，最后统治这片地区的还是闪米特族的伊拉姆人。他们把都城建立在一个傍河的名叫巴比伦的地方，并称自己的国家为巴比伦第一帝国[①]。公元前2100年，伟大的巴比伦帝国国王汉谟拉比进一步巩固了国家政权，并制定出历史上非常有名的，也是最早的一部成文法典——汉谟拉比法典。

狭长的尼罗河流域的城市不像美索不达米亚地区的城市那样经常遭受游牧民族的侵扰。但是，在汉谟拉比统治时期，闪米特人成功地入侵了埃及，建立了法老统治的"牧人王朝"[②]。虽然这种统治持续了几个世纪，但是闪米特人始终没有被埃及人同化，因为埃及人一直都把他们当成外来入侵者和野蛮人加以敌视。直到公元前1600年，闪米特人才被埃及的起义者赶出埃及。

然而，在苏美尔地区，闪米特人和当地人完全融合，并被完全同化。从语言上来看，巴比伦帝国可以说是闪米特族的一个分支。

---

① 巴比伦时期，始于伊新—拉尔沙时期(约公元前2017~前1763)至古巴比伦第一王朝(约公元前1894~前1595)结束，古代两河流域（幼发拉底河和底格里斯河）历史时代。公元前16世纪初，为赫梯人所灭。——编者注

② 牧人王朝，公元前18-16世纪统治埃及，亦称"希克索斯王朝"。——编者注

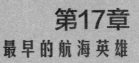

第17章
最早的航海英雄

人类最早使用船应该是在25000年到30000年以前。在新石器时代末叶，人们就靠着长木头或充满空气的兽皮囊在水上来往。在埃及和苏尔美地区，人们很早就使用一种像篮子一样的外面蒙着兽皮的小船，这种小船至今仍在这些地区使用。无独有偶，在爱尔兰、威尔士和阿拉斯加等地，如今也有这种小船在使用。今天横渡白令海峡的工具仍是用海豹皮蒙起来的小木船。随着造船工具的不断改进，除了独立木舟之外，小船也出现了，随后大船也自然而然地出现了。

诺亚方舟这个大家非常熟悉的传说，应该就是为了纪念最初的造船事业取得的功绩。就像广泛流传于世界各民族中的洪水故事一样，这个传说或许也是从地中海一带水患众多的洼地开始流传的。

早在金字塔建成以前，在红海上就已经有了船在航行。而在地中海和波斯湾，则在公元前7000年左右才出现船。这些船大多数都是渔船，不过也有商船和海盗船。根据我们已知的情况，我们有充分的理由相信：最初的航海者肯定是能抢就抢，只能在万不得已的时候才进行交易。

最初的船一般都是在风平浪静，常常一连几天都在不见风浪的内海上航行，所以靠以风为动力的帆船并没有得到快速的发展。装备完善、用来在大风大浪的海上航行的大帆船，还只是最近的四百年发展起来的。古代世界的船基本都是以划桨为动力，只能在沿海地区航行，一旦遇到风浪可以马上回到港口。当庞大的甲板船出现时，使用战俘在船上作苦力的现象也随之出现了。

我已经在前面介绍了闪米特人漂泊和游牧在叙利亚和阿拉伯等地，他们征服了苏尔美，先建立阿卡德城，然后建立巴比伦第一帝国。这些闪米特人同时也出现在西方的海上。他们在地中海东岸建造了很多港口，其中最重要的是提尔港和西顿港。到巴比伦的汉谟拉比时代，闪米特人集贸易者、漂泊者和开拓者于一身，势力遍布整个地中海。这些在地中海航海的闪米特人被称为腓尼基人。后来，他们大部分在西班牙定居下来，并赶走了居住在伊比利亚半岛上的巴斯克人，然后，他们穿过直布罗陀海峡，在北非北海岸建立了一些殖民地。腓尼基人建立了一座非常重要的城市——迦太基，我在后面会详细介绍它。

然而，腓尼基人并不是在地中海最早使用单层甲板大船的民族。当时，在地中海沿岸和岛屿上早已有了城镇，那里居住着爱琴人。他们与西边的巴斯克人，南边的柏柏尔人和埃及人在血缘和语言上存在着亲缘关系。不要把爱琴人和希腊人混淆，在我们这本书中，希腊人出现的时间要晚得多。爱琴人是希腊人的前身，它们在小亚细亚和希腊建立了自己的城市，比如迈锡尼和特洛伊。在克里特岛和诺索斯，爱琴人还在那里建造了宏伟的宫殿。

经过考古学家的辛勤发掘，直到最近的五十年间，我们才知道了爱琴的势力范围和他们的文明程度。其中，他们重点、全面发掘的是诺索斯。所幸的是，这片土地上再没有兴建过大得足以破坏这远古废墟的城市，所以，这一残存的废墟成为考古学家研究这一度被遗忘的文明的重要标本。

位于迈锡尼的珍品房屋

诺索斯的历史和埃及的历史一样古老。早在公元前4000年，这两个国家就在地中海上进行贸易。在公元前2500年左右，也就是在萨尔贡一世和汉谟拉比统治时代，克里特文明达到巅峰。

准确地说，诺索斯不是一座真正意义上的城市，他的建筑只是一座克里特王和他的臣民居住的巨大宫殿，四周连城墙都没有。后来，日渐强大的腓尼基人和从事海盗勾当的希腊人不断从北方渡海前来侵扰，为了防御这些入侵者，才在宫殿的周围修建了围墙。

诺索斯的官殿，金銮殿上的壁画

埃及的统治者被称为法老，而克里特岛的统治者被称为米诺斯。他住在设施齐全的宫殿里，里面甚至还有活水浴室，这些设施在其他国家的遗迹中很难见到。他经常在宫殿里举行祭典和各种表演，有时还举行斗牛比赛。参赛选手的服饰和今天西班牙斗牛选手的服饰非常像。此外，那里还经常举办各种体育比赛。那里的妇女的服装非常讲究，款式很时髦，有束胸和多褶的裙摆。他们制作的陶器、纺织品、雕像、绘画、珠宝、象牙工艺品、金属制品、镶嵌工艺品都美到让人惊叹。他们还有自己的文字，不过这些文字至今仍无人能够翻译。

这种繁荣而美好的文明持续了近2000年。公元前2000年左右，诺索斯和巴比伦居住的都是生活条件优越的有教养的人。他们生活惬意，喜欢欣赏各类表演和宗教仪式。他们的衣食住行由奴隶打理，他们的财富也由奴隶去创造。在碧海环绕的诺索斯，那里的人尽情享受着美好的生活。此时的埃及，在"牧人王朝"的野蛮统治下，国家日渐衰落。一个对政治敏感的人会发现：闪米特人正在四处扩张。他们征服了埃及，占领了遥远的巴比伦，在底格里斯河的上游建造了一座著名的城市——尼尼微城，并且还向西航海到达直布罗陀海峡，沿途建立了很多殖民地。

在诺索斯，有一些精力充沛、富于想象的人，因为在后来的希腊中间就广泛流传着关于克里特的著名工匠戴德普斯试制一种滑翔机的故事。不幸的是，他在试飞过程中因为飞机解体而坠海。

把诺索斯人的生活和现代人的生活做一下比较，是一件很有趣的事。那些生活在公元前2500前的克里特绅士认为陨铁是一种非常罕见的金属，属于稀世珍宝。因为当时的人只知道陨铁，还不知道从铁矿石中冶炼出铁。如今，铁也是一种非常普通的金属，到处都可以看到铁制品。对克里特人来说，马完全是传说里的动物，其实在当时，马是生活在遥远的黑海北边荒原上的一种体型较大的驴子。他们认为，只有爱琴人居住的希腊，吕底亚人、加里亚人和特洛伊人居住的小亚细亚才存在着文明。这些地方的人的生活方式和克里特人相似，甚至连语言也没有多大的差别。至于居住在西班牙和北非的腓尼基人和爱琴人，克里特人虽然知道他们的存在，但认为他们都是一些地处偏远的民族。在当时，意大利还是森林遍地的无人之地，棕色皮肤的伊特鲁里亚人还没有从小亚细亚移居到这里。如果一个克里特绅士在码头上看到一个眼睛碧蓝的战俘，一定会万分惊讶。他或许会和这个俘虏交谈几句，不过他听到的全是一句也听不懂的语言。于是他会认定这个战俘一定是来自比黑海更遥远的偏远之地的野蛮人。

事实上，这个战俘是雅利安种人，关于这个民族的文化，我在后面会做详细介绍。至于他所说的那种让克里特绅士感到莫名其妙的语言，实际上正是日后分化成印度语、波斯语、希腊语、拉丁语、德语、英语等当今世界的主要语言的母体语言。

　　这就是全盛时期的诺索斯人。他们知识渊博，富于远见，性格开朗，乐观向上。不过，在公元前1400年，他们的好日子走到了尽头，灾难突然降临到他们头上。米诺斯的宫殿被摧毁，再也没有重建过，那里因再也没有人居住而成为一片废墟。这场灾难是如何发生的，无人知道。人们在废墟里挖掘出一些遗物，上面残留着抢劫和火烧的痕迹。人们还在废墟里发现了那里曾遭受过破坏力极大的地震的痕迹。诺索斯究竟是毁于大自然的力量，还是毁于希腊人的掠夺，或者是地震和希腊人掠夺共同摧毁了这座城市，无人知道。

第18章
埃及、巴比伦和亚述

对于闪米特人"牧人王朝"的统治，埃及从未俯首帖耳地臣服过。在公元前1600年左右，埃及人发动了一次起义推翻了异族的统治，埃及进入全面复兴的时期，史称"新帝国"。这个在"牧人王朝"统治期间一直处于分裂状态的国家，此时完成了统一。以前的被征服和叛乱，使埃及王具有强烈的军人精神，成为一个闯劲十足的征服者。他用缴获的"牧人王朝"的战车装备自己的军队，然后开始对外开疆拓土。到特多麦斯三世统治时期，埃及的势力已经扩展到亚洲的幼发拉底河。

接下来我将介绍一场持续了千年之久的战争，它发生在两个毫不相干的文明——美索不达米亚文明和尼罗河文明之间。在战争初期，埃及占据着明显的优势。在特多麦斯三世、阿麦诺菲斯三世、阿麦诺菲斯四世和哈达苏女王统治的第十七王朝，以及拉美斯二世（有人认为是摩西法老）统治了67年之久的第十九王朝，埃及都出现了高度的繁荣，国力强盛。然而，它还是被叙利亚和来自南方的埃塞俄比亚人征服过。在美索不达米亚，先是巴比人掌握着统治权，然后是赫梯人和大马士革的叙利亚人掌握统治权。有一段时间，埃及被叙利亚人征服。尼尼微的亚述人的命运起伏不定，时辱时荣，有时他们的城市被征服，他们也只能屈身于异族的统治；有时他们又统治着巴比伦，而且还以征服者的姿态出兵攻打埃及。由于篇幅所限，对埃及人和小亚细亚人、叙利亚人和美索不达米亚的闪米特人作战的情况就不一一详述了。不过我要说明的是：此时的军队中已经装备了大量的战车，而马已经从中亚传到这些古代文明国家，在战争和仪仗中已经广泛使用。

阿布辛拜勒神庙

那些伟大的征服者，在远古文明的晨曦中转瞬即逝，比如征服尼尼微的米坦尼王塔楚拉达，征服巴比伦的亚述王提格拉特·帕拉沙尔一世，等等。亚述终于成为当时军事力量最强大的民族。在公元前745年，亚述王提格拉特·帕拉沙尔三世再次征服巴比伦，建立了史学家所谓的"新亚述帝国"。此时，冶铁术也从北方传入文明国家。亚美尼亚人的先驱赫梯人首先学会了冶铁，后来冶铁术传到了亚述。萨尔贡二世——他是亚述的一位篡位者——开始用铁制兵器武装自己的军队，于是亚述人成了最早信奉铁血主义的民族。萨尔贡的儿子辛那赫里布在率军进攻埃及时全军覆没，不过，他的军队不是被埃及军队打败的，而是染上了瘟疫。后来，辛那赫里布的孙子阿舒巴尼帕尔——历史上的著名人物，希腊名叫萨达那帕尔斯——在公元前670年征服了埃及。不过，此时的埃及本来就是一个被埃塞俄比亚征服的国家，萨达那帕尔斯只不过是取代了另一个征服者而已。

如果把这长达千余年的漫长历史中各国的版图画出来，我们会发现，埃及的

斯芬克斯大道，从尼罗河延伸至卡纳克神庙

卡纳克神庙大柱厅

版图和显微镜下的变形虫一样，时大时小。我们还可以看到，巴比伦人、亚述人、赫梯人、叙利亚人等闪米特族人的命运也时好时坏，他们国家时而出现，时而消失，时而合并，时而分裂。在小亚细亚的西部，有一些爱琴人的小国家，比如以萨底斯为首都的吕底亚和卡里阿，等等。到了公元前1200年左右，古代文明世界中多了一些从东北和西北进入的新兴民族。这是一些使用铁制兵器和马拉战车的野蛮人，他们的到来对爱琴人和闪米特人的文明造成剧烈的冲突。他们使用的语言，也是由雅利安语这一母体语分化形成的。

此时，米堤亚人和波斯人来到黑海和里海北部地区。从当时的历史记录来看，人们把他们和塞西亚人、萨尔马提亚人混为一谈。此外，亚美尼亚人从东北和西北方向，西米里人、弗利吉亚人和希腊人也从西北部海岸穿过巴尔干半岛来到这里。后来，这里的人被统称为希腊民族。这些雅利安人无论来自东方还是西方，毫无例外都是侵略者和掠夺者。他们都是血缘相同，以前干过掠夺勾当的民族。以前，雅利安人在东部只是掠夺乡民，如今他们来到西部地区后就疯狂地攻打城市，把文明的爱琴人从他们的城市赶走。一部分爱琴人来到尼罗河三角洲地区寻找新的居住地，然而又被埃及人驱逐；另一部分，即爱托利亚人有可能从小亚细亚渡海来到当时荒无人烟的澳大利亚，在那里建立起自己的家园；还有一部分，也就是著名的腓利斯人，他们在地中海东南海岸建立了自己的城邦。

关于强悍的雅利安人与古代文明的关系，我在后面还要详细介绍。在这里我还要强调一下，古代文明时期，这一地区所发生的动乱和变迁，完全是因为公元前1600年到公元前600年之间来自北方森林的雅利安人的不断侵袭造成的。

下一章我会介绍另一支闪米特人——希伯来人。他们居住在腓尼基及菲利斯海岸后面的丘陵地区。到这个时代的末期，他们发展成在世界上占据着重要地位的民族——希伯来族。他们创造了一部对后来历史影响深远的重要著作，即希伯来《圣经》。这是一部集历史、诗歌、箴言和预言为一体的辉煌巨著。

虽然美索不达米亚和埃及在公元前600年前后受到雅利安人的侵略，不过他们并没有发生根本性的改变。埃及人和巴比伦认为，以前希腊的爱琴人被驱逐、诺索斯城被夷为平地，这样的灾难永远不会发生在自己国家。在人类文明的摇篮之地，虽然王朝不断地更迭，但人类文明始终在缓慢地向着更精细、更复杂的高级阶段进步。在埃及，古代所建造的山形建筑——金字塔经过了三千多年的历史，如今吸引了全世界无数游客前去参观。后来，这一地区还增添了很多更新、更雄伟的建筑，特别是在十七王朝和十九王朝时期，卡那克和鲁克索神庙就是在这个时期建造的。尼尼微城市的神庙、有翅膀的人头牛身雕像，及国王、战车、猎狮等浮雕，都是在公元前1600年到公元前600年之间完成的。这个时期也是巴比伦历史上最光辉灿烂的时期。

高举奢侈食品的埃及女奴隶

如今，人们在美索不达米亚和埃及两地发掘出很多重要的历史记录，比如商业账目、故事、诗篇和私人信件，等等。通过这些资料，我们可以了解到这些地方人们的生活状况。比如，居住在巴比伦和埃及的底比斯城的富人们，他们的生活和如今的富人一样的奢侈。他们住在装饰豪华的房屋里，衣着华丽，随身佩戴着很多名贵的珠宝。他们时常大摆宴席，举办各种庆典，以音乐和舞蹈为消遣。他们周围有大量的训练有素的仆人可供使唤，还带着私人医生和牙医。他们不喜欢长途旅行，最喜欢泛船尼罗河和幼发拉底河，特别是在夏天，乘船游玩是最时髦的娱乐方式。他们以驴代步，马在当时还只是用来拉战车和举办庆典时作为仪仗使用，骡子则十分罕见。虽然在美索不达米亚有骆驼，但还没有传到埃及。在当时，最常用的是铜和青铜器具，铁制器具几乎没有。尽管当时还没有丝织品，但质量上乘的麻、棉和毛织品已经十分普遍。当时已经出现了小型的、不透明的玻璃制品，有多种漂亮的颜色。虽然有人已经开始镶金牙，但是还没有眼镜，因为当时还没有透明的玻璃。

古代底比斯人和巴比伦人的生活与现代人的生活最大的不同，在于他们没有货币。交易的方式主要是物物交换。在财力方面，巴比伦要比埃及更强盛。金和银要用来交换别的东西，要么被分成小块保存起来。虽然货币还没有出现，不过已经有了"资本家"，他们在金块或银块上印上自己的名字和金属的重量。商人和旅行者出门时都会随身携带宝石，必要时在途中把它卖掉换取生活必需品。大部分的仆人和劳动者都是奴隶，他们没有工钱，只能得到一些实物。在货币出现之后，奴隶制度也随之瓦解。

如果一个现代人走到这些繁华的城市里，他们会发现市场上缺少两种如今很常见的食物——鸡和鸡蛋。所以，一名法国厨师在巴比伦肯定做不出什么好菜。这两种食

位于伊德夫的荷鲁斯神庙

物大概是在亚述帝国末期才从东方传到这里。

宗教在这个时期也得到很大的发展。用活人祭献的做法早已被摈弃，用动物或面人来代替。不过，腓尼基人，特别是他们在非洲建立移民区——迦太基的市民仍然以活人来祭献。在古代社会，当一个伟大的领袖死去后，要用他的妻子和奴隶殉葬，也用折断的弓箭当陪葬品，为的是让死者在另一个世界也有人服侍和有武器可用。这种如今我们认为很愚昧的做法在埃及也很盛行，埃及人还把房屋、商铺、奴仆和家畜做成模型来陪葬。后来，人们发掘出的这些模型，它们真实地展示着三千多年以前的古代民族所过的文明而安定的生活。

在雅利安人从北方的森林中走出来之前，古代世界就是这个样子。印度和中国的文明也经过了类似的发展。在这两个国家的大河流域，都发展出褐色人种建立城市国家。在印度，这种城市国家相对安定，不像在美索不达米亚和埃及的城邦经历快速地发展，然后统一，它们更像是古代的苏美尔和美洲的玛雅。至于中国的历史，因为其中融合了大量的神话和传说，还需要学者加以剔出。不过，这个时期的中国比印度更进步。在埃及的第十七王朝时，中国出现了一个称为商代的王朝，皇帝兼祭司统治着诸侯。这些古代帝王的首要职责是主持季节性的祭天大典。如今，我们还可以看到商代的青铜器，它们制作得相当精美，使我们有理由相信：在这些精美的青铜器出现以前，中国文明已经存在了许多个世纪。

第19章
原始雅利安民族

在4000年以前，也就是公元前2000年左右，欧洲中部和东南部以及亚洲的中部比今天更温暖和潮湿，有大片的森林。从莱茵河到里海的这一片辽阔地区，生活着一些原始部落。他们大多是碧眼金发的北欧人种，用从同一母体语言深化而来的语言相互交流着。当时的北欧人种或许还不是一个人口众多的民族，但他们的存在，早就被汉谟拉比统治下的巴比伦人和饱尝民族入侵之苦的埃及所深知。

这些北欧民族，注定要在世界历史中扮演重要的角色。他们最早把森林开辟成可以耕种的田园。最初，他们只有牛没有马，每逢迁居时，他们只有把帐篷和其他物品放在简陋的牛车上。找到新的居住点时，他们用树枝和泥土盖起小屋。他们对死人实行火葬，而不是像浅黑人对死人实行土葬。如果死去的是一位重要的首领，他们就把他的骨灰放进瓮中，埋在地下，再在上面堆一个圆土堆。这就是在北欧很常见的"圆冢"。浅黑人是把死者以端坐的姿势埋在地下，他们的坟墓看起来呈长方形，被称为"长冢"。

雅利安人种植小麦，用牛拉犁耕地，但是他们并没有因此而过上永久定居的生活，往往在收获之后就会迁移到下一个居住点。他们已经开始使用青铜器，到了公元前1500年左右，他们又有了铁。他们也可能是冶铁术的发明者。也许就在这个时期，他们开始用马来拉东西。与地中海一带生活安定的民族不同，它们的首领不是祭司，而是头领。他们的社会秩序不是宗教式的也不是帝王式的，而是贵族式的。从很早的时期开始，有部分家庭就从普通家族中独立出来，成为高贵的、居于领导地位的家族。

这个民族善于歌唱。在迁移的过程中，为了调动大家的情绪，他们常常举行宴会，饮酒狂欢，并且还有专门的吟唱诗人唱诗助兴。在和文明社会接触前，他们没有自己的文字，吟唱诗人完全靠记忆来记住歌词。这种作为娱乐的说唱形式对语言的发展起到很重要的作用，最后使它成为非常精确优美的表现手段。

美丽而古老的双耳瓶，搭配有马和其他动物

也正是基于这一原因，后来由雅利安语分化形成的多种语言也具有这样的优点。雅利安民族以叙事诗、史诗和宗教诗来表现自己民族的传奇历史。

雅利安民族的社会生活以部落首领的家为中心。当他们在某处居住时，首领居住的房屋是非常宽敞的木质建筑，当然不远的地方还有牧民居住的小屋和牲口棚。很多时间，雅利安人都聚居在首领居住的房子的大厅里，举行宴会，欣赏说唱，参加游戏或是讨论部族事务。首领和家人通常睡在屋里或厅楼上，一般族民则随便席地而卧，就像今天的印度家庭一样。在这些部落中，除了武器、饰品、工具等物品属于私人所有，其余财产都属公有，实际上这些部落就是一个族长制的共产社会。为了共同的利益，族长拥有牲畜和牧场。那时的森林和河流，则无人占为私有。

正当美索不达米亚和尼罗河的伟大文明繁荣兴盛之时，雅利安民族也在欧洲中部、亚洲西部的广阔土地上繁衍生息。从公元前2000年开始，他们开始入侵有着"日石文化的"其他民族。他们先后入侵法兰西、不列颠和西班牙，然后分成两股势力向西方推进。其中一股势力装备着青铜武器，挺进到不列颠和爱尔兰。曾经在不列颠岛建造了巨大的卡纳克石碑，在英格兰建造了巨大的石柱的民族，

尼普尔城市遗址

在这一股势力的冲击之下，要么被灭绝，要么被征服。当他们到达爱尔兰时，被当地人称为盖尔·凯尔特人。另一股势力可能是血缘相近的民族，不过其中或许也有其他民族的成员，他们把铁传到了大不列颠。他们被称为托尼·凯尔特人。威尔士人的语言就是以他们的语言为基础发展起来的。

凯尔特诸民族向南入侵西班牙。不仅与当时在这块土地上仍然存在的拥有日石文化巴斯克人接触，同时也和在沿海建立殖民地的闪米特系腓尼基人往来。与此同时，各部落紧密联合的意大利人也已经迁到当时还是一片蛮荒的亚平宁半岛。当然，他们并不是总以征服者的身份出现。到公元前8世纪，罗马城出现。不过，那里只是台伯河畔的一个商业小城，城里居住着雅利安系的拉丁人，统治者却是伊特鲁里亚的贵族和王室。

有一股雅利安人的势力曾向南扩张。在公元前1000年以前，说梵语的雅利安人就挺进到印度北部，并与那里的由浅黑肤色人创造的德拉维文明接触，从中学到不少东西。其他的雅利安民族似乎扩张到中亚地区，势力范围远比今天这个民族的居住范围广阔。在东土耳其，至今仍生活着金发碧眼的北欧种人，不过他们说的是蒙古语。

居住在里海和黑海之间的古代赫梯人，在公元前1000年以前就被阿美尼亚人征服，然后全部雅利安化。在亚述和巴比伦的东北部，这一民族正以野蛮的好战者的姿态崛起，其中，塞西亚人、米堤亚人和波斯人更是声名远扬。

不过，雅利安人对旧世界文明造成毁灭性的冲击，是在他们穿越巴尔干半岛之后。公元前1000年前的若干个世纪，他们就已经南下进入小亚细亚。最先到达这里的民族中，以弗利吉亚人最有名，随后，伊奥里斯人、爱奥尼亚人和多利安希腊人先后到来。到公元前1000年左右，他们把希腊本土和希腊诸岛上的爱琴文明全部清除。迈锡尼和梯林斯等城市被摧毁，诺索斯城从此也逐渐被人们完全遗忘。在公元前1000年前，希腊人就渡海来到克里特岛和罗德岛定居，并按照腓尼基人沿地中海沿岸建立商业城市的模式，在西西里岛和意大利南部建立了许多城市。

就这样，在提格拉特·帕拉沙尔三世、萨尔贡二世和沙达那帕鲁斯统治亚述，并与巴比伦、叙利亚、埃及等国交战的年代，雅利安各民族已经学到了文明，并在意大利、希腊和北波斯等地按照自己的需要对这些文明进行了改造。从公元前9世纪往后的600年时间里，古代世界的历史主线就是雅利安人如何发展壮大，如何冒险，如何征服闪米特人、爱琴人、埃及人等。从表面上看，雅利安人获得了全胜，不过，雅利安人与埃及人、闪米特人在思想和制度上的斗争一直持续到他们取得统治权之后的很久一段时间。说得更确切些，这一斗争贯穿了之后人类的整个历史，一直到今天仍在进行着。

第20章
最后的巴比伦帝国和大流士一世帝国

　　在提格拉特·帕拉沙尔三世和篡位国王萨尔贡二世的治理下，亚述成为一个军事力量强大的国家。这点我在前面已经介绍过。这位篡位国王的真名并不叫萨尔贡，他之所以用这个名字，是为了让被征服的巴比伦人想起在2000年前建立古阿卡德帝国的萨尔贡一世，如此一来，巴比伦人会更容易接受他。此时，巴比伦虽然是一个被征服的国家，但其人口数量和地位都超过了尼尼微，因此，征服者对巴比伦的神柏尔·马杜克，以及商人和祭司都很尊重。到公元前8世纪，曾经到处都是杀戮，血雨腥风的美索不达米亚地区已经告别了野蛮时代，征服者开始使用怀柔策略最终赢得被征服者的心。在这一政策的作用下，新亚述帝国在萨尔贡死后还维持了一个半世纪。后来，阿舒巴尼泊（也就是萨达那泊尔斯）占领了南部埃及。

　　此后，亚述帝国分裂，国力迅速减弱。而通过奋发图强而崛起的埃及终于在布桑梅迪克一世统治时期赶走了亚述侵略者。尼科二世统治时期，他企图发动一场入侵叙利亚的战争征服叙利亚。当时的叙利亚正与邻国交战，所以对埃及的入侵只能进行微弱的抵抗。就在这个时候，来自美索不达米亚东南的闪米特族系的迦勒底人和来自美索不达米亚东北部的雅利安族系的米堤亚人结盟，对尼尼微发动进攻，于公元前606年攻下了这座城市。从这一年开始，人类的历史有了准确的纪年时间表。

亚述遭到掠夺和瓜分。在北方，塞克萨里斯建立了米提亚帝国，首都设在爱克巴坦那，领土包括尼尼微在内，东部一直到延伸到印度边境。在米提亚帝国以南，是领土呈新月形的迦勒底帝国，也就是"第二巴比伦帝国"。在尼布甲尼撒的统治下，第二巴比伦帝国拥有大量的财富，国力强盛。巴比伦最后一段伟大的历史——可以说是最伟大的一段历史——从此开始了。在以后的一段时间，米提亚帝国和巴比伦帝国和睦相处，尼布甲尼撒还把自己的女儿嫁给了塞克萨里斯。

在这期间，尼科二世也顺利地征服了叙利亚。之前，也就是在公元前608年，他还在米吉多战役中击败了犹太国，并杀死国王约西亚。然后，他率兵向幼发拉底河进发，目标当然不再是已经衰落的亚述而是日益强盛的巴比伦。但是，尼科二世的军队遭到迦勒底人的顽强抵抗，最后被击败，狼狈逃回埃及。巴比伦乘机把领土扩张至埃及边境。

公元前606年到公元前539年，虽然第二巴比伦帝国处于并不安定的环境中，但由于和北方那个强大、稳定的米堤亚帝国和平相处，所以国内仍然极为繁荣。在这67年中，巴比伦国内不仅物质丰富，而且文化也高度繁荣。

即使是在亚述各代帝王的统治下，巴比伦始终都是文化活动的中心，在沙达那帕鲁斯统治期间，这一点特别突出。虽然沙达那帕鲁斯是亚述人，但已经完全巴比伦化。他建了一座大型图书馆，当然里面收藏的不是纸质图书，而是自苏美尔时代以来美索不达米亚地区的黏土刻字泥板。如今，他收藏的这些泥板已经挖掘出来，它们可能是世界上最珍贵的历史资料。巴比伦的最后一位国王那波尼丢斯是迦

发现于波斯废墟之中的波斯君主

勒底人，他对文学有浓厚的兴趣，并鼓励研究古书。当他手下的学者研究出萨尔贡一世登基的年代时，它立刻命令把这一史实刻在石碑上加以纪念。在他统治期间，帝国内出现了一些分裂的征兆，为了加强集权统治，维持帝国的统一，他下令把国内各地的地方神都集中到巴比伦，然后为它们修建了庙宇。这种做法后来被古罗马人仿效过，并且取得了成功。然而在当时的巴比伦，这种做法却引起了信奉巴比伦的守护神——柏尔·玛杜克的祭司们强烈不满。他们密谋换掉现在的国王那波尼丢斯，然后请邻国米堤亚帝国的国王波斯人居鲁士当巴比伦的国王。在这之后，居鲁士因为征服了小亚细亚东部富有的吕底亚国王克罗伊苏而声名远扬。在巴比伦国祭司们的操纵下，他率兵进攻巴比伦，仅在城外打了一仗，城门内的人就打开城迎接他入城。就这样，居鲁士在公元前538年不费吹灰之力就攻占了这座城市。据《圣经》记载，当时的那波尼丢斯的儿子——贝尔沙萨王正在设宴狂欢。突然，一只手伸了进来，在墙壁上写下一些神秘的字迹："弥尼，弥尼，提客勒，乌法珥新"。四大先知之一的但以理①翻译这些隐语，但以理说："上帝已经算出你帝国的年数已尽，但他在天平上称出你的分量不够重，所以把你的帝国分给米堤亚人和波斯人。"那些信奉柏尔·玛杜克的祭司们对墙壁上的字迹的来历应该知道得一清二楚。据《圣经》记载，贝尔沙萨当晚就被杀死，那波尼丢斯被关进监狱。由于这次占领并未大动干戈，所以人们对柏尔·玛杜克的祭典照常进行。

波斯废墟。波斯帝国的帝都，被亚历山大大帝烧毁

① 但以理，四大先知之一，另外三个是以赛亚、耶利米、以西结。——编者注

巴比伦帝国和米堤亚帝国就这样统一起来。居鲁士的儿子冈比西斯后来又征服了埃及，不过，他自己则由于发疯而死于非命。在他死后，居鲁士的宠臣希斯达斯的儿子、米堤亚人大流士继位，他就是大流士一世。

大流士一世统治的波斯帝国，是古代文明史上最早的新雅利安帝国，也

位于波斯波利斯的薛西斯大走廊

是版图超过以前任何国家的帝国，它的领土包括小亚细亚和叙利亚，原亚述帝国，巴比伦帝国，还拥有埃及、高加索和里海地区，经及米堤亚和波斯等地，领土一直延伸到印度河。这样一个庞大的帝国之所以能建立起来，与当时的客观条件——马匹、骑兵、战车和宽阔的大道——分不开。在以前，驴、牛、骆驼是最方便的交通工具，如今，波斯的统治者为了管理新的帝国，建筑了许多宽阔、平坦的大道。驿站里准备着很多驿马，以供帝国的信使或其他得到官方许可的旅行者使用。铸币开始出现，极大地推动了贸易的发展。不过，这个繁荣的大帝国的首都已不再是巴比伦，尽管巴比伦仍是帝国的一个重要城市，但开始日渐衰落。珀塞波利斯、苏萨和爱克巴坦那成为帝国新崛起的重要城市，苏萨还成为帝国的新首都。尼尼微已被人们弃置，后来成为一片废墟。所以从结果来看，那些信奉柏尔·玛杜克的祭司们的背叛并没有得到多少好处。

第21章
早期的犹太人

现在，我们来谈谈希伯来人，它是闪米特系的民族。这个民族在当时的重要性，远远不如它对后世的影响。在公元前1000年之前，希伯来人就定居在犹地亚，首都一直是耶路撒冷。希伯来人的历史和埃及、叙利亚、亚述和巴比伦等周围各大帝国的历史紧密相连，他们的国土是北方各国通往埃及的必经之地。

希伯来人之所以在世界历史上有名，是因为他们创造了一部不朽的文字作品。它是集世界史、法律、纪年学和赞美诗为一体，又是融箴言、诗歌、小说和政治议论为一炉的伟大作品。后来，这部著作被基督徒称为《旧约》，即希伯来《圣经》。它出现的时间在公元前4世纪或公元前5世纪。

《旧约》的首次编写或许是在巴比伦整理完成的。前面已经讲过，当埃及法老科尼二世入侵亚述帝国时，亚述正竭力与米堤亚人、波斯人和迦勒底人作战。犹太国王约西亚率众反抗尼科二世，于公元前608年在米吉多被杀死，从此，犹太国成为埃及的附属国。后来，巴比伦的迦勒底国王尼布甲尼撒把尼科二世赶回了埃及，他计划在耶路撒冷安排一个傀儡国王，不过他的这一计划没有实现，犹太人把巴比伦派来的所有官吏全部杀死了。所以，尼布甲尼撒决定把这个隔在埃及和北方帝国中间的小国彻底灭掉。于是，在公元前587年，耶路撒冷遭到掠夺和焚烧，幸存的犹太人被当成战俘押回巴比伦。

这些犹太人一直被关在巴比伦，直到公元前538年居鲁士攻下巴比伦，这些犹太人才被释放回归故国，然后，他们在耶路撒冷重建圣殿。

在此之前，犹太人似乎并不是一个非常开化而团结的民族，能读会写的人寥寥无几。从他们自己的历史来判断，没有一个人读过《圣经》，哪怕是前几篇。一直到约书亚时代的历史才提到这本书。成为巴比伦囚徒的耻辱既让他们更加开化，也让他们更加团结。回到耶路撒冷之后，他们真正意识到本国文学的重要，并逐渐成为有敏锐头脑和政治才能的优秀民族。

当时，《圣经》只有前五卷，也就是我们所知的《旧约》开头的五篇。除此之外，还有一些独立的篇章，比如编年史、赞美诗和箴言，他们后来和前五卷一起收入希伯来《圣经》里。

《圣经》以创世、亚当和夏娃、大洪水的故事为开头，它们和巴比伦的传说几乎完全一样，这些似乎是所有闪米特人共同信仰的一部分。关于摩西和参孙的传说，也与苏美尔、巴比伦的传说如出一辙。不过，关于亚伯拉罕的传说和之后的内容，则明显带着犹太民族自己的特色。

亚伯拉罕很可能生活在汉谟拉比统治时期的巴比伦，他是族长制朝代的闪米特牧民。在《圣经·创世纪》一篇中，介绍了有关他漂泊的故事，他的儿子和孙子故事，以及他们成为埃及人俘虏的故事。《圣经》中记载，当亚伯拉罕漂泊到迦南时，上帝把这块有着繁荣城市的土地赐给了他和他的子孙。

亚伯拉罕的后代在埃及居住了很多时间，后来，他们在摩西的率领下在外漂泊了整整50年，期间，由于人口不断增多，他们分成了12个部族。后来，他们经过阿拉伯沙漠向迦南挺进，此事可能发生在公元前1600年到公元前1300年之间的某一个时间。关于摩西和当时的迦南，埃及的历史资料中没有任何有用的记录。不过，可以肯定的是，除了占领迦南的一些丘陵地带外，此次入侵没有取得实质性成功。在当时，地中海沿岸一带并没有掌握在迦南人手中，而是被新来的爱琴人和腓利斯人控制着，并且建立了加沙、加多、阿什杜德和乔帕等城市。希伯来人向这些城市发起进攻，不过这些城市都没有被他们攻占。所以，希伯来人一直居住在丘陵地带，始终是一个毫不起眼的民族。他们不断地与腓力斯人以及与其同种的莫阿布人和米堤亚人发生争战。读者可以在《旧约·士师记》中读到他们在这期间的失败和不幸。从很大程度上来说，《士师记》[①]就是希伯来人不幸和失败的最真实的记录。

在这一时期的大部分时间，希伯来人都是由长者们挑选出来的类似祭司的士师来管理。后来，在公元前1000年，他们选出了第一个国王，他的名字扫罗，由他作为战争的领袖。然而，扫罗的领导才能并不比士师出色，他自己也在吉尔布亚山的战役中被腓利斯人用箭射死，他所穿的盔甲被送到腓利斯人的维纳斯神庙里被供奉起来，他的尸体则被放到贝塞香的城墙上。

扫罗的继承人大卫比扫罗更有策略，取得了更大的成功。在大卫统治时期，希伯来人迎来第一次空前繁荣，其根本原因在于和腓尼基的提尔城结成联盟。提尔城的国王海勒姆既有宏大的抱负，又善于励精图治，他计划开辟一条途经希伯来人居住的丘陵地带直通红海的贸易通道。在当时，腓尼基商人要到红海做贸易，必须经过动荡不安的埃及，加之沿途还有其他种种障碍，所以，海勒姆就与大卫以及大卫的儿子也就是王位继承人建立了非常友好的关系。在海勒姆的帮助下，耶路撒冷建起了城墙、宫殿和神殿。作为回报，腓尼基商人得到希伯来人的保护。于是，南来北往的大规模商

巴比伦山丘，山丘下面是伟大的宫殿尼布甲尼撒的遗址

①《士师记》是《旧约圣经》中的一卷，其内容主要记述鬼魔的宗教如何缠绕为害以色列民，以及耶和华怎样怜悯和拯救悔改的百姓们。——编者注

业贸易就在此蓬勃发展起来。所罗门也带领希伯来民族走向了空前的繁荣，他自己还娶了埃及法老的女儿为妻。

不过，即使是耶路撒冷的繁荣达到巅峰，它仍然是一个小城邦。所罗门王的权威并没有长久存在，而是如昙花一现。在他死后没有过几年，耶路撒冷就被埃及第二十三王朝第一任法老西谢克攻陷，所有财富都被洗劫一空。对《旧约》的《列王记》和《历王记》所描绘的所罗门的富贵繁华，很多现代的评论家曾给予置疑，认为那不过是后人出于爱国心理而加以夸张的粉饰。不过，如果仔细阅读《圣经》的记载，又会发现所罗门王国的豪华程度并没有首次阅读时那样让人惊叹。所罗门的宫殿的规模和郊区的小教堂相当。如果我们从亚述人纪念碑上得知，所罗门的继承人埃哈卜曾派遣一支2000人的军队和亚述军队交战，那么对于所罗门有1400辆战车就不再感到惊讶了。《圣经》上还说，所罗门王爱慕虚荣，在他统治时期，百姓承担着沉重的赋税和劳役。所罗门王死后，王国的北部地区便从耶路撒冷分裂出去，成为独立的以色列王国。不过，耶路撒冷仍然是犹太国的都城。

希伯来人的繁荣并没有长久维持下去。在海勒姆死后，耶路撒冷失去了提尔城的帮助。不久之后，埃及再次兴盛起来。于是以色列和犹太国的历史就成了夹在强国之间的两个小国的历史，北方先是叙利亚，然后是亚述，后来是巴比伦，南方是新崛起的埃及。这段历史充满了兵灾人祸，不过是野蛮的国王统治野蛮民族的历史。公元前721年，以色列王国遭到亚述进攻并被攻占，所有人都成为俘虏，以色列的历史到此结束。犹太王国则坚持

伊师塔大门，位于巴比伦城的入口。墙砖烧出了色彩斑斓的公牛浮雕

战斗，直到公元前604年才被攻陷。《圣经》中所记载的自"士师"时代①以来的希伯来历史，除某些细节有批评和探讨的余地外，大体上都是明确和真实的。这已经被那些从上个世纪在埃及、亚述和巴比伦发掘的历史遗迹所证明。

希伯来人是被关押在巴比伦期间开始梳理自己的历史，并发扬民族传统。当他们被居鲁士释放回国时，无论是精神上还是知识上，都和被俘虏时大不相同。他们已经成为文明人。在此，我要特别提及在希伯来人民族性的发展中起着重要作用的群体——先知。先知的出现，标志着在人类社会的发展过程中，一种全新的、明显的力量已经形成。

---

① "士师"时代，（公元前13世纪-公元前1030年）以色列犹太人所处在的部落联盟时代。

——编者注

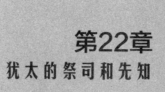

第22章
犹太的祭司和先知

　　亚述和巴比伦的衰落，仅仅是即将降临到闪米特人头上的一系列灾难的开始。在公元前7世纪，几乎整个文明世界都被闪米特人控制。他们统治着庞大的亚述帝国，并征服了埃及，亚述、巴比伦和叙利亚全都是闪米特系人统治的国家。世界的贸易也基本全掌握在闪米特人手中。他们在腓尼基的海岸建立了一大批城市，如提尔、西顿等，此外，他们还在西班牙、西西里岛和非洲建立的殖民地的人口甚至超过了本土。公元前800年建立的迦太基城，此时的人口已经超过100万，在相当长的一段时间内，它都是世界上最大的城市。从这里出发的航海船经常驶向不列颠，有时还向遥远的大西洋航行，甚至曾到达过马德拉岛。在海勒姆和所罗门为了发展和阿拉伯及印度的贸易时，曾经在红海合作建造海船。在尼科王统治时期，曾有一支腓尼基探险船队绕非洲航行了一周。

　　在那个时候，雅利安各族还未开化，只有希腊人在过去的废墟上创建新的文明，此时的米堤亚人，正如一块亚述碑文上所记载的那样，已逐渐成为中亚地区一个"难以对应"的部落。公元前800年，谁也不会预想到，到公元前3世纪，雅利安人竟会取代一切闪米特人的统治，还迫使闪米特人称臣进贡，甚至被四处驱散。除了生活在阿拉伯北部沙漠的闪米特系贝都因人没有被雅利安人征服，依然过着萨尔贡一世和他统治的阿卡德人出征苏尔美以前的游牧生活方式外，其他各处的闪米特人都被征服了。

在这战火不断的500年间，闪米特人不断遭受迫害，其文明也被严重破坏。只有一个闪米特系民族始终紧密团结，保留着其古老的传统，它就是被居鲁士释放回到耶路撒冷的犹太人。他们之所以能做到这一点，根本原因是他们在巴比伦时编写的那部文献——《圣经》。所以说，与其说是犹太人创造了《圣经》，还不如说是《圣经》创造了新的犹太人。整部《圣经》所体现的，是一种与其他民族大不相同的民族精神——奋进和忍耐。在2500年的艰苦、冒险和被压迫的生活中，让他们执著地坚持这种精神。

犹太精神的坚固基石，在于他们的上帝是遥远的而不可见的。他们的上帝并非居住在用手建造的庙宇中，而是全世界的正义之神。其他各民族也有自己信奉的神，但是他们都被物化为庙宇里的神像，一旦庙宇和神像被摧毁，他们对神的信仰也随之消失。然而犹太人的上帝住在天国，超越一切祭司的牺牲，这是一种全新的宗教观念。犹太人始终坚信，亚伯拉罕选择他们作为子民，是要让他们复兴耶路撒冷，使之成为全世界的真理和正义之城。犹太民族依靠这种共同的命运意识，最终实现崛起。这种意识，自他们从巴比伦返回耶路撒冷那一刻起，就已经根植于他们的灵魂深处。

在那个充满征服和颠覆的时代里，大批讲着相同的语言，有着相同的风俗、癖好和传统的巴比伦人、叙利亚人和后来的腓尼基人，都被这种精神所折服，纷纷要求加入这一民族，并履行承诺。这难道是某种神迹吗？在提尔、西顿、迦太基以及西班牙的其他腓尼基人建造的城市衰亡后，腓尼基人突然从历史上消失了。不过，我们同时也发现，不只是耶路撒冷，还有西班牙、非洲、埃及、阿拉伯以及世界的东方，哪里有腓尼基人的足迹，哪里就有犹太人的团体。他们通过阅读《圣经》而团聚在一起。从某种意义上说，耶路撒冷只是犹太人名义上的首都，他们真正的首都是《圣经》。这是一种全新的历史现象，它的根源可以追溯到苏美尔人用现代文字取代楔形文字时。犹太民族是一个与众不同的民族，他们没有国王，没有庙宇，而是依靠《圣经》中的文字产生的伟大力量紧密团结在一起。

犹太民族这种精神上的团结，绝不是哪个祭司或国王有计划、有预想促成的。随着犹太民族的发展，在人类历史上不仅出现了一种新的民族，而且还产生了一种新类型的人。那些以庙宇为中心的民族，被祭司的智慧所操纵，被国王的野心所驱使。读者们从《圣经》中可看出来，这种新类型的人——先知，的确是存在的。

撒缦以色二世的黑色方尖碑，亚述王时期的方尖碑（现藏大英博物馆），饰有楔形文字，展示了"以色列国王耶户称臣进贡"的情景

希伯来人的分裂越严重，先知的重要性就越明显。

那么，这些先知到底从何而来呢？他们的出生并不一样。比如，先知伊齐基尔出生于祭司阶层，先知阿摩斯则身穿羊皮袄，出生于牧羊人家庭。但是，不管出生如何，他们都有一个共同点：把忠诚献给代表真理的主，直接与民众对话。

先知从不需要经过任何人的许可和任命。"神的旨意降临在我身上"就是成为先知的任命形式。他们有着强烈的政治热情，鼓励人们反抗埃及，因为它是"折断的芦苇"（比喻邪恶和不可靠），同时也鼓励人们反抗亚述和巴比伦。他们谴责懒惰，抨击祭司阶层，声讨国王的暴虐。他们中的一些人，致力于我们今天所说的"社会改革"。他们通过宣传让人们知道：富人正在压榨穷人；生活奢侈的人正在浪费孩子们的面包；有权势的人正与异族人勾结，并学习民族的享乐之风和其他恶习。这一切都是上帝耶和华所憎恶的。这些人所在的国家一定会受到上帝的惩罚。

另一组黑色方尖碑，俘虏首领正在朝拜撒缦以色二世

这些痛斥被记录下来，警示世人。凡是犹太人居住的地方，先知都会出现。先知们到处宣传这种新的宗教精神，告诫人们远离祭司和神庙，远离宫殿和国王，引导人们追寻正义和真理，这是先知在人类历史上所起的最重要的作用。在约书亚①的伟大演说中，先知的声音升华成一个美好的预言：全世界将在唯一的真主的庇护下走向和平和统一。犹太人的预言，在此达到了巅峰。

当然，并不是所有的先知都坚持和约书亚一样的主张，他们所写的书中充满着仇恨、偏见以及对如今的人仍然有害的言论。尽管如此，我们也应该承认：正是从巴比伦释放的先知们，标志着人类出现了一股新的力量。它呼吁自我和自由意志，把人们从偶像崇拜和奴隶式的愚忠的束缚中解救了出来。

———————————————

① 约书亚，是嫩的儿子，是《旧约圣经》记载的一个希伯来人领袖。——编者注

第23章
希腊文明

所罗门的统治结束之后[①]，分裂的以色列王国和犹太王国遭到破坏，人们遭到驱逐。就在关押巴比伦的犹太人发展自己的民族传统时，另一种主宰人类精神的力量——希腊传统也发展起来了。也就是说，在希伯来的先知致力于人民与永恒的正义和真理之神之间一种新的、直接的联系时，希腊的哲学家正在用另一种全新的方法，训练人们的头脑，开启人类的知识和智慧。

前面已讲过，希腊人本是雅利安人的一个分支，他们是在公元前1000年以前移居到爱琴海附近的一些城市和岛屿上。有可能在埃及法老特多麦斯在他征服的幼发拉底河对岸猎杀大象之前，希腊人就已经在那里居住了。当时，美索不达米亚有大象，而希腊只有狮子。

攻打并焚烧诺索斯城，有可能是希腊人干的。不过，尽管希腊神话中有关米诺斯及其迷宫的传说，有关克里特岛的能工巧匠的传说，但没有关于这次征战胜利的传说。

希腊人和其他大多数雅利安民族一样，他们也有歌手和吟唱诗人，并且，

---

① 公元前960年。——编者注

他们把这些表演当成是一种重要的社交方式。在还没有完全开化的阶段，希腊民族就已经有了两部非常伟大的史诗。其中一部是《伊利亚特》，讲述的是希腊城邦联军包围、攻占和掠夺小亚细亚的特洛伊城的故事；另一部是《奥德塞》①，讲述的是希腊人的领袖奥德赛从特洛伊返回自己的国家的途中所经历冒险。这两部史诗是在公元前8世纪到公元前7世纪之间写成的，也正是在这个时期，希腊人从比他们更开化的城邦那里学会了书写字母。不过，据推测，这两个故事的流传时间，要比成书时间早很多。很多人认为，这两部诗是由天才般盲诗人荷马写成的，认为荷马也像弥尔顿写《失乐园》那样，坐在家里写出来这两部伟大的史诗。至于是否真有荷马这个人，究竟是他原创了这两部史诗，还是仅仅把它们记录下来，历来都是历史大家争论不休的问题。我们不必在这个问题做过多的纠缠。我认为知道希腊人在公元前8世纪就有了自己民族的史诗，这一点更重要。这两部史诗属于希腊各部族共同所有，它们已成为联系各部族的纽带，当希腊遭到外族入侵时，它们还能够激发全体希腊人一致对外的意识。事实上，希腊民族本来就是一些亲缘部族结合在一起形成的。最初，他们通过共同的语言，然后通过共有的史诗紧密联系在一起。所有希腊人都有着相同的关于勇气和品格的观念。

荷马（雕像）

　　根据史诗得知，当时的希腊人是一个没有铁、没有文字，也没有建立城市的野蛮民族。最初，他们居住在零散分布的村落里。这些村落就位于被他们摧毁的爱琴人的城市废墟周围，小屋围着首领居住的大屋。后来，他们开始修建城墙，还从被他们征服的民族那里学会了建造神庙。据说，原始文明的城市是以部族

----

①《伊利亚特》和《奥德赛》是由盲人诗人荷马（约前9世纪-前8世纪）所作，统称为《荷马史诗》，是古希腊重要的文学作品，也是整个西方的经典著作之一。——编者注

神的祭坛为中心建立起来的，城墙最后才修建。但是，希腊人的城市却是先修建城墙，然后再建造神庙。后来，希腊人开始发展贸易，并向外派出移民。到公元前7世纪，大大小小的城市在希腊的盆地和岛屿上建立起来。早期的爱琴人的城市和文明已逐渐被希腊文明所替代。这些新建的城市中，以雅典、斯巴达、科林斯、底比斯、萨姆斯和米洛斯最有名。此外，希腊人还在意大利的西西里岛、黑海沿岸建立了殖民地。靴子状的意大利半岛的"鞋跟"与"鞋尖"部分被称为"大希腊"。他们还在以前腓尼基人的殖民地的旧址上建立了一座城市——马赛。

这个时期，那些位于同一个大平原的国家，或是位于同一条大河沿岸——比如位于幼发拉底河或尼罗河沿岸——的国家，逐步走向了统一。比如，埃及和苏美尔的一些城邦，都逐渐聚拢在一个政府的统治之下。但是，希腊各部族都分布在众多的多山岛屿和山谷里，它们各自为政，无论是小希腊①还是大希腊②都是这样。所以，当希腊人首次出现在历史上的时候，希腊还是众多分散的独立小城邦，还没有联合起来的迹象，甚至连种族也并不完全相同。这些城邦的居民主要有爱奥尼亚族人、伊奥里斯族人和多利安族人。另外有一些城邦的居民，是希腊人和前希腊"地中海"部族的混血后代。还有一些城邦的居民，是纯希腊种系的自由人，他们把被征服的人当成奴隶对待，比如在斯巴达。这些城邦的政治体制也大不相同，有些城邦处于由原有的统治者雅利安家族形成的贵族统治之下，有些城邦实行全部雅利安市参与执政的民主政治，有一些城邦通过选举产生或由世袭产生国王，有一些城邦则是被篡位的夺权者或暴君统治着。

希腊各城邦相互独立和彼此不同的地理条件，使得这些城邦保持着很小的规模。即使是希腊最大的城邦，和美国的其他州比起来也如芝麻比西瓜。没有人口超过30万的城邦，就连人口达到5万的城邦也很罕见。各城邦之间虽然因有相同的兴趣和共同的利益而形成的邦交，但没有真正意义上的联合。随着贸易的日益频繁，各城邦之间开始结成联盟，小城邦也寻求大城邦作为庇护者。但是，促使

---

① 小希腊是指希腊本土。——编者注

② 大希腊是指公元前8~前6世纪，古代希腊人在意大利半岛南部建立的一系列城市的总称。

——编者注

希腊各个城邦在情感上形成一个整体的，是这两个原因：一是史诗，二是每过四年在奥林匹亚举行一次的运动会。它们虽然没有完全阻止城邦之间发生战争，但至少在一定程度上缓和了各城邦之间的对立。在运动会期间，为了保护观看比赛的旅客，正在交战的城邦必须休战。后来，因这一传统激发的情感越来越强烈，有越来越多的城邦参加奥林匹亚运动会，最后，除了希腊人之外，连那些有着亲缘关系的北方国家，如埃比尔斯和马其顿也派运动员参加比赛。

海王星（海神）宫殿，位于西西里岛的帕埃斯图姆

随着城邦的贸易不断发展，这些城邦的重要性也日渐增加。到公元前7世纪至公元前6世纪，希腊文明表现出一些新的特征。希腊人的社会生活出现了与爱琴文明、大河流域文明不同的有趣变化。虽然他们也建造了宏伟的神庙，但是祭司代表伟大的传统。而在古代城市里，祭司是一切知识的源泉，一切思想的宝库。在希腊有首领和贵族，但是没有被层层严密的组织所包围的神圣国王。说得更准确些，希腊的政治组织是贵族统治，占据统治地位的贵族之间保持着密切的联系。因此，即便希腊有所谓的"民主政治"，事实上也不是贵族式的民主。在希腊，虽然每一个市民都有参与公共事务，参加民主集会的权利，但并不是每一个希腊人都是市民。希腊的民主政治与如今我们所说的"民主政治"——每个人

都有投票选举权的民主政治——完全不同，它一方面赋予了几百或几千市民民主权利，另一方面又剥夺了数以万计的奴隶的自由和选举的权利。通常而言，希腊的政事都由少数有权势的人组成的集团操控，同样，他们的统治者都是由贵族推选出来的，或是通过篡位而来的，这一点与埃及法老、克里特王、美索不达米亚王都是由贤能的、德高望重的人担任明显不同。所以，无论是政治上还是精神上，希腊文明都缺乏以往文明的自由。希腊人把在北方草原上过着游牧生活里形成的积极主动的精神带进了城市生活中，他们是历史上最早的共产主义者。

我们发现，当希腊人从野蛮的战争中脱离出来后，在他们身上表现出了一种理智生活的倾向。我们还发现，那些并不是祭司的普通希腊人也开始探索并记录知识，并思考生命和存在的意义。我们知道，在这以前，这些行为都还是祭司们的特权，也是独立享有的消遣方式。在公元前6世纪时，也就是约书亚发表著名的演说的时期，希腊就出现了像米利都的泰勒斯^①、阿那克西曼德^②以及爱非斯的赫拉克利特^③这样一些用我们今天的话来说是"独立的精神绅士"这样的一些人。他们对我们居住的世界进行了深入的思考，然后提出了一系列深刻的问题：世界真正的本质是什么？世界从何而来，又要到哪里去？他们摒弃了那些世俗的模棱两可的答案。关于希腊人提出的一系列关于宇宙的疑问，我们在本书的后面部分还会进一步讲述。这些在公元前7世纪开始引起人们关注的希腊学者，他们是世界上最早的哲学家，被称为"智者"。

我们应该注意到，这一时期在人类历史上是一个多么重要的时期。在这一时期，希腊哲学家开始探索宇宙和人在宇宙中的位置的问题，约书亚把犹太人的预言提升到最高的水平，释迦牟尼也在印度布道，中国的孔子和老子也在讲学。这些在后面我都会进一步做介绍。从雅典到太平洋，人类的精神文明发生了巨大的变化。

---

① 泰勒斯，希腊最早的哲学学派——米利都学派的创始人，古希腊时期的思想家、科学家、哲学家。——编者注
② 阿那克西曼德，古希腊唯物主义哲学家，泰勒斯的学生。——编者注
③ 赫拉克利特，古希腊哲学家，是爱菲斯学派的代表人物。——编者注

第24章
希波战争

　　正当希腊、意大利南部和小亚细亚的希腊城邦中的希腊人自由的探索理智，当巴比伦和耶路撒冷的最后一批先知为人类创造自由意识的时候，米堤亚人和波斯人这两个富有冒险精神的雅利安民族建立了一个规模空前庞大的波斯帝国。在居鲁士统治期间，巴比伦和富庶的吕底亚间并入波斯版图。地中海东海岸的所有腓尼基人建立的城市和小亚细亚的所有希腊人的城邦都必须向波斯进贡。此外，波斯王堪比西斯已征服埃及。这样，当波斯的第三位统治者——米堤亚人大流士一世——统治波斯时，他已把自己看成是全世界的主宰。他的信使带着他的命令从达达尼尔海峡到印度河，从埃及到中亚的广阔土地上纵马驰骋。居住在欧洲的希腊人，比如说那些居住在意大利、迦太基、西西里岛和位于西班牙的腓尼基殖民地上的希腊人，虽然没有被波斯帝国直接统治，但他们对波斯帝国都表示友好和敬意。唯一和波斯帝国对着干的是雅利安系的塞西亚人，他们的祖先是南俄和中亚地区的游牧民族，他们不断侵犯波斯的北部和东北部边境。

　　当然如此庞大的波斯帝国，其臣民当初不会全都是波斯人，波斯人只是少数的处于统治地位的征服者，而其他民族，在波斯人到来之前就已经在这片土地上生活了，他们被强制使用波斯语言。帝国的大部分贸易和财政仍由闪米特人控制，提尔和西顿仍是两个重要的港口，闪米特人仍驾着船在大海上航行。长期在外奔走的闪米特商人和实业家慢慢地从希伯来传统和希伯来《圣经》中发现了一些有益的互相融通的历史。后来，在波斯帝国境内，希腊人大量增加。他们逐渐成为闪米特人在海上的强大竞争对手。此外，希腊人不偏不倚的处事风格和充满生气的知识结构，也使他们成为帝国能干、公正的政府官员。

精美的雅典陶器碎片，以雕像的形式展示了希腊商船上的帆和桨

大流士一世入侵欧洲，主要是因为前面已讲过的塞西亚人的缘故。他企图借惩罚塞西亚人之机，征服俄罗斯南部——骑术高超的塞西亚人的故乡。他组建了一支军队，然后率军渡过博斯普鲁斯海峡，再穿过保加利亚，最后抵达多瑙河。他命令士兵把船连起来建了一座浮桥，渡过多瑙河后向北方挺进。在行军过程中，他的士兵吃尽了苦头。因为他的士兵大部分都是步兵，塞西亚人的骑兵经常绕到他们的后方，偷袭押运粮草的军队，却不肯与他们正面交战。后来，因为大部分粮草被毁，大流士一世被迫撤退。

大流士本人回到苏萨，他把军队驻扎在色雷斯和马其顿。紧接着这次出征的失败，亚洲的希腊城邦发动了叛乱，欧洲的希腊城邦也随之响应。大流士决定先平息欧洲希腊人的叛乱。他认为凭着自己手中的腓尼基舰队，把希腊诸岛一个一个征服并不困难。公元前490年，他下令向雅典发起进攻。一支规模庞大的舰队，从小亚细亚和地中海沿岸各港口出发了。当舰队在雅典北部的马拉松靠岸时，遭到希腊人的猛烈攻击，大流士的舰队遭到惨败。

伟大的科林斯寺庙的遗址

在这次战役中，发生了一件很特别的事情。当时，雅典的主要竞争对手是斯巴达，但为了抵抗共同的敌人，他们决定联合起来。在大流士的舰队逼近雅典时，雅典派了一名长跑运动员当信使，到斯巴达求援。这个信使用了不到两天的时间，就跑完了100多英里的崎岖不平的山路（这也是现在马拉松比赛的起源），斯巴达人得到请求后，立即决定出兵支援雅典。但是，三天以后，当斯巴达军队到达马拉松时，除了战场上横七竖八躺着的波斯军队的尸体外，战场上的一切都已归于平静，波斯舰队已经退回亚洲去了。波斯人对希腊的第一次远征，就这样以失败结束。

大流士听到他的舰队在马拉松被打败的消息后不久就死去了。在之后四年时，大流士的儿子薛西斯继位，他为了再次远征希腊而精心准备了四年时间。在这期间，共同的危险让希腊各民族紧密团结起来。毫无疑问，薛西斯的军队是当时世界上规模最大的军队，但是它又是各种人拼凑起来的乌合之众。公元前480年，这支远征大军出发了，他们造船渡过了达达尼尔海峡。这支军队的补给由一支拼凑起来的舰队负责运送，他们沿海岸前进。当薛西斯的远征大军到达狭窄的塞尔比雷甬道时，遭到由斯巴达国王李奥尼达亲自率领的一支1400人的军队的顽强抵抗。在这场战役中，斯巴达人全部阵亡，但是他们也重创了薛西斯的军队。接着，薛西斯的军队带着强烈的复仇的怒火直扑底比斯和雅典。底比斯投降，雅典人放弃了雅典，跳出城外。雅典城被薛西斯的军队烧毁。

此时，在这场希腊和波斯的战争中，希腊似乎已经失败。但是，后来战争的局势又迅速逆转，胜利重新偏向希腊一方。虽然希腊人的战舰在数量上不及波斯舰队的三分之一，但是在萨拉米斯海战中击败了庞大的负责运送粮草的波斯舰队。当薛西斯及他的大军失去补给后，只好率领一半的军队退回亚洲。而留下的一半军队，在公元前479年的普拉太亚战役中又被打败。同时，残余的波斯舰队在小亚细亚的米卡尔被全部歼灭。

位于苏尼伊角的海王星（海神）宫殿

此外，波斯的威胁终于告一个段落，亚洲大部分的希腊城邦获得了自由。希腊的历史学家希罗多德把战争的整个过程记录下来，写成《历史》一书，书中还配着大量精美的插图。希罗多德于公元前484年出生在小亚细亚的爱奥尼尔人的城邦哈利卡纳斯。为了收集史料，了解战争的细节，他曾游历了巴比伦和埃及。

在麦卡利一役战败后，波斯国内出现了争夺权力的混乱局面。公元前465年，薛西斯被刺身亡。埃及、叙利亚和米提尔相继脱离波斯的统治，强大的波斯帝国至此终于瓦解。希罗多德撰写《历史》一书的目的，就是为了揭示出波斯帝国看来强大，实则虚弱的本质。正如今天人们所说的那样，这本书事实上是一本宣传品，它鼓励希腊人不要惧怕波斯军队，要敢于去征服波斯。他通过在书中创造的一个名叫阿里斯达哥拉斯的人物表达出这一目的。阿里斯达哥拉斯指着当时的世界地图向斯巴达人说："这些野蛮人（指波斯军队）并不擅长作战，而你们却个个精通战术……世界上没有哪一个国家拥有这么多金、银、青铜和刺绣衣服，还有牲畜和奴隶。只要你们想要，这些东西都是你们的。"

第25章
繁荣的希腊

在波斯战败后的一个半世纪，尽管以雅典为首的提洛同盟和以斯巴达为首的伯罗奔尼撒同盟为了争夺在希腊的霸权爆发了持续27年的伯罗奔尼撒战争[①]，使希腊一度处于四分五裂的状态，然而这一时期仍然是希腊文明大放光彩的时候。到公元前338年，希腊实际统治权落到马其顿人手中。即使如此，并没有妨碍希腊人的思想、创造和艺术达到相当高的水平。后来的历史经常把这一时期希腊人所取得的成就，看成是人类智慧的源泉。

雅典成为这一精神活动的中心，因为在公元前428年到公元前466年，雅典一直由伟大的政治家伯里克利[②]治理，他决定在被波斯人焚毁的雅典废墟上重建雅典城。如今我们看到的雅典城废墟，就是当时伟大工程的遗迹。伯里克利不仅重建了雅典城，还重建了雅典人的精神世界。他不仅召集了众多的建筑师和雕刻

[①] 伯罗奔尼撒战争（公元前431—前404），是以雅典为首的提洛同盟与以斯巴达为首的伯罗奔尼撒联盟之间的一场战争，最终斯巴达获得胜利。这场战争具有重大的意义，它结束了雅典的经典时代，也结束了希腊的民主时代。——编者注

[②] 伯里克利（约公元前495—前429）古希腊奴隶主民主政治的杰出的代表者，古代世界著名的政治家之一。——编者注

位于雅典的著名帕特农神庙中的部分装饰，一个以最佳展现形式出现的希腊雕塑样本，显示艺术的进步

雅典卫城，一个奇妙的组合，神殿和在伯利克里激励下建造的纪念碑

家重建雅典城，还召集了大量的诗人、戏剧家、哲学家和教育家来到雅典。公元前438年，希罗多德[1]就曾到雅典传授他的历史著作。天文学家安纳撒哥拉斯也把他对太阳的星辰的最新研究成果带到雅典。埃斯库罗斯、索福克勒斯和欧里庇得斯[2]也相继来到雅典，在他们的推动下，希腊戏剧达到了美与崇高的最高境界。

伯里克利对雅典人的精神促进作用一直延续到他死后，虽然后来因伯罗奔尼撒战争使希腊的繁荣和平安遭到破坏。这场为争夺权力而爆发的、消耗巨大的战争导致的各种政治上的短暂的黑暗并没有阻止希腊人探索的脚步，反而激发了更大的热情。

在伯里克利时代以前，由于希腊宽松的言论环境，辩论已经发展成一门重要的学问。很多重要的决定，都不是由哪个国王或祭司直接下令，而是通过市民和统治阶层在公共集会上的辩论形成的。所以，当时能言善辩成为人们追求的才能，而专门向年轻人传授辩论技巧的一种职业——雄辩家便应时而生。不过，一切辩论都要以事实为根据，才能正确地推理，这激发了人们追求知识的兴趣。在这些雄辩家的影响下，人们更在意谈吐的风度、思维的方法和辩论的

---

① 希罗多德（约公元前484年-前425年）古希腊历史学家，著有《历史》一书，该书一向被认为是西方最早的历史著作。——编者注

② 埃斯库罗斯、索福克勒斯和欧里庇得斯一起被称为古希腊最伟大的悲剧作家。——编者注

效果等。在伯里克利死后，一代雄辩家苏格拉底[①]以他过人的机智、渊博的学识驳斥了以往雄辩家所传授的辩论，他也因此成为一个杰出人物。有大批优秀的年轻人崇拜他，聚集在他的周围。不过，在公元前399年，他却被法庭以侮辱雅典神和腐蚀年轻人思想为名处以死刑。他选择了当时比较"高尚的"的死法：在众多亲朋好友的注视下，他喝下了毒药。然而，苏格拉底的学说没有因为他的死而终结，反而被他的弟子们继续发扬光大。

在他的弟子中，最有名的是柏拉图（公元前427—前347）。他建立了"雅典学院"，讲授哲学知识。他的学说分为两个主干，其一是考察人类思维的本质和方法，其二是考察政治制度。他最早提出了"乌托邦"，这是一种与以往社会全然不同、更加美好的社会假想。他的这一思想在批判人们盲目接受社会传统和习俗而从不怀疑的问题上，表现出极大的勇气。他曾大胆向民众疾呼："让你们深受其害的大多数政治弊端，都是由你们自己造成的，你们应该有意愿和勇气去改变它们。如果你们付诸行动，那么，你们完全可以生活在另一种更加美好的社会中。你们应该意识到自

苏格拉底（雕像）

---

① 苏格拉底（公元前469—前399年），古希腊著名的思想家、哲学家、教育家，他和他的学生柏拉图，以及柏拉图的学生亚里士多德被并称为"古希腊三贤"，也被后人广泛称为是西方哲学的奠基者。——编者注

柏拉图

己的力量！"这对如今的知识分子来说，这仍是一个高远的、充满冒险的教导。在柏拉图的早期著作中，有一本《理想国》，表达了一位共和主义者的梦想。他最后的一本著作叫《法律》，勾勒了一个乌托邦国家的模式，可惜并没有写完。

柏拉图死后，他的学生亚里士多德继续对当时的思维方式和国家体制进行批判。亚里士多德来自马其顿的斯塔基拉城，父亲是马其顿国王的宫廷御医。亚里士多德曾是马其顿国王亚历山大的老师。亚历山大一生建立了一番丰功伟绩，这在后面会介绍到。亚里士多德对思维方法的贡献，是把逻辑学提升到一个新的水平，一直保持了一千五百多年。到中世纪，经院派学者又回归到由苏格拉底开创，由亚里士多德发扬的问答法上。亚里士多德认为人类只有掌握了越来越多的知识，才能做到像柏拉图所说的那样真正掌握自己的命运。于是，亚里士多德对知识进行了系统的整理，还派出探险队去收集第一手资料。他是自然史研究的开创者，是政治学的奠基人。在吕克昂学院，他的学生曾对比、研究过158个不同国家的政治体制。

在公元前4世纪，的确已经出现了一些"近代思想家"。他们所倡导的针对生活的、经过训练的、具有批判性的思维方法，已经取代了传统的、幼稚的、幻想式的思维方法。丑陋的、像怪物一样的象征主义、关于神和魔鬼的幻想主义，以及以前不准任何人深思的禁忌等都被统统抛弃。自由的、正确的、系统的思维方式被人们广泛接纳。这些来自北方森林的，有着自由、无畏的精神气质的新来者，闯进了幽暗的圣殿，他们的理性照亮了周围的一切。

厄瑞克修姆庙的女像柱，古代雅典卫城的避难所

第26章
亚历山大帝国

公元前431年到公元前404年发生的伯罗奔尼撒战争，极大地消耗了希腊的国力。在此期间，希腊北方的马其顿慢慢崛起，达到了一定的文明水平。马其顿人的语言和希腊语很相似，他们也多次参加奥林匹亚运动会。公元前359年，一位很有才能又有宏图大略的人当了这个小国的国王，他就是菲利普。菲利普年少时曾在希腊作为多年人质，因此他接受的是纯希腊式教育。或许他早就接受了由希罗多德提出，后来又被哲学家伊索克拉底详细阐述过的思想：希腊人只要联合起来，必定可以征服亚洲。

菲利普首先扩张了自己王国的领土，并改编了军队。在这之前的1000多年，在战场上决定胜负的主要是战车和步兵，当时虽然也有骑兵参加，不过都是一些没有组织、未经过训练的散兵游勇。菲利普首先训练他的步兵在作战时要保持严密的队形，也就是著名的马其顿方阵；然后对那些骑马作战的绅士——爵士和他们的随从也进行编队，使其在作战时保持一定的队形，这就是最初的骑兵方阵。他在战场上充分发挥了骑兵灵活、快速突击的作用，这也被他的儿子亚历山大所采用。在交战时，由步兵方阵和敌军展开正面作战，然后派骑兵从两翼和背后攻击敌人，同时派弓箭手射杀敌人的战马，使战车失去作用。

　　菲利普率领一种新型的部队开疆扩土，边界穿过色萨利抵达希腊边界。公元前338年，在凯罗尼亚战役中，他击败了雅典联军，从而一举征服了整个希腊。随后，希腊各城邦召开议会，任命菲利普为希腊—马其顿联军的最高统帅。菲利普的下一个作战对手是波斯帝国。公元前336年，一支联军的先头部队终于到达亚洲，菲利普蓄谋已久的征服波斯的计划正式开始了。不过，他本人再也不能驰骋沙场，因为他被暗杀了。所以说，这次暗杀行动是菲利普的第一个妻子奥林匹阿斯——亚历山大的母亲——一手策划的，她因为菲利普娶了第二个妻子而心生醋意。

　　为了教育好儿子们，菲利普付出了很大的心血。他不惜聘请当时最伟大的哲学家当儿子们的老师，还把自己的思想，多年征战积累的军事经验传授给孩子们。在凯罗尼亚战役中，年仅18岁的亚历山大已经成为一名骑兵指挥官。有了这样的磨砺，年仅20岁的亚历山大继承了父亲的王位，最后成功征服了波斯。

　　亚历山大即位后，用了两年时间来巩固自己在马其顿和希腊的统治地位。随后，在公元前334年，他率军东渡亚洲，在格勒奈克斯战役中击败了一支波斯军队，攻占了小亚细亚的一些城市。他沿岸推进，所向披靡。当时，由于波斯军队仍掌握着提尔和西顿的舰队，并掌握着海上交战的主动权，所以亚历山大在每攻下一座城市后都必须留下一部分军队驻守。因为如果自己的身后有敌人的城市，波斯舰队就会登陆，然后切断自己的补给线。公元前333年，亚历山大在伊苏斯战役中击败了由大流士三世率领的庞大军队。此时大流士的军队和一个半世纪前渡过达达尼尔海峡的薛西斯的军队一样，也是东拼西凑起来的乌合之众。此外，他还随军带了大量的官吏、嫔妃以及侍从等非常作战人员，这也是导致失败的原因之一。西顿向亚历山大投降，但提尔却负隅顽抗。亚历山大率军向提

亚历山大

尔发起进攻，很快就攻下了这座城市，然后把城市的财富洗劫一空。加沙城的命运也是这样。公元前332年，亚历山大向埃及发起进攻，最后终于把这座城市从波斯人手里夺了回来。

亚历山大在伊苏斯大胜波斯人。左边发号施令的是亚历山大，右边站在马车上的是大流士

亚历山大在埃及建了一些以"亚历山大"命名的城市，并修建了前往这些城市的宽阔的道路，以防止它们叛乱。不久之后，这些城市就成为腓尼基人的贸易中心，地中海沿岸的腓尼基人很快就消失了。同时，在亚历山大等新兴的贸易城市里，很快就有犹太人到来。

公元前331年，和以前的托多梅斯、莱梅斯和尼科一样，他也从埃及出发征讨巴比伦，不过不同的是，他决定绕道提尔。在位于尼尼微这座早已被人遗忘的废墟城市不远的阿尔比勒，亚历山大和大流士展开了决战。在交战军中，波斯的战车首先遭到重挫，然后马其顿骑兵乘胜出击，加上步兵方阵的稳扎稳打，终于把波斯的杂牌军打得一败涂地。大流士带着残兵败将逃到北方的米提亚地区。在占领了当时仍然非常繁华的巴比伦后，亚历山大再接再厉，一举攻下苏萨和珀塞波利斯。在苏萨，亚历山大举行了盛大的庆功宴会，然后放火烧了"王中之王"大流士的宫殿。

随后，亚历山大在中亚建立军事大本营，并一直挺进到波斯帝国的边境。

起初，他率军北上，是为了追击大流士。大流士在黎明时分被希腊先头部队追上，不过，此时的大流士遭到部下暗算，正躺在战车上奄奄一息。当亚历山大赶到时，他已经断了气。然后，亚历山大率领军队沿着里海继续行进，然后翻过土耳其西部的山区，穿过赫拉特城、喀布尔和开伯尔山口，到达印度。在印度河边，亚历山大与印度国王波鲁斯展开激战。虽然亚历山大的军队首次和大象兵团作战，但最后仍将其击败。接下来，他命令军队建造船只，然而顺流而下，航行至印度河口，再沿着海岸往回航行。公元前324年，在出征6年之后，亚历山大率军回到了苏萨。此后，亚历山大开始经营他打下的这个庞大的帝国。为了赢得被征服地的民心，他披上了波斯王的长袍，头上戴着波斯王的头巾。不过，此举引起马其顿将领的不悦，并产生了不少的麻烦。他提倡"东西通婚"，在他的促成下，有好几位马其顿官员和波斯、巴比伦女人共结连理。不过，亚历山大最终还是没有实现自己的统一大业，因为在公元前323年，他在巴比伦的一次宴会中突然身亡。

亚历山大死后，庞大的马其顿帝国一分为三：他原来手下的一位得力的将领塞流古斯夺得了从印度到埃菲索斯这一片原波斯帝国的领土；另一位将领托勒密夺得埃及；安提戈努斯则占据了马其顿。这些冒险家们你争我夺，战乱长久不息。后来，野蛮部族从北方入侵，侵占了越来越多的土地，势力越来越大。最后，一个新的国家——罗马共和国出现了。它逐步征服了这些国家，建立了一个统一的，持续时间更长的新帝国。之后，我将作详细的介绍。

第27章
亚历山大城的科学

　　在亚历山大征服波斯之前，来自希腊的商人、艺术家、官员和雇佣兵已出现在大部分波斯土地上。在薛西斯死后发生了几次为夺权而爆发的战争中，由色诺芬率领的一支由一万多希腊雇佣兵组成的军团发挥了重要的作用。在色诺芬撰写的《一万名士兵的撤退》中，详细记述了这个雇佣兵军团从巴比伦撤回希腊的亚洲部分的经过。这是第一部由亲历战场的将领所写的战争小说。亚历山大的远征，以及他的帝国被属下将领瓜分的事实，进一步刺激了希腊人向古代世界传播他们的语言、风俗和文明。这种传播的痕迹，在遥远的中亚和印度都能找到。希腊文明深深地影响着印度艺术的发展。

　　数百年以来，雅典始终占据着艺术和文化的中心位置。雅典的学院一直延续到公元后的529年，也就是说，它开创了近1000年的历史。但这个时代，世界精神活动的中心终于从雅典穿过地中海，来到了位于埃及的亚历山大城这座新兴的城市。此时，亚历山大原来一位将领托勒密当了埃及的国王，围绕在他周围的是一群说希腊语的宫廷官员。托勒密和亚历山大私交甚笃，他也崇信亚历山大的老师——亚里士多德的思想。他有过人的精力和卓越的学识，致力于研究和传播知识。他还曾写了一本有关亚历山大远征的书，可惜后来已经失传。

亚历山大在世时，曾对亚里士多德的学术研究提供大量的研究经费。托勒密在世界历史上首次建立长期的科研基金。他在亚历山大城建立了一座形式上是献给缪斯神的建筑——亚历山大博物馆，事实上这是一个科研基地。在之后两三代人的时间里，亚历山大博物馆取得了可喜的科研成果。这里曾涌现出欧几里得[①]、埃腊托斯特纳[②]，以及著有圆锥曲线专著的阿波罗纽斯，首次绘制出星象图和星象表的希帕卡斯，还有最早设计出蒸汽机的希罗等科学先驱。这些人无一不是科学研究历史中熠熠生辉的明星。阿基米德也曾到亚历山大博物馆学习。当时，希腊最伟大的解剖学家海洛菲拉斯也在亚历山大，相传曾在那里做过活体解剖实验。

在托勒密一世到托勒密二世的数十年间，亚历山大城出现了一个知识和发现的繁荣期。这样的繁荣期，直到之后的16世纪前都没有再出现过。可惜的是，这段繁荣期没有长久持续下去。导致其衰落的原因固然很多，不过据已故的马哈菲教授说，其中最主要的原因是亚历山大博物院系是"皇家"学院，里面的教授的工作人员均为埃及法老任命和发工资。在托勒密一世统治期间，博物馆的一切研究都正常进行，因为他崇信亚里士多德的思想。但是，托勒密之后的各代国王越来越埃及化，博物馆的研究逐渐被祭司和宗教势力控制，他们扼杀了原本自由的探索精神，导致研究工作无法继续。所以，在博物馆成立100年以后，再也没有取得任何科研成果。

托勒密一世不仅倡导以最先进的思想去指导研究和探索新的知识，而且还计划建立一座百科全书式的图书馆，它就是亚历山大图书馆。图书馆不仅仅存放书本的仓库，而且还是复制图书和交易图书的地方。有一大批图书抄写员在那里复写出大量的图书抄本。

此时，我们今天所谓的知识传播才明确开始；此时，我们才对已有的知识进行了系统的整理和分类。亚历山大博物馆和亚历山大图书馆的建立标志着人类历

---

① 欧几里得，古希腊数学家，因数学巨著《几何原本》而被称为"几何之父"。——编者注
② 埃腊托斯特纳，计算出的地球直径和实际的地球直径仅差50英里。——编者注

史进入了一个新纪元，标志着"近代历史"从此真正开始了。

知识的研究和传播在当时遇到了极大的阻碍，其中最大的要数隔在科学家和工匠之间的鸿沟。当时，已有大量的制作玻璃制品和金属制品的工人，但是他们与科学家毫无精神交流。玻璃制品工匠主要生产各种漂亮的彩色饰物和瓶罐，但他们从来不生产用于实验的试管和透镜。他们对透明的玻璃似乎没有丝毫兴趣。金属制品工匠只会制造武器和用具，从不会制造用来做化学实验的天平。科学家们则一味地钻研事物的原子和本质，对上釉、上色和制药等实际操作过程则一窍不通。正是因为他们不擅长实际操作，所以在亚历山大博物馆繁荣的一百多年里，没有发明显微镜，也没有产生化学。虽然希罗设计出蒸汽机，但并没有制造出实物安装在泵上或安装在船上发挥实际的作用。除在医学领域之外，当时的科学研究并没有产生实际的作用。由于没有实际作用的效益和兴趣，也没有刺激和推荐科学研究进一步发展。所以，在托勒密一世和托勒密二世之后，除了好奇心，再也没有什么可以推动科学研究的力量了。博物馆时的科研成果，仅仅被记录在终年不见天日的手稿上。直到文艺复兴时，这些成果才引起人们的注意。

同样，亚历山大图书馆也并没有对图书的制作做出有益的改进。古代，还没有发明用纸浆压制成的大小相同的纸张。造纸术是由中国人发明的，直到公元前9世纪才传到西方国家。当时，人们做书用的是羊皮或用纸莎草一片一片拼成的"纸"。由于用纸莎草做的书要卷起来，因此无论是阅读还是查找起来都不方便，同时还阻碍了印刷和装订技术的发展。关于印刷知识，人类早在旧石器时代就已经知晓，古代苏美尔人使用的签名图章就是证据。但是，如果没有大量价格低廉的纸，印刷图书就会无利可图。而且这样做还会受到图书抄写员的反对和抵制，因为这会让他们失业。虽然亚历山大图书馆的抄写员誊写了很多书，但它们价格都昂贵，除了有权、有钱的阶层可以拥有外，普通人根本就没有机会读书。

正是因为如此，托勒密一世和托勒密二世统治时间的耀眼的知识的光辉并没有照亮科学家这个小圈子之外大量的普通人。犹如一盏黑暗中的灯，灯光所及的地方，一切都很光亮，超出灯光之外的地方，仍然漆黑一团。那些被排除在科学光环之外的普通人，全然不知终将彻底改变世界的科学种子已经播下。不久之后，亚历山大又被顽固的黑暗所笼罩，一直延续了1000多年。亚里士多德播下的科学的种子也被淹没在这漫长的黑暗里。但是，这颗种子后来终于苏醒，开始发芽，在之后的几个世纪中，他所蕴含的科学精神得到了最广泛的研究和传播，最终形成了改变人类生活的知识和思想。

亚里士多德

公元前3世纪，当时的精神活动中心并非只有埃及的亚历山大城。在亚历山大帝国分裂后，出现了许多展现出丰富的精神生活的城邦，比如希腊人在西西里建立的城市叙拉古，那里的科学和思想繁荣了近两个世纪；比又如小亚细亚的佩尔加蒙，那里建了一座大型图书馆。不过，这些辉煌灿烂的希腊人的精神生活世界，后来被来自北方的野蛮人摧毁。新兴的蛮族——北欧的高卢人，沿着希腊人、弗利吉来人和马其顿人祖先走过的路线，向这些地方气势汹汹地扑来。每到一处，他们就烧杀抢掠，大肆破坏。高卢人之后，另一个充满征服欲望的民族——罗马人接着又来了，他们从意大利出发，步步为营，征服了大流士和亚历山大两个庞大帝国的西半部土地。罗马民族是一个很有才干的民族，但是把规则和利益看得高于科学和艺术，是一个缺乏想象力的民族。与此同时，另一个侵略民族从中亚赶来，他们征服了塞琉古王朝，并切断了印度和西方的联系。这个善骑善射的民族就是柏堤亚人，他们在公元前3世纪对待希腊化波斯的裴尔塞波里斯和苏萨两城的方法，和公元前7世纪米堤亚人和波斯人的做法如出一辙。还有一个从北方赶来的侵略民族，他们不是长着金发碧眼、说雅利安语的北欧民族，而是黑发、黄皮肤、说蒙古语的蒙古族。在后面的章节，我会详细介绍他们。

第28章
释迦牟尼

现在让我们后退3个世纪，来谈一谈一位伟大的精神导师的故事，他几乎使全亚洲人的宗教观念和对宗教的感情发生了根本性的改变。他就是释迦牟尼。大约与约书亚发表著名的预言演说，赫拉克利特[①]在爱菲索斯研究事物本质的同一时期，释迦牟尼也在印度的贝拿勒斯地区布道。尽管这三个人都生活在公元前6世纪，但他们谁也不知道谁。

公元前6世纪是整个人类历史上极为重要的阶段。此时，世界上的每一个国家——包括即将介绍的中国——人们的精神面貌都焕然一新。人类的思想从皇权、祭司和血淋淋的祭献中觉醒，提出一系列有关人类精神的尖锐问题。可以这样说，人类经过两万多年的"童年时期"，已开始走向"青年时期"。

关于印度的早期历史，至今仍不明确。据推测，大约在公元前2000年，有一支雅利安语系民族，从西北方向一次或多次侵入印度，他们的语言和传统也传播到了北印度。梵语其实就是雅利安语的一个变种。这些入侵者发现，在印度河

[①] 赫拉克利特（约公元前530—前470年）是一位富传奇色彩的哲学家，是爱菲斯学派的代表人物。——编者注

和恒河流域居住着一个浅黑肤色的民族，他们拥有更精细复杂的文化，但缺少毅力。这个民族似乎不与周围的其他民族融合而是选择独居，这一特征与希腊人和波斯人明显不同。当印度过去的历史开始显现出大致轮廓的时候，印度社会已经分成若干个等级，每个等级又细分成若干个等级。不同的等级禁止在一起用餐，禁止通婚，禁止相互来往。这种等级制度后来演化成种姓制度，贯穿了整个印度历史，导致印度民族形成一个与可以自由通婚的欧洲人和蒙古人完全不同的社会，它在人类诸多社会中显得与众不同。

释迦牟尼是喜马拉雅山脚下一个小国国王的儿子。在他19岁时，娶了自己漂亮的表妹为妻。他喜欢在自己的领土上打猎，游玩和自由散步。后来，这种闲逸的生活逐渐让他感到厌倦和不满，他希望过一种有意义、有追求的生活。因为他觉得自己的生活根本不是真正的生活，而是在度假。

对病与死的感受、对各种快乐、不安和不满足的感受，萦绕在释迦牟尼的心头。正当他整日沉浸在这样的感受中时，他遇到了一位四处漂泊的苦行僧。在当时的印度，有很多这样的苦行僧。他们奉行着严格的戒律，成天深思反省和探讨宗教的真谛，他们以寻求人生更深刻的意义为生活的目的。释迦牟尼此时内心所向往的就是这样一种生活。

据说，当释迦牟尼正在野外思考生活的意义时，他的妻子为他生下了第一儿子。他听到消息后说：“我又多了一个新的束缚。”他的亲朋好友们为了庆祝这个“新的束缚”的诞生，举办了隆重的宴会和表演。释迦牟尼在一片欢愉的气氛和祝福声中回到家。晚上，熟睡中的他突然被某种巨大的痛苦惊醒，就像一个人忽然得知他家的房子着火了一样。他下决定抛弃这个虽然幸福但没有追求目标的生活。他无声无息地来到妻子的房门，借着低暗的灯光，他看到妻子和怀里刚出生不久的婴儿睡得正甜，床的四周摆放着漂亮的鲜花。突然，他产生了一种强烈的想抱抱儿子的冲动，但是又担心会吵醒妻子。最后，他终于咬着牙转过身，走出家门，骑着自己的马离开了。

他马不停蹄地赶路，到第二天黎明时分，他已经走出了自己部族的领地。他来到河边，下了马，然后用剑剃了头发，取下了身上所有的饰品，把它们和剑包在一起放在马背上，让马驮着回家。他继续向前走，然后遇到一个穿着破旧的人，他用自己的衣服换下了对方的衣服。就这样，释迦牟尼割断了与世俗的一切牵绊，从此一心一意探索人生的意义。他朝着南方走，来到温迪亚山上一个非常险峻的地方，那里居住着隐士和贤人。在一处狭窄的山洞里，他遇到了几位贤人，他们靠着外出乞讨维生。当有人来访的时候，就向来者口授一些哲理。在此之前，释迦牟尼已经精通当时全部的哲学派别，以当时他的聪慧程度来说，他并不能从这些人的口中得到他想要的答案。

印度人坚信，通过苦行、绝食、不睡觉和自我折磨，就可以获得知识和能力。释迦牟尼决定尝试一番。他和另外五个决定修行的人来到森林里，开始绝食和苦行。从此，释迦牟尼这个名字就像天空中的钟声一样远扬。不过，他发现这样做并不能获得真理。有一天，在他极度饥饿的时候仍然一边徘徊一边思索，突然他晕倒在地。当他醒来时，猛然领悟到靠这种似乎迷信的方式来获得真理，真是荒谬至极。

他开始正常进食，并且不再进行苦行。他的做法让同行的人非常吃惊。他领悟到无论追求什么样的真理，都必须要有健康的身体和充沛的精力。这种看法在当时的印度无异于"异端邪说"。释迦牟尼的追随者离开了他，他只好一个人继续他的求索。

一个重大而复杂的问题，解决过程总是缓慢的，往往在答案即将浮现之前仍然看不到一个苗头。释迦牟尼正是如此。有一天，当他在一棵树下吃饭时，他感觉自己突然获得了顿悟，突然明白了生命的意义。相传，此后，释迦牟尼整日整夜端坐在树下，不停地思考着。后来，他终于站了起来，他要把自己领悟到的人生真谛传播给其他人。

他来到贝拿勒斯，找到了当初的5位追随者，然后把自己的教义讲给他们听，重新获得了他们的信任。他

弥勒佛雕像：未来的释迦牟尼，现藏于印度博物馆

们在贝拿勒斯的鹿苑盖起了住所，还为那些来此寻访真理的人建立了一所学校。

他的教义从他自身的经历引发出来的："作为一个幸运的人，我为什么不能彻底快乐地生活？"这是一个自省问题，它不同于泰勒斯和赫拉克利特只专注于研究宇宙而忽略自身的好奇心，也完全不同于希伯来先知给犹太人精神上带来的道德负担。这位印度的精神导师，他不忘自我，沉浸于自我和消灭自我的探索之中。他认为，所有的痛苦都是由于自由的贪欲引起的。除非一个能够克制自己的欲望，否则他的一生必须多难，结局必须悲惨。他把人类的贪欲分成三种：第一种是食欲、财欲和各种感官的欲望；第二种是个人的、利己的、贪生的欲望；第三种是个人的成功欲和名利欲。这三种欲望都是罪恶的。如果要避免生活中的种种苦难，就必须克制这三种欲望。如果克制了自己的欲望，消灭了自我，那么灵魂就会得到安宁，就会达到涅槃的境界。

这就是他的教义的主旨，一种形而上学的，非常微妙的道理。比起希腊人无畏、公正地去看、去思想的训导，希伯来人敬畏上帝、行使正义的指示，释迦牟尼的教义理解起来要困难得多。即使是释迦牟尼的亲传弟子，也不能彻悟其中的真义。所以，当他个人的影响力直接消失之后，他的教义就遭到曲解。在印度，当时普遍流传着这样一种说法：每过很久一段时间就有一位智者出世，它就是佛陀的化身。释迦牟尼的弟子们认为他就是佛陀转世，并且是最后一位佛陀。当然，并没有任何证据表示释迦牟尼接受了"佛陀"这一称呼。当他在世的时候，一系列有关他的神奇传说已经广为流传。这些充满奇迹的传说比宗教教义有趣多了，因为更容易被人们记住。就这样，释迦牟尼逐渐成了尽善尽美的化身。

狮子支柱。阿育王时期，狮子支柱矗立于鹿园，是释迦牟尼第一次布道的地方

　　尽管如此，释迦牟尼仍然给人们留下了一些实质性的东西。如果说涅槃对一般人来说确实太过玄妙而虚幻，如果说印度人把释迦牟尼简单的生平编造成神话过于冲动，那么，人们至少还是抓住了释迦牟尼所倡导的"八正道"的真实含义。它包括：正直的精神、正确的目标、正确的语言、正确的行为、正确的观念和诚实的态度，还包括积极上进的意识和高尚忘我的目的。

第29章
阿育王

释迦牟尼在人类历史上第一次明确地提出人类最高的善就是克制自己的欲望，这种深刻而神圣的教义在他去世后的几代人时间里，也没有得到广泛的普及。不过，后来它却征服了世界上有史以来一位伟大帝王的心。

前面已讲过，当亚历山大远征到达印度时，曾在印度河畔与印度国王波鲁斯展开激战。有一种说法在希腊历史学家们中间流传，说当时有个名叫旃陀罗笈多的人来觐见亚历山大，意在说服他率军向恒河挺进，进而征服整个印度。由于马其顿人不愿意继续向一个全然无知的国家深入，所以亚历山大拒绝了他的建议。公元前321年，旃陀罗笈多得到了许多山地部族的支持，在没有希腊人的支持下，他在印度北部建立了一个国家。之后的公元前303年，旃陀罗笈多又对旁遮普地区塞琉古斯一世发兵，把残留在印度境内的希腊人赶出了印度。这个新帝国的疆域在旃陀罗笈多的儿子继位时得到进一步扩大。到公元前264年，也就是旃陀罗笈多的孙子——阿育王——继位时，帝国的边界已经从阿富汗延伸到马德拉斯。

起初，阿育王也计划像他的父亲和祖父那样，使用武力征服整个印度半岛。公元前255年，他首次发兵攻打马德拉斯东岸的羯陵伽。虽然他取得了战争的胜利，但是当他亲身经历了战争的残酷和血腥后，他没有像其他的征服那样发动更

多的战争，而是决定放弃战争。他接受了佛教宣传和平的教义，宣布从今往后他
的征服不再是取得土地，而是用宗教征服人心。

阿育王法院的横顶

阿育王在位的28年，成了人类战火绵延的历史上最为辉煌的时间。他在印度
组织人们挖井、种树、保护森林；他建了很多医院、公园和草药种植园；他建立
了保护印度土著和隶属民族的政府机构；他制定了妇女接受教育的制度；他拨了
巨额专款用来支持佛教布道者，鼓励他们整理、研究和批判收集的经书，因为由
佛祖传下的简洁、纯粹的教义，在当时已经掺杂了很多迷信和邪妄的内容；他还
派出传教士到喀什米尔、波斯、锡兰及亚历山大城传播佛教。

出自帕鲁德雕刻的阿育王面板

　　这就是伟大的阿育王。他比自己身处的那个时代更加进步。让人遗憾的是，由于他没有儿子，当时印度也没有其他团体可以继承他开创的开明盛世，在他死后不到100年时间，印度就已经出现了分裂、衰落的局面。

　　在印度的种姓制度中，婆罗门是最有权势、最高中的阶层，他们一贯坚决反对佛教宣传的正直、公平的教义。在阿育王之后，他们想方设法削弱佛教的影响。印度古代流传下来的那些怪神教、印度教又开始兴盛起来。印度社会的阶层分化日益严重和复杂。在一段时间里，佛教和婆罗门并存，并且都达到了一定程度的繁荣。不过后来，佛教逐渐被各种形式的婆罗门教所替代。尽管如此，佛教还是广泛地传播到了印度的边疆地区和印度以外的一些国家，比如中国、暹罗、缅甸和日本等。在这些国家，时至今日，佛教仍然占据着重要的地位。

第30章
中国的两位伟大圣人——孔子和老子

　　我再介绍两位伟大的圣人，他们是中国的孔子和老子。他们也生活在人类历史上辉煌灿烂的公元前6世纪——人类历史上的"青春期"。

　　本书直到现在都还没有介绍中国早期的历史，因为它至今仍然模糊不清。我们对今天成长起来的探险家和考古学家寄予厚望，希望他们能够像欧洲的考古学家和人类学家理清欧洲的古代历史那样理清中国的古代历史。在过去十分遥远的时期，最原始的中国文明起源于黄河流域。和埃及文明和苏美尔文明一样，中国文明也拥有"日石文化"①的一般特征。原始的中国人以部族的祭坛为中心，祭司的君主在祭坛上主持季节性的牺牲祭献。中国最早的城市生活，大概和六七千年前的埃及人和苏美尔人，以及一千多年以前的玛雅人的生活差不多。

　　中国人在举行祭典时也有用活人祭献的传统，不过，在有史以前就已经改成用活的动物来祭献了。在公元前1000年以前②，中国人就已经发明了象形文字。就像欧洲的西亚的文明经常遭受来自沙漠和北方的游牧民族的侵袭一样，原始的

---

① 日石文化，即崇拜太阳及建筑石栅之文化。——编者注
② 根据最新的考古发现证明，早在公元前2000多年的夏商之交就出现了象形文字。——编者注

中国文明不断受到北方游牧民族的入侵。这些游牧民族的语言和生活方式非常相似，按他们出现的先后顺序依次被称为匈奴人、蒙古人、土耳其人和鞑靼人。他们不停地分化、融合，再分化、再融合……就像北欧和中亚的日耳曼人一样。不过，这大多只是名称上的变化，在本质上并没有什么不同。

这些蒙古种系的游牧民族比日耳曼人更早使用马。在公元前100年，他们就可能在阿尔泰山一带发现了铁矿。东方的这些游牧民族也多少获得政治上的统一，并以征服者、统治者或复兴者的身份定居在文明地区。

孔子周游列国

欧洲和西亚最早的文明并非日耳曼人和闪米特人的文明，中国最早的文明可能也不是蒙古人的文明。据推测，中国最早的文明可能是浅黑色人种的文明，这与最早的埃及文明、苏美尔文明、德拉维文明如出一辙。据最早的历史记载，中国文明在刚开始的时候，就经历了征服和融合。到公元前1750年前后，中国就已经出现了由诸侯和城邦国家组成的庞大的国家体系。所有的诸侯都服从于既是国王又是祭司的天子，并向他进献贡品。商王朝于公元前1046年灭亡，然后周朝兴起。尽管周朝的统治力量并不强大，但仍然维持着一个统一的中国。这种局面一直维持到印度的阿育王统治时期和埃及的托勒密统治时期。经过周朝这个漫长

长城

中国早期的青铜钟

的历史阶段，中国开始分裂，各诸侯拒绝再向天子称臣和纳贡，他们各自为政，大大小小的诸侯国先后兴起。匈奴人从北方不断入侵，并建立了自己的统治。据某位中国历史界的权威人士说，到公元前6世纪，中国大大小小的诸侯国大概有五六千个。这一时期是中国历史上的"春秋战国时期"。

战乱时期各国之间的纷争并不妨碍文化交流活动的进行，也并不妨碍许多区域性的艺术和文明生活中心的出现。在进一步了解中国历史后，我们会发现：在中国也有米利都、雅典、佩尔加蒙和马其顿这样的精神生活中心城市。由于我们在这方面了解的知识确实有限，所以不能梳理出一个完整的线索，只能做一个大概模糊的说明。

就像分裂后的希腊出现了哲学家，失去耶路撒冷被掳往巴比伦的犹太人中间出现了先知一样，处在战乱中的中国也出现了哲学家和精神导师。或许正是这种动荡不安、战火绵延的环境，激发了这些杰出人物的智慧。孔子出生在一个贵族家庭，他曾在鲁国做官。他创办过一所学校，向年轻人传授知识。当时，中国无秩序、缺规则的社会现实让他感觉很困惑。对于政治和生活，他有自己完美的构想。为了找到一个能采纳他的意见，在政治和教育上实施他的主张的国君，他周游了各个诸侯国。然而，他没有找到这样一位开明的国君。虽然他也曾遇到过有望实现自己的理由和抱负的君主，但那位君主太容易相信谗言，致使孔子的改革建议被否决。有趣的是，在一个半世纪之后，希腊的柏拉图则幸运地遇到了一位开明君主，他就是西西里岛叙拉古国王狄奥尼修斯。柏拉图当了他的施政顾问。

孔子像

孔子一生怀才不遇、穷困潦倒，在悲郁中死去。他曾非常悲痛地说："把我当成老师的贤明君主还没有出生，我却就要死了。"然后，他的教诲和主张，在他死后的中国人的精神生活中爆发出巨大的力量，成为中华民族精神的重要根源。孔教是中国人所说的"三教"之一，另外两教，除了前面已经介绍过的佛教外，还有一教是道教——老子的学说。

孔子的学说，主要是宣扬圣人君子之道。他重视个人的精神修为，就像释迦牟尼对于无我的追求，希腊人对客观知识的笃信，犹太人对真理的执著一样。在人类所有导师之中，孔子最注重公共精神。他为世界的纷乱和人民承受的苦难而忧心。为了让世界变得更加有序和美好，他主张每个人都应该加强自身的人格修养。他教导人们要克服自己的行为，建议统治者在生活的各个方面都要建立完善的规则。他认为一个完美的君子应该具有这些品质：言行有礼、大公无私和严于律己。君子的形象被永恒地流传下来，成为一代一代中国人克己修身的目标。

老子曾在周朝的国家图书馆任职。和孔子的学说相比，老子的学说则是玄妙的、含糊的和让人难以领会的。其学说的中心意旨，似乎是要让人们对世俗的快乐的权力保持冷淡——就像斯多葛主义①一样——去追求沉迷于想象的简单的生活。老子的著作文字简洁，但晦涩难懂，就像读谜语一样。在老子死后，他的学

---

① 斯多葛学派是古希腊的四大哲学学派之一，也是古希腊流行时间最长的哲学学派之一。公元前3 世纪塞浦路斯的芝诺创立，历经500年之久。——编者注

说也像释迦牟尼的学说一样，因被后人曲解，逐渐蒙上了神秘的色彩，变成教条和迷信。人类童年时期神秘的原始思想和光怪陆离的传说总是和新的思想作对，最后往往在新思想上加上某些奇特的、不合理的、古老的仪式，在印度是这样，在中国也不例外。在今天的中国，佛教和道教都是一样具有僧侣、寺庙、祭司和牺牲祭献的宗教。即使不是在精神上，也在形式上体现出埃及、苏美尔的旧宗教的古老风格。孔教与此不同，因为它清晰、明确、直接，因此在流传过程中不易被后人曲解。在中国，信奉孔教和道教的有着地域区分。中国北部，也就是黄河流域，一般信奉孔教；中国南部，也就是长江流域，一般信奉道教。这种现在形成两种精神的冲突，也就是北方精神和南方精神、北京和南京、北方人的官僚气质、方正、守旧和南方人的浪漫、怀疑、松散之间的冲突。

公元前6世纪，中国的分裂达到了最严重的程度，周朝国势衰落、国威荡然无存，老子辞去了在周朝的官职，从此过上了隐居的生活。

在当时的三大强国中，齐国和秦国在北方，楚国在长江流域，它们都有向外扩张的军事力量。后来，齐、秦结盟进攻楚国，楚国战败，被迫签订条约，解除武装，实现了和平。后来，秦国的军事力量越来越强大，大约在印度阿育王统治时期，他夺得了周朝的大鼎[1]，也就是夺取了周朝正统的统治大权。庄襄王的儿子秦始皇[2]，成为中国历史上第一个统一天下的皇帝。

与亚历山大相比，秦始皇要幸运得多。他统治时间长达36年。在他强有力的统治之下，中国迎来一个统一、繁荣的新时期。秦始皇在位期间，他不断地和北方的匈奴人作战。后来，他投入了全国的力量，修筑了雄伟的万里长城。

---

① 大鼎，周天子是当时唯一合法的天子，鼎是立国的重器，是政权的象征。——译者注
② 秦始皇，公元前246年登基，公元前220年称帝，统一中国。——译者注

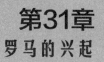

第31章
罗马的兴起

　　虽然上述国家被印度西北边境和中亚的一座座高山隔开，但我们仍然可以发现这些国家的文明具有相似性。数千年以来，古代的日石文化广泛地传播于温暖、富庶的各大河流域，发展出一系列以奉献牺牲为主的庙宇制度和祭司统治。这一文化的创始者，就是我们已经介绍过的暗白人种。游牧民族出现后，他们随季节在不同的草场之间迁移，于是原始文明中又融入了他们的语言和他们的特征。他们征服和同化了原始文明，并通过不断地创新，促使其向着新的阶段发展。为促进各种文明发展做出贡献的是，在美索不达米亚地区先是伊拉姆人和闪米特人，然后是北欧系的米堤亚人、波斯人和希腊人；在爱琴海地区，是希腊人；在印度，是雅利安系民族。在埃及，由于祭司制度根深蒂固，所以外来入侵者的影响较小。在中国，由于在不同时期遭受不同匈奴人的入侵，所以受到多种外来文明的影响。就像希腊和印度北部被雅利安化，美索不达米亚地区被闪米特化一样，中国也被蒙古化。游牧民族的血液里全都流淌着野蛮、破坏的基因，他们每入侵一个地方就大肆破坏，但是也把自由探索和道德革新的精神带到那里。他们质疑古代的庙宇信仰，把光明带进了庙宇之中。他们有自己的领袖，但不是神和祭司，而是族群里德高望重的贤人。

在公元6世纪之后的几百年中，古代传统出现了大崩溃。同时，追求道德和探索新知识的新精神出现在人类伟大的前进运动中。此后，阅读和书写不再是祭司们体现自己特权的秘密武器，它们已成为统治阶级和富有阶层普遍而容易获得的才能。马匹的使用范围扩大，大量的道路被修筑出来，不仅为旅行的人提供了方便，也促进了道路运输的发展。为了让贸易能以一种更便利的方式进行，人们开始铸造货币。

现在，我们把目光从东方文明古国——中国，转移到地中海西部。这里出现了一个新的城邦，它注定要在人类历史中扮演非常重要的角色。这个城邦就是罗马。

至此，我讲的故事还很少涉及意大利。公元前1000年时，意大利还是一个多山、多森林而人口稀少的国家。雅利安语系部族来到这个半岛后，在那里建起了一些小的城市。在半岛的一端，还有希腊人建立的稀散的殖民地。裴斯茨姆城的废墟向人们诉说着昔日希腊人的种种暴行。此时，在意大利中部还生活着一种与爱琴人相近的非雅利安系民族，他们是伊特鲁里亚人。他们征服了一个又一个的雅利安系民族。当罗马在历史上出现时，它只是台伯河畔的一个小型商业城市，城里的居民属拉丁语民族，受伊特鲁里亚人国王统治。根据古代的纪年表记载，罗马城市建立于公元前753年，比腓尼基人建立迦太基的时间要晚半个世纪，比举办第一届奥林匹亚运动会晚23年。但是，后来人们在罗马广场的遗址中，挖掘出伊鲁特里亚人的坟墓，它们的建造时间远在公元前753年以前。

公元前510年，伊特鲁人的国王被罗马人赶走，罗马成为由贵族统治平民的贵族制共和国。除了罗马人讲拉丁语之外，这个贵族制共和国和许多希腊的贵族制共和国并没有什么大的不同。

此后几个世纪的罗马历史，就是平民阶层为了争取自由和参政的权利和贵族阶层不停斗争的历史。在希腊历史中也出现过这样的斗争，当时的希腊人把它称为贵族政治和平民政治的斗争。最终，罗马的平民阶层争取到大部分以前由贵族专享的权利，赢得了平等的地位。他们还排除了旧有的排外思想，扩大了罗马公民的范围，使得越来越多的外来人成为罗马公民。尽管当时的罗马内部存在着各种争斗，但它对外扩张的脚步从未停下。

从公元前5世纪开始，罗马军队就开始开疆扩土。然而，罗马对伊特鲁里亚人的入侵并没有取得明显的战果，甚至连距离罗马不过数英里的伊特鲁里亚人的城堡也久攻不下。不过，到了公元前474年，伊特鲁里亚人开始走厄运，他们的舰队被西西里岛的叙拉古的希腊人歼灭。与此同时，北欧系的高卢人也从北方向伊特鲁里亚人发动进攻，在罗马人和高卢人的夹击之下，伊特鲁里亚人被彻底打败，从此在历史上消失。后来，罗马人占领了威伊。不久之后，也就是在公元前390年，高卢人入侵罗马，罗马军队战败，罗马城遭到洗劫。高卢人撤走时在全城放火，导致古罗马城早期的建筑及档案资料、文物书籍大多被烧毁。

但是，罗马并没有因高卢人的入侵而一蹶不振，相反，它变得更加强大。在公元前3世纪，罗马征服并同化了伊鲁特里亚人，把疆土从阿尔诺扩张到那不勒斯的所有意大利中部地区。罗马人征服意大利，和菲利普入侵马其顿和希腊，以及亚历山大入侵埃及和印度处在于一个时期。到亚历山大帝国即将崩溃之时，罗马人已经成为东西文明世界里一个万众瞩目的民族。

罗马帝国的北边是高卢人部落，南边是希腊人在西西里岛和意大利的"脚跟"和"鞋尖"处建立的殖民地。为了防御勇敢、好战的高卢人，罗马人在边界上修建了很多要塞和堡垒。以塔兰托姆（今塔兰托）和西西里岛上的叙拉古为代表的希腊南方城市，与其说他们威胁罗马，还不如说受罗马威胁。他们到处寻找援助，以抵抗罗马这个新崛起的征服者。

前面，我已经介绍了亚历山大帝国和衰落后被瓜分的情况。在这些瓜分者中，有一个名叫皮洛士的人，他是亚历山大的近亲。他后来建立了一个跨越亚得里亚海，一直延伸到意大利半岛"脚跟"处的埃皮鲁斯帝国。皮洛士野心很大，他计划征服泰坦图姆和叙拉古，然后建立马其顿亚历山大征服马格纳·格拉西亚（南意大利）那样的功业。当时，他拥有一支战斗力极强的军队：不仅有装备精良的步兵，还有色萨利人组成的骑兵——他们和当初马其顿骑兵一样的能征善战——以及20多头战象。他侵入意大利，并在公元前280年的赫拉克利亚战役和公元前279年的奥斯库卢姆战役中打败罗马军队，把他们赶到了意大利北部。接下来，他集中兵力准备进攻西西里岛。

不过，这一次他面对的敌人要比罗马军队强大得多。由于西西里岛和腓尼基的贸易城市迦太基近在咫尺，因此皮洛士的这次行动引起了迦太基人的强烈反感。此外，迦太基人对母城提尔的遭遇一直耿耿于怀，他们担心如果再出现一个亚历山大式的人占领西西里，自己城市的命运肯定堪忧。于是，迦太基人联合罗马军队共同抵抗皮洛士，另一方面派出舰队截断了皮洛士的海上交通。罗马军队卷土重来，这一次他们在位于那不勒斯和罗马之间的贝尼温陀战役中把皮洛士打败。

此时，皮洛士又收到从伊皮鲁斯传来的消息，要他火速回国，因为高卢人开始入侵国土南境。由于罗马边境的防线太牢固，所以这一次高卢人没有入侵意大利，而是穿过伊利亚（今天的塞尔维亚和阿尔巴尼亚），向伊皮鲁斯和马其顿一起进攻。此时的皮洛士，在与罗马人的战争中被打败，在与迦太基的海上战争中也失利，自己国家又正遭到高卢人入侵，他不得不放弃自己征服西西里的计划，于公元前275年后回到伊皮鲁斯。罗马的势力趁机扩张到墨西拿海峡。

希腊城市墨西拿位于海峡一边的西西里岛上，此时正被海盗控制。当时，迦太基人实际上是西西里岛的真正统治者，他们与岛上的另一座城市叙拉古结成同盟，于公元前270年把海盗赶出了墨西拿。随后，迦太基人在墨西拿驻扎了军队。被打败的海盗向罗马求援，对迦太基积累起来的忌妒和惧怕使得罗马人决定去帮助海盗。于是，具有雄厚经济实力的迦太基和新兴的罗马，隔着墨西拿海峡形成对峙，直到公元前264年战争爆发。

第32章
罗马和迦太基

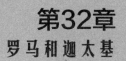

公元前264年，第一次布匿战争爆发——因罗马人称腓尼基人为布匿人而得名。这一年，印度的阿育王刚刚在贝哈尔继位；中国的秦始皇还只是一个孩子；亚历山大博物馆的科学家正在积极从事科学研究；野蛮的高卢人正在小亚细亚向佩尔加蒙人索取贡品。当时，世界上的各个国家被遥远的空间距离完全隔开。因此，当时的民族对于这场闪米特人与雅利安语系的新崛起者之间、持续时间长达半个世纪，波及西班牙、意大利、北非和地中海以西广大地区的战争，或许从未听说，或只能说有模糊的印象。

这场战争为当今世界出现的一些纷争埋下了伏笔。在这场战争中，罗马固然战胜了迦太基，但是由此引发的雅利安语系民族和闪米特系民族敌对情绪，后来演变成为犹太人和非犹太人之间的冲突。本书马上就要讲述这样一个事件，它的结果及人们对它的曲解，在今天的冲突和论点中应该有着阴魂不散的影响力。

第一场布匿战争在公元前264年爆发，引火索墨西拿海盗事件。随后，战争逐步升级，除了希腊的叙拉古，整个西西里岛都卷入了这场战争。最后，迦太基拥有明显的海上作战的优势，他们有一支由五层桨战舰组成的庞大舰队。这种战舰有着巨大的撞角。在两个世纪之前的撒拉米斯战役中，当时的主力战舰也只有

位于迦太基的古罗马水池遗址

三层桨。虽然罗马人开始进入战争的时候还没有这样的战舰，也缺乏海上作战的经验，但是他们获得了一艘搁浅的迦太基战舰，然后凭着自己的胆量和智慧，在两个月里他们建造了100支五层桨战舰和30支三层桨战舰，组建成一支庞大的舰队。罗马人的战舰上配备了擅长航海的水手，此外，他们针对迦太基人战舰的特点，发明了一种被称为乌雅座的吊桥。当迦太基人的战舰企图用撞角撞击罗马的战舰时，罗马人就放下这种吊桥，然后冲到敌方战舰的甲板上和敌人贴身肉搏——这是罗马人最擅长的作战方式。像这样简单的设计却证明是完全成功的，它改变了战争的进程和世界的命运。公元前260年，双方爆发了米勒海战，罗马人获得了第一次海战的胜利，俘获或摧毁了敌方战舰50艘。公元前256年，埃克诺米斯海战爆发。这场海战争被称为是"古代最大的海战"，有七八百支战舰投入战斗。迦太基人的表现证明他们并没有从过去的惨败中学到什么教训。本来，他们的谋略是胜过罗马人的，本应把罗马人打败，但是罗马人用乌鸦吊桥[1]把他们打败了，共损失战舰94艘。此后，战争继续下去，胜负变动很大，但是不断地显示出罗马人的活力、团结和主动。埃克诺米斯海战之后，罗马人从海上入侵非洲，并派出一支装备不足的支援军队，他们取得了多场战役的胜利，并攻下了突尼斯（距迦太基不到10英里）。后来，一场暴风雨使罗马人失去了海上优势，但是他们在三个月内就建造了220艘战舰的第二舰队，重新获得海上优势。公元前251年，他们攻占了巴勒莫，在那里打败了一支迦太基军队，俘获战象104头。后来，这些战象在罗马军队凯旋时，被当成前所未见的战利品在罗马广场上炫耀。后来，罗马人围攻西西里岛上

————————

[1] 乌鸦吊桥，又称为接舷吊桥，是罗马海军在第一次布匿战争对抗迦太基时在战船上所设的一种装置。——编者注

迦太基残存的要塞利利贝乌姆，没有取得成功。公元前249年，罗马人在德雷帕努姆的一次大海战中被击败，丧失了他们的第二舰队，损失了210艘战舰中的180艘；同年，第三舰队中的120艘战舰和800艘运输船部分在战斗中被摧毁，部分在暴风雨中被摧毁。

有七年之久，濒于精疲力竭的交战双方可以说是在继续战争，不过是一种虚张声势的袭击和围攻，在这期间，迦太基人占据着海上优势。公元前241年，罗马人做出最后努力组建了一支由200艘战舰组成的舰队，并在西西里岛以西埃加迪群岛附近歼灭了迦太基最后的海军力量，迦太基无力再战，被迫于公元前240年向罗马求和。根据迦太基人求和的条件，西西里岛的统治权归属罗马，于是，除叙拉古王的领土外，整个西西里岛都归于罗马的统治之下。在那里没有像在意大利曾经实施过的那样进行同化的过程；西西里岛成为一个被罗马征服的行省，像其他较老的帝国行省一样向罗马交纳贡品和上交收益。除此之外，迦太基必须在10年内付清一笔3200塔兰特[1]的战争赔款。

之后，由于罗马和迦太基两国都遇到了一些内部的麻烦，所以双方维持了22年的和平。但是，这是没有繁荣的和平。在意大利，罗马南部再次被高卢人入侵，罗马人陷入了一种"把活人当成牺牲来祭献神灵"的恐惧之中。最后，这批入侵的高卢人在特拉蒙被歼灭，罗马人趁机把势力范围扩张到阿尔卑斯山脚下，最后进一步把领土扩张到伊利里亚。而迦太基一方，则内乱四起，科西嘉岛和撒丁岛相继发生叛乱，罗马人趁机向这两个岛发起进攻并吞并了它们。

第一次布匿战争考验并显示了罗马和迦太基实力的对比。任何一方稍微明智一些，罗马方面的气量稍微大一些，就绝不会再挑起战争。但是，罗马人是粗野的征服者，他们没有正当的理由就侵占了科西嘉岛和撒丁岛，并且还把战争赔款增加了1200塔兰特。当时，西班牙境内埃布罗河以北的地区被迦太基人控制。罗马人以河为界，告诫迦太基人："任何迦太基人，只要渡过埃布罗河，就被视为向罗马宣战。"迦太基有一个由汉诺领导的强大党派愿意和罗马和解，但是很自

---

① 3200塔兰特，约2300万美元．——译者注

然地许多迦太基人都宁愿以一种绝望的仇恨来看待他们天生的对手。公元前218年，迦太基人终于被罗马人的挑衅激怒，他们在年轻的汉尼拔将军的率领下，渡过埃布罗河。他们从西班牙出发，翻过阿尔卑斯山，进入意大利境内，同时他还说服高卢人一起抗击罗马。长达15年之久的第二次布匿战争就这样在意大利境内爆发。他在特拉西米诺湖和坎纳等地，把前来迎战的罗马军队打得落花流水。可以说，在意大利境内，没有一支罗马人的军队可以战胜他的军队。但是，罗马人派了一支军队在马赛登陆，切断了汉尼拔和西班牙的联系，使汉尼拔的军队得不到攻城器械，从而没能攻下罗马城。后来，迦太基国内的米底亚人叛乱，汉尼拔不得不从罗马撤军，去保卫迦太基在非洲的城市。后来，罗马将领西庇阿率领一支罗马军队来到非洲，在扎马之战中打败了汉尼拔。第二次布匿战争至此结束。迦太基投降，罗马接管了迦太基在西班牙的统治。迦太基赔付罗马巨额战争赔款，并许诺把汉尼拔交给罗马人。汉尼拔被迫离开迦太基，逃到亚洲。在那里，他煽动亚历山大的后继者们联合起来对付罗马，失败后他不愿落入罗马人之手，服毒自尽。

之后的56年，罗马和迦太基这个战败的城市之间没有爆发新的战争。这期间，罗马把自己的势力扩大到希腊全境，并入侵小亚细亚，还在利奇亚的马格尼西打败了塞琉古王朝的安迪奥克斯三世。此外，罗马还用武力强迫当时被托勒密王朝统治的埃及、贝加蒙以及小亚细亚的一些小国家成为自己的"盟国"。用今天的话来说，就是成为被罗马保护的国家。

现藏于那不勒斯国家博物馆的汉尼拔将军半身像

虽然迦太基在第二次布匿战争中被打败，极大地削弱了国力，但是到了这个时期，它又悄悄地恢复了以前的繁荣。这引起了罗马人的警惕和猜忌。此外，罗马人还念念不忘在二次布匿战争时候，迦太基差点攻入罗马城。于是，罗马人要求迦太基人放弃迦太基这座港口城市，搬入北非内陆地区居住。在这一要求遭到迦太基人拒绝之后，罗马人于公元前149年又一次向迦太基发起进攻。这一次，罗马人完全包围了迦太基，尽管迦太基人顽强抵抗，但仍然无法改变迦太基城被攻破的命运。公元前146年，迦太基城被攻破，接下来，迦太基人和罗马人展开巷战。迦太基人遭到罗马人的残酷屠杀，当迦太基城被罗马人全部占领时，城里的人口数量由原来的50万人锐减到不足5万人。这些幸存者被卖为奴隶。罗马人放火烧了这座城市，然后在废墟上还用犁翻过以示最后的毁灭，并且极其严肃地诅咒说，任何人要是企图重建这个城市一定会遭到天谴。第三次布匿战争至此结束。

500年前曾闻名于世的闪米特人建立的国家和城邦中，至此只剩下一个小国——犹太国。此时，犹太人已经从塞琉古王朝的统治下解放出来，在本民族的麦卡贝王族的统治下过着自由的生活。此时，他们已基本完成了《圣经》的编写，并发展出了我们所说的独特的犹太传统。迦太基人、腓尼基人以及其他分布在世界各地的亲缘民族，由于语言相通，所以很自然地会从这部充满勇气和希望的著作中，发现一些共同的联系。在很大程度上，这些民族的人仍以商人和旅行家身份分布在世界各地。因此，与其说闪米族人的世界消失了，还不如说它已融入人类的整个世界中。

耶路撒冷一直都是犹太教的象征，而不仅是它的中心。公元前63年，罗马人占领耶路撒冷，他们驱逐了城内的犹太人。公元70年，耶路撒冷再次遭到罗马人的围攻，城中的建筑和寺庙遭到严重毁坏。公元132年，耶路撒冷城爆发起义，整座城市被彻底毁灭。后来，罗马人在废墟上重建了耶路撒冷，在原来耶和华圣殿的旧址上兴建了罗马神朱庇特神庙，并禁止犹太人在城市中居住。

第33章
崛起的罗马帝国

公元前2世纪到公元前1世纪新崛起的罗马帝国，如今成了整个西方世界的主宰。它在许多方面与之前主宰这个文明世界的各大帝国都不一样。首先，它不是君主制国家，因为它不是由任何一个伟大的征服者所创建；其次，它也不是第一次共和政体的帝国。因为早在雅典的伯里克利时代，雅典就统治着一批同盟国和附属国。迦太基在与罗马进行布匿战争之前，也已经控制着萨丁、科西嘉、摩洛哥、阿尔及利亚、突尼斯，还有西班牙和西西里岛的大部分地区。但是，罗马在这些共和政体国家中是第一个免于灭亡，且不断向前发展的国家。

以往那些共和政体国家的中心一般位于美索不达米亚或埃及的大河流域，但罗马帝国的中心位置更靠西一些。中心位置的西移，使得罗马可以把更多地区和更多民族带入文明世界。此时，罗马的势力已经扩张到摩洛哥、西班牙，今天的法国、比利时、英国、匈牙利，以及俄罗斯南部地区。由于中亚、波斯等地距离罗马太遥远，所以罗马并没有在这些地方建立自己的统治。因此，虽然罗马帝国统治着大量的北欧雅利安语系民族，统治着当时世界上几乎所有的希腊民族，但是它统治的哈姆特人和闪米特人比以往任何帝国都要少。

在接下来的几个世纪，罗马帝国并没有像希腊帝国、波斯帝国那样逐渐走向衰落，相反，它不断地发展，变得越来越强大。米堤亚系和波斯系统治者在传位一代之后就被巴比伦化，而且王冠、神庙和祭司之职都会落到巴比伦人手里；亚历山大和他的继任者也十分轻易地就被同化；塞琉古王朝的宫廷结构和尼布甲尼撒统治时期完全一样，统治手段也大多和尼布甲尼撒相同；托勒密在成了埃及国王后更加被埃及化了。这些征服者被同化，和闪米特人在征服了苏美尔人之后被完全同化一样。但罗马征服者完全不同，他们统治异族的城市长达几个世纪，却始终坚守着自己的法律和规则。在公元2世纪或公元3世纪之前，对罗马人的文化产生过某些影响的只有一个民族，它就是与罗马人有亲缘关系的希腊族。

从本质上讲，罗马帝国是第一个试着用雅利安传统统治领土的国家。这是历史上出现的一个全新的统治模式，罗马帝国也可以说是一个扩大化的雅利安共和国。那种依靠个人征服，然后围绕供奉丰收之神的庙宇兴建城市的统治方法，并不适合罗马帝国。罗马人所信奉的神，他们大多是半人半兽式的、永恒的、神圣的贵族。罗马人在祭神时的牺牲也是血淋淋的，遇到特殊情况也会用活人来祭献，这种传统可能是从残忍的伊特鲁里亚人那里学来的。不过，直到罗马的鼎盛时期已经成为遥远过去的时期，祭司和神庙在罗马的统治中也没有成为重要角色。

罗马帝国的发展，并没有经过事先的缜密计划，罗马人在自己都没有意识到的情况下做了一项伟大的行政管理实验。这一实验并没有成功，罗马帝国最后仍然全面崩溃。罗马帝国的组织形式和统治手段都比以往帝国发了重大的变化。它在100年之间发生的变化，甚至比孟加拉、美索不达米亚、埃及等国家在1000年之间的变化还要大。罗马帝国始终处于变化之中，它从未按一个固定的模式在发展。

刚才已经说了，这个实验失败了，不过，也可以说这个实验还没有完成。因为今天的欧洲和美国，仍在致力于探索罗马帝国最早遇到的、世界性的行政管理难题的答案。

我们应该牢牢记住：在罗马帝国的整个统治时间，不仅是政治方面发生的巨大的变化，而且还包括社会和道德方面。那种认为罗马的政治是完整的、稳定的、牢固的、美好的、神圣的和具有决定性意义的这种想法，是有失偏颇，不全面的。比如，英国政治家、历史学家托马斯·巴宾顿·麦考利①在《古罗马之歌》中，就把老卡托、西庇阿、恺撒、狄奥克莱斯、君士坦丁以及凯旋、演讲、角斗和殉道的基督徒融合起来，描绘出充满高尚、残酷、尊严的画面。事实上，把这些题材拼凑在一起非常不恰当，因为这些题材之间的差别，比威廉一世时的伦敦和如今的伦敦之间的差别还要大。

我们可以把罗马帝国的扩张历史简要地分成四个阶段。第一个阶段从公元前390年高卢人入侵罗马开始到公元前240年第一次布匿战争结束。这一阶段被称为同化的共和阶段。或许，这个阶段是罗马历史上最美好、最特别的阶段。在这期间，持续多年贵族和平民之间的冲突基本结束，伊特鲁里亚人的威胁也已经消除。虽然此时的罗马人并不十分富裕，但也没有穷苦不堪。绝大部分罗马人都有强烈的公德意识。此时的罗马还是一个自由农民占主体的共和国，它和1900年以前的南部非洲的布尔共和国很像，或许与1800年到1805年的美利坚合众国北方的各州有很多共同点。在这一阶段的早期，罗马的版图方圆不超过30英里。此时，它与周围那些比自己强大但有着亲缘关系的国家发动战争的目的，并不是要去摧

罗马统治的遗迹，体育馆的废墟位于突尼斯

毁这些国家，而是谋求与它们联合。长达数个世纪的国内纷争，培养了罗马人妥协和忍让的精神。那些被征服的城市，有些成为受罗马统治的城市，拥有政治上投票的权利；有些则成为一些自治的城市，但拥有在罗马经商或结婚的权利。罗马军队被派驻到各个战略要塞。罗马人还在新被征服的

---

① 麦考利（1800—1859），当时英国著名的政治家、历史学家，著有《古罗马之歌》《英国史》。

——编者注

地方建立殖民地，罗马人在那里拥有各种特权。通往各属地的宽阔的大路也被修筑起来。在罗马势力的影响下，整个意大利不可避免地被罗马化了。到公元前89年，意大利的全部市民都成为罗马市民。整个罗马帝国就像一个扩大化的罗马城市。到公元212年，罗马帝国范围内的每一个市民都拥有市民权，也就是说它们在罗马市民会议中都有投票表决的权力。

那些易于管理的城市被先赋予了市民权力，然后再扩展到全国，依靠这种独特的做法，罗马人打破了以往征服者被被征服者同化的惯例，而是把被征服者同化了。

位于泰西封巴格达附近的罗马斗兽场

不过，在第一次布匿战争结束并统治西西里岛之后，虽然罗马原来的同化政策依然还在使用，但同时也采用了其他新的办法。比如，西西里岛被当成战利品，成为罗马民族的财产，那里富饶的土地和勤劳的人民被分配给罗马贵族和平民阶层中有影响力的人。此外，罗马人还把战俘当成奴隶押回罗马。在第一次布匿战争之前，罗马的绝大部分居民都有市民权，参军是他们的义务和权利。在他们服役期间，他们的农田荒废了，农业趁机发展起来。当他们服完兵役回家时，才发现自己生产的农产品无法和来自西西里岛和新占领国的奴隶生产的农产品竞争。罗马共和国的性质随时代慢慢地发生了变化。在罗马获得西西里岛的统治权后，罗马民众也被富有的债主和竞争者控制起来。罗马共和国进入了第二阶段，也就是富人兴起的共和阶段。

农民出身的罗马士兵为了获得自由，为了获得参与国家政治的权利，前前后后斗争了两百年，但他们只享受到一百年的权力。第一次布匿战争不仅让他们的身心遭受重创，还剥夺了他们已经争取到的一切权利。

他们的选举权慢慢变得徒有虚名。罗马共和国的政权实体分成两个部分。其一是罗马元老院，它是最重要的政权实体。最初，罗马元老院是一个贵族团体，后来变成出掌握实权的执政官或监察官召集所有有影响力的人——大地主、政治家、富商等——组成的团体。和英国的上院及美国的议院比起来，罗马元老院更像前者。在布匿战争之后的三个世纪里，元老院成为罗马政治思想和精神意志的中心。另一个是平民会议，它的参与者是全体罗马市民。当罗马还是一个方圆不超过30英里的小国家，举行平民会议是能够做到的，但是，当罗马的市民权扩大到整个意大利甚至以外的范围后，举行平民会议就不可能做到了。这种原来通过吹响设在朱庇特神庙或罗马城墙上的号角来召集市民的平民会议，后来变成一些政客或市井无赖的集会。在公元前4世纪，平民会议还能牵制元老院，代表全体市民的权利和要求。但是在布匿战争结束后，平民会议的使命已经宣告终结，成为被压迫平民的遗物，对权势人物已经没有任何约束力量了。

罗马共和国从未实行过代议制度，也没有人设想过通过选举选出市民代表来为市民代言。这一点对研究罗马历史非常重要。平民会议和英国的上院以及美国的众院从一开始就是完全不同的机构。从字面上看，它包括了全体平民，而事实上，它没有任何意义。

所以，在第二次布匿战争之后，罗马的普通市民的生活非常可怜。有些人陷入贫困，有些人失去土地，有些人因从事的行业有大量的奴隶参与而无利可图，然而最糟糕的是，他们再也没有扭转这一政治权利。他们只能通过罢工和暴动来表达自己的意愿，因为其他一切表达政见的权利都被剥夺。公元前2世纪到公元前1世纪，罗马人为了权利爆发了多次革命暴动，但收效不大。

由于本书的篇幅所限，我不可能一一详述当时非常复杂的、目的不同的斗争，比如，企图分裂罗马领土，企图把土地还给农民，企图废除部分或全部债务等等。我只是要说明，当时的起义和暴动此起彼伏。公元前73年，意大利的局势因斯巴达克斯领导的起义而更加恶化。发生在意大利的奴隶起义往往让罗马政府感到非常棘手，因为参加起义的奴隶大部分都是角

罗马的图拉真柱，展示他征服了达契亚和其他地方

斗士，他们有着强大的战斗力。斯巴达克斯的起义军在维苏威火山[①]上坚守了两年，最后被罗马军队血腥镇压下去。被捕的六千名斯巴达战士，全被活活钉死在从罗马到阿比斯的道路两旁的十字架上。

罗马平民始终没有战胜压迫他们、奴役他们的势力。那些压迫平民的富裕阶层，在自己和平民之后还扶植了一个新的势力——军队。

在第二次布匿战争之前，罗马实行征兵制，兵员都是从有财产的公民中征集而来。他们要么骑马，要么步行前往战场。对近距离的战争来说，这是一支非常有战斗力的军队，但是它不适合远距离作战。随着战线的延伸，罗马军队出现了兵源不足的情况。此时，一个名叫马略的统帅对军队进行了改革，他放弃征召有产公民服役的公民兵制，改为募兵制，凡志愿又符合服役条件的公民无论财产等级皆可应募入伍。在迦太基文明没落后，北非成为一个半开化的王国——努米底亚王国。朱古达在篡夺努米底亚王国的王位后，煽动当地人对罗马人的仇恨，并杀死了基尔塔城的所有罗马人。为了维护在北非的权力，罗马对努米底亚王国宣战。不过，在征服努米底亚王国的过程中，罗马军队屡次失利。为了打赢这场战争，马略被推举为执政官，获得全权指挥军队的权力。马略在北非十分严格地训

① 维苏威火山，当时维苏威火山是死活山。——编者注

练军队，提高军队在当地酷热、缺水的条件下的战斗力。最终，罗马打败了努米底亚王国。朱古达被俘，用铁链锁着押到罗马，后来死于罗马狱中。马略在执政官任期满后，在军队的支持下拒绝退位，此时，已经没有力量可以与他相抗衡了。

从马略执政开始，罗马进入了第三个阶段——军事共和时期。随后，罗马国内开始了军官争夺最高统治权的斗争。马略的竞争对手是苏拉，在远征北非时，他曾是马略的部下。他们不惜利用血腥手段来打败政敌，有数千人被驱逐或被处死，他们的田地则被拍卖。在双方血腥的争斗和惨无人道地镇压斯巴达克斯起义之后，出现了由卢古鲁斯、庞培、克拉苏和恺撒等人把持军政大权的时代。克拉苏镇压了斯巴达克斯起义之后，又率军入侵波斯，在与安息人的交战中阵亡；卢古鲁斯征服了小亚细亚，然后又入侵了亚美尼亚，在抢掠了大量财富后归隐；庞培在与恺撒的斗争中失败，于公元前48年被杀死。最后只剩下恺撒，成为罗马帝国唯一的统治者。

后来，恺撒在人们心中成为传说人物和罗马的象征。在我们看来，恺撒最重要的功绩是把罗马从军事共和时期带进了第四个阶段——向外扩张的时期。当时的罗马，虽然经济衰落，政治腐败，内战四起，但罗马帝国对外扩张的脚步从未停下。在公元前100年，罗马帝国的军事扩张达到高峰。在第二次布匿战争的危机时期，罗马的对外扩张处于低迷阶段；在马略进行军事改革之前，罗马的活力也明显减弱；斯巴达克斯起义，让罗马再次陷入危机。恺撒征服的高卢地区——当今法国和比利时——主要居住着凯尔特系高卢人，他们曾占据意大利北部，入侵小亚细亚，然后在高卢地区定居。通过征服高卢地区，恺撒确立了自己的军事领袖的地位。然后，他打败了入侵高卢的日耳曼人，使高卢成为罗马帝国的一部分。在公元前55年和公元前54年，他曾两次渡过多佛尔海峡，入侵不列颠，最后都因为遭到顽强抵抗而未能完成征服计划。就是在这个时期，庞培在东至黑海的罗马各征服地区巩固了自己的势力。

公元前1世纪中期，元老院在名义上仍然是罗马的权力中心，拥有任命执政官的授予权利的权力。当时，有许多政治家——以西塞罗最有名——为了维持罗马共和国的伟大传统，维护法律的尊严而不惜牺牲自己的性命。后来，这种市民权利的要求，随着自由农民的大量减少而最终在意大利消失。罗马的奴隶和穷人，既不理睬自由，也不要求得到自由。在当时，元老院中那些共和国的领袖并没有什么依靠力量，而让领袖们忌惮和意欲控制的冒险家背后却拥有强大的军队作后盾。所以，克拉苏、庞培和恺撒等军事领袖瓜分了帝国的统治权力，他们被称为"三巨头"。五年后，克拉苏在卡尔战役中被帕提亚人所杀，庞培则与恺撒公开决裂。庞培通过其控制的元老院以恺撒破坏罗马法律，不服从元老院的命令为由，通过了要求恺撒交出军权，回罗马受审的法案。

当时，如果将领把军队带出自己的领土之外，就违背了罗马法律。恺撒的领地和意大利的分界线是一条名叫卢孔比的河。公元前49年，恺撒宣称"事已至此，已无退路"，公开向元老院和庞培宣战，然后率领军队越过卢孔比河，向罗马挺进。

当时，罗马有这样的惯例：在国家遭遇危机时，元老院会推举一位拥有无限权力的独裁官，直到解除危机。在打败庞培后，恺撒在公元前46年被任命为任期十年的独裁官，并且在公元前45年他又被任命为终身独裁官。当时也有人劝恺撒当罗马的国王，但自从公元前5世纪罗马人赶走罗马的最后一位国王塔克文之后，罗马再也没有国王，罗马人对国王一直很反感。于是，恺撒拒绝当罗马的国王，但事实上他已经像国王那样掌握了国家的一切权力。为了彻底消灭庞培的势力，恺撒率兵远征庞培藏身的埃及，并爱上了美艳的埃及女王克娄巴特拉。正是因为她，恺撒接受了神兼国王的思想。在回到罗马后，恺撒的雕像被放进了神庙，上面刻着"献给无敌的神"。但是，被恺撒扼杀的共和精神仍然进行着最后的反抗。在元老院里恺撒的政敌庞培的雕像下面，恺撒遭到暗杀。这一天是公元前44年3月15日。

在随后的13年时，雷比达、安东尼及恺撒的养子屋大维进行争权夺势，形成"后三头政治时代"。雷比达占据着那块带着宿怨的难啃的骨头——迦太基的非洲，他似乎是一个有着善良传统的好人，致力于迦太基的重建，而不是追寻财富或个人虚荣；安东尼占据着繁荣的东部。克娄巴特拉，她的思想臣服于古代的神王思想，正是这种思想使恺撒的思想发生了根本性的变化。和克娄巴特拉在一起，他沉湎于情欲、逸乐和尘世浮华的美梦中。和恺撒一样，屋大维占据着贫穷而动荡的西部行省，他组织了一支精锐军团，巩固了自己的实力。

公元前32年，屋大维诱使元老院免去了安东尼统帅东方的职务，并开始进攻他。公元前31年，双方在亚克兴角的爱奥尼亚海海域爆发了一场大规模的海战。在交战期间，克娄巴特拉突然带着60艘战舰离去，从而使这场战争的胜负显而易见。我们现在很难断定这是有预谋的背叛还是出于这个风流女人一时的任性。屋大维打败了他唯一的对手安东尼，成为罗马帝国的统治者。但屋大维的做法和恺撒完全不同，他既不想当神也不想当国王，他也不需要美艳的皇后当自己的情人，他辞去了罗马独裁官，把军事、政治和外交的决定都交还给元老院和罗马人民。屋大维放弃了集于一身的特权，得到了共和体制下的罗马元老院的赞赏，被授予"元首"和"奥古斯都"的称号，成为罗马帝国的第一位皇帝"奥古斯都·恺撒"[①]。

奥古斯都·恺撒之后的继任者依次是提庇留·恺撒、加里古拉、克芬狄和尼禄，然后是图拉真、哈德良、庇乌和奥勒留。他们都是出身行伍之间，受士兵们拥立而登上皇帝的宝座，有的最后也被士兵们杀害。元老院渐渐从罗马历史上消失，然后由皇帝和各级官吏取代。罗马的疆域不断扩大，后来不列颠的大部分土地都被罗马占据；特兰西瓦尼亚成为罗马的一个行省——达契亚；图拉真大帝入侵了幼发拉底河以东的土地。哈德良也在不列颠境内修筑了长城，以抵御北方的野蛮人。这让我们不得不想到中国的皇帝——秦始皇。同时，为了抵御日耳曼人的入侵，他还在莱茵河上游和多瑙河上游修建了一道长城。与此同时，他还放弃了图拉真所设立的亚述省和美索不达米亚省。

到此时，罗马帝国的领土扩张宣告结束。

---

① 奥古斯都·恺撒，在位期间，公元前27年到公元14年。——编者注

第34章
罗马和中国

公元前2世纪到公元前1世纪，是人类世界上一个崭新的阶段。此时，美索不达米亚和地中海地区，也不再是历史学家们关注的焦点。虽然此间的美索不达米亚和埃及仍然物产丰富，人口众多，贸易繁荣，但已不再是世界文明的中心。此时，支配着世界局势的是两个强大的帝国，一个是新兴的罗马帝国，另一个是中国的汉朝。罗马的版图一度扩张到幼发拉底河东岸，然后再也没有新的扩张。以前由塞琉古王朝和波斯帝国统治的印度，此时已经改朝换代。在中国，秦朝灭亡后，取而代之的是汉朝。它的国土跨过西藏，穿过帕米尔草原，抵达土耳其西部边界。

在这个时期，中国是世界上版图最大、组织最严密的国家，也是最文明的国家。它的版图面积和人口数量越过了处于鼎盛时期的罗马。然而，罗马和中国这两个在同一个世界、同一个时代繁荣起来的强大国家，却互不相识。这在当时的条件下是完全有可能的，无论是当时的水路还是陆路，交通条件都不足以让这两个国家有发生联系或者发生冲突的可能。

但是，我们要注意的是，两国仍以某种方式相互影响，并影响了处于两国的中间地带上的那些国家，如中亚和印度。两国之间的贸易，以一种非常小的规

中国绿釉陶器的盖罐

模进行着。有时是一支穿过波斯的骆驼商队，有时是一支经过印度和红海沿岸的贸易船队。公元前66年，庞培曾率军沿亚历山大当年的征服路线，到达黑海东岸。公元102年，中国的班超率领远征军也到达黑海东岸，并派人了解罗马的实力。不过，欧洲和东亚两大世界相互了解并建立直接的通道，则是在几个世纪之后。

在这两大帝国的北方，依然存在着未开化的荒野。今天的德国，当时还覆盖着大片的森林，这些森林一直延伸到俄罗斯。森林中有一种和象一样大小的野牛。在亚洲群山的北边，是沙漠和大草原。再往北，则是森林和冻土带。亚洲高山的东边山脚下，是一片叫满洲的三角形区域。俄国南部、土耳其和满洲三者之间的大片土地，气候一直复杂多变。那里的降雨非常稀少，人类很难开发利用这样的地区。有一个时期，那里牧草丰美，宜于耕作，不过之后降水量骤然减少，致命的干旱笼罩在这片土地上。

从德国的森林地带到俄罗斯南部和土耳其，从哥德兰岛到阿尔卑斯山的这片未开化的土地西边，就是北欧各民族及雅利安语系各族的发源地；东部的草原和沙漠地带，则是匈奴人、蒙古人、鞑靼人和土耳其人的发源地。这些民族，从语言、人种和生活方式上看都有很多相同之处。就像北欧各族不断从自己的发源地向南方的美索不达米亚和地中海及地中海沿岸入侵一样，匈奴人各部族也以流浪者、征服者或侵略者的身份出现在中国。当风调雨顺时，这些北方野蛮就大量繁衍人口，遇到灾荒连年，牧草不足，或者因疾病而丧失大量畜产时，他们就大举南下侵犯中国。

历史上终于出现了这样一个时期：世界上同时存在着两个强大的国家，他们不仅制服了蛮族的入侵，而且还把自己的版图平稳向外扩张。中国的汉朝从北部边疆向蒙古族发动了猛烈而持久的进攻，中国居民来到长城以外。在士兵身后，扛着锄头的农民，他们开垦草地，占据季节草场。虽然蒙古人对待这些移民的手段十分残忍，但仍就挡不住来自中国的移民潮。这些游牧民族只有两种选择：一种是定居下来作为一个农耕民族向中国进贡，一是向别处迁移寻找新的草场。一部分蒙古人选择了留下，他们被中国文化同化；一部分蒙古人则翻过东方和南北方向的高山，流入土耳其境内。

从公元前200年起，蒙古牧民开始持续不断地入侵西方。这种入侵给雅利安各族造成强烈的压力，迫使他们涌向罗马边境，并寻找防守薄弱之处伺机进攻。公元前1世纪，明显有着蒙古族血统的帕提亚人入侵小亚细亚，与东征的庞培展开激战；他们还击败过克拉苏率领的军队，并杀死克拉苏；他们推翻了波斯的塞琉古王朝，建立了帕提亚人自己的王朝。

当时，无论是东方还是西方，都对这些野蛮的游牧民的入侵进行了猛烈的反击。因此，他们只好穿过中亚，翻越东南方向的开伯尔山口，入侵印度。事实上，在中国和罗马都处于强盛的几个世纪里，印度屡遭蒙古人入侵。这些蛮族入侵者一次一次地洗劫印度平原，大肆烧杀破坏，导致阿育王国衰落，印度历史进入了一个非常黑暗的时期。当时，在这些侵略民族有一个名叫"印度塞西亚人"的部落建立了贵霜王朝，一度统治了印度北部地区，曾维持了几个世纪。在公元5世纪期间，印度多次遭到雅利安系白色匈奴人的侵袭，他们向印度的小诸侯强征贡税。这些白色匈奴人夏天在土耳其西部放牧牛羊，入秋之后便入侵印度，烧杀抢掠。

公元2世纪，罗马帝国和中国汉朝在对抗蛮族入侵时都表现得有些力不从心，因为这两个国家都爆发了瘟疫。在中国，瘟疫蔓延了11年，整个社会组织遭受严重破坏。汉朝衰落后，中国又出现了四分五裂、战乱不断的局面。中国的下一次复兴，是公元7世纪时大唐王朝的建立。

瘟疫从亚洲传到了欧洲。公元164年到180年，这种瘟疫蔓延了整个罗马帝国，严重地削弱了帝国的组织和实力，导致人口急剧减少，组织的活力和统治效率明显下降。此时，罗马的边界防御不再是坚不可摧，而是漏洞百出。此时，最早居住在瑞典哥德兰岛的北欧哥特人正在崛起，他们穿过俄罗斯，在伏尔加地区和黑海沿岸居住下来，当起了海盗。公元2世纪末期，他们受到匈奴人西侵的威胁。公元247年，他们渡过多瑙河，疯狂入侵其他国家，在今日的塞尔维亚地区挑起一场大战，打败并杀死狄西阿皇帝。在此之前的公元236年，居住在莱茵河北部法兰西亚地区的日耳曼人部落——法兰克人曾突破莱茵河下游的边境，日耳曼系阿勒曼尼人也大举入侵阿尔萨斯。在高卢地区，尽管罗马军队击退了入侵者，但是巴尔干半岛上的哥特人仍不停地入侵，最后，罗马帝国放弃了达契亚省。

罗马帝国丧失了往日的骄傲和自信。在奥勒良皇帝统治期间（公元270年到公元275年），为了防御蛮族入侵罗马城，他下令在罗马城四围建起了城墙，此举结束了罗马城在过去300年开放不设防的历史。

第35章
早期罗马帝国的平民生活

　　建于公元前2世纪，从奥古斯都·恺撒统治时期开始维持了200年繁荣和安定的罗马帝国，后来终于陷入了混乱，最终灭亡。在此，我们不谈这一切是如何发生的，我们要谈的是这个大帝国广阔土地上的平民的日常生活。现在，让我们的目光回到距今2000年以前的那个时代。文明人的生活，不管是罗马帝国的和平时期还是中国汉朝的繁荣时期，都和今天文明人的生活越来越接近。

　　此时，在西方世界，钱币已经普遍流通。许多既非官员又非祭司的人都拥有了私人财产。宽阔的道路和旅馆大量出现，为人们自由地旅行提供了方便。与公元前5世纪之前相比，人民的生活更加自由和随意。以前，由于受某种传统的约束，普通的文明人总是被限制在一个地区或一个国家，始终生活在狭隘的环境中，只有游牧民族才能自由地贸易或旅行。

　　但是，无论是罗马帝国还是中国汉朝，其统治下的广大区域的文明都不完全相同。事实上，一个地方的文化与另一个地方的文化往往存在着巨大的差异，就像今天英国统治下的印度一样。罗马的驻军和殖民地广泛分布在其统治下的广袤土地上，这些地方的人信奉罗马神，讲拉丁语。不过，那些在罗马入侵之前就存在的城市和城镇，那里的人虽然受罗马统治，但他们仍然自己管理自己的事情，至少在一段时期内，他们以自己的习俗供奉自己的神。在希腊、小亚细亚、埃及以及希腊化的东方地区，拉丁语从来没有流行过，希腊语始终保持着霸主地位。塔苏斯人扫罗，后来成为使徒保罗，既是犹太人，也是罗马市民，但他用希腊语交谈和写作，而不是用希伯来语。甚至推翻希腊塞琉古王朝的帕提亚王朝，虽然距罗马帝国的边界遥远，但那里依然流行讲希腊语。在西班牙及北非的某些地方，虽然迦太基已灭亡，但迦太基语仍沿用了很长时间。又比如说像塞维利亚城，它在罗马这个名字问世之前曾是一座富裕的城市，尽管它距离意大利的一处罗马老兵营地只有几英里远，但其居民仍世代信奉闪米特族的女神，用闪米特语交谈。公元193年到211年在位的罗马皇帝塞弗拉斯，一直以迦太基语作为母语，后来才把拉丁语作为一门外国语言来学习。据说，他的姐姐从来都没有学过拉丁语，在对家里的罗马仆人下令时，一直使用迦太基语。

罗马竞技场

但是，罗马帝国把许多以前没有大型城市、庙宇和文化的地方都拉丁化了，比如高卢、不列颠等国家，以及达契亚（如今大致是罗马尼亚）、庞若里亚（多瑙河以南的匈牙利）等行省，它使这些地方首先得到开化。罗马帝国在这些地方创建了城镇，并推广拉丁语，随后又供奉罗马的神，盛行罗马风俗和风尚。罗马尼亚语、意大利语、法语、西班牙语等，都由拉丁语改变和进化而来，这提醒我们，当时拉丁语和罗马习俗是多么普及。最后，非洲西北部的大部分地区也都使用拉丁语，但是埃及、希腊以及其他东方帝国从未被拉丁化。他们仍然保留着埃及和希腊的文化和精神，甚至在罗马，受过良好教育的人也把希腊语当作绅士语言来学习，希腊文学和知识比拉丁文学与拉丁知识更受人重视。

竞技馆的内景

在这个复杂的帝国里，生产方式和贸易方式也十分复杂。在定居社会里，农业是最主要的产业。我们前面已经讲过，在意大利，自由农民曾经是早期罗马共和国的支柱，但自从布匿战争之后，他们逐渐被奴隶所取代。希腊世界有多种耕种方式，从阿卡迪亚所有自由市民都参加劳动，到斯巴达人认为劳动是可耻的行为，从而驱使特殊的奴隶阶级——希洛人从事农业劳动。然而，这一切都已成为古老的历史，在大多数希腊化国家，等级制度和奴隶阶层已经风行。有些农耕奴是战俘，他们说着不同的语言，所以不能彼此理解；有些则是由奴隶所生，他们没有反抗压迫的团结精神，没有争取权利的传统，也没有知识，因为他们不能读书也不能写字。虽然他们占到国家人口的大多数，但他们的起义从未成功过。公元前1世纪爆发的斯巴达克斯奴隶起义，是一次经过特殊训练的角斗士爆发的起义。在罗马共和国末期及罗马帝国初期，意大利的农奴遭受了可怕的虐待。他们在晚上被铁链锁起来，以防逃走；头发也被剃去半边，就算逃走也难以藏身。他们没有自己的妻子。他们受尽主人的虐待，有的被砍掉手足，有的甚至被残忍杀死；主人可以把他们的奴隶卖到竞技场与野兽搏斗。如果一个奴隶杀了他的主人，那么奴隶主家的所有奴隶都会被钉死在十字架上。在希腊的一些地方，尤其是雅典，奴隶的命运虽不至于如此悲惨，但依然十分可怜。对这些奴隶来说，后来突破罗马军队防线的野蛮侵略者成了他们的解救者而不是他们的敌人。

当时，奴隶劳动已经扩散到大多数行业和各种需要团体合作的工作中，开矿、冶金、划船、修路及修建大型建筑等都是奴隶从事的工作。一切服务工作也都由奴隶去做。在城市和农村，贫穷的自由民和被释放的人为自己，或为工钱工作。他们是工匠、监工等等，作为一种新的领取工资的劳动阶级，他们与奴隶工人形成竞争，但是，我们不知道他们在罗马总人口中所占的比例。在不同的地方和不同的时期，这个比例可能相差很大。此外，奴隶制度也有多种类型，从夜间用链子锁住，白天用皮鞭驱赶到农场或采石场劳动，到后来像自由民一样耕种，做手工艺，娶妻生子，只需要按时向主人交租。

还有武装奴隶。公元前264年，也就是布匿战争初期，伊特鲁里亚人强迫奴隶互相格斗的消遣方式在罗马流行起来，并迅速成为一种时尚。很快，每个罗马大富翁都拥有了由角斗士组成的随从。他们有时在角斗场角斗，但更主要的任务是保护主人。此外，有些奴隶是受过教育的。罗马共和国后期的征服者，在征服了高度文明的希腊、北非及小亚细亚后，带回很多受过良好教育的俘虏回到罗马。在罗马上流社会家庭中，孩子的家庭教师通常由这些奴隶担任。富人们经常买希腊奴隶担任家庭图书管理员、秘书，或者是家养的学者。在当时富人们的眼里，养一个奴隶学者就像养一只会表演的狗。在这种奴隶制的氛围中，现代文学批评的传统，即吹毛求疵的风气发展了起来。有些人买下聪明的幼奴，让他们接受教育，再高价卖给富人，从中牟取利益。很多奴隶都被训练成抄写员、珠宝匠以及各种技术精湛的工人。

不过，从富人统治下的罗马共和国时期到瘟疫肆虐从而导致大崩溃的400年间，奴隶的地位发生了巨大的改变。公元前2世纪，战俘成群，社会风气粗俗不堪。奴隶没有任何权利，读者很难想到的所有暴行几乎都残酷地施加在他们头上。但是到了公元 1 世纪，罗马文明对奴隶制度的态度出现了显著的改善。战俘数量明显减少，奴隶的身价也大幅度提高。奴隶主开始意识到，善待这些不幸的奴隶，可以获得更多的利益，也可以让自己的生活过得更舒适。同时，社会的道德舆论也开始兴起，正义感开始起作用。高尚的希腊精神使得古罗马的残酷得到了缓减，暴行受到限制，奴隶主再也不能任意把奴隶卖到竞技场与野兽搏斗。奴隶拥有了"财产私有权"，并有权获得作为奖励和刺激的工资。而且，某种形式的奴隶婚姻也得到了承认。很多形式的农业都不需要集体劳动，或只在某些特定的季节里才需要集体劳动，在以这些农业形式为主的地区，奴隶成为农奴，他们只需把自己收获粮食的一部分缴给奴隶主，或在某个季节为奴隶主劳动。

当我们现在知道，在公元前2世纪到公元前1世纪，这个使用拉丁语和希腊语的伟大罗马帝国本质上是一个奴隶制国家，而且只有极少数一部分人享有尊严和自由，我们就不难了解它衰落和崩溃的原因。在当时的罗马帝国，很少有所谓的家庭生活，进行活跃思考和学习的家庭非常罕见。学校或学院很少，而且距离遥远。自由意志和自由精神无处可寻。尽管罗马帝国留下了宽阔的道路，宏伟建筑的遗迹，以及威严的法律和权力传统，但这一切都建立在受挫的意志、扼杀的智力以及残酷和变态的欲望之上。即使那些统治着这片广大土地的少数征服者——他们强迫奴隶劳动——在他们的灵魂中也充满着不安和不幸。艺术、文学、科学和哲学，这些由自由和快乐的心境结出的果实，在这种氛围中遭到毁灭。那里充斥着抄袭与模仿，有着多如牛毛的艺术工匠，有着大量奴颜婢膝的迂腐学者，但是整个罗马帝国在400年间没有产生任何东西，可以和小城市雅典在100年间通过大胆和高尚的理性活动所表现出的伟大相比。在罗马的统治下，雅典衰落了，亚历山大城的科学研究也衰落了，甚至那个时代人们的精神似乎也正一天天地衰落下去。

第36章
罗马帝国时代的宗教

　　在基督教产生的最初两个世纪，拉丁语系和希腊语系帝国统治下的人民的灵魂是忧虑和沮丧的。那时，压迫和暴行统治着一切，到处都是骄傲和炫耀，几乎没有忠诚，也没有平静和安定的幸福。不幸的人备受歧视，只能痛苦地呻吟。幸运的人充满躁动，狂热地寻求着刺激。在许多城市里，人们最喜欢做的事情就是观看竞技场里的血腥表演。那里，角斗士和野兽搏斗，或相互搏斗，他们遭受着折磨和残杀。在罗马城的大量建筑遗址中，最有特色的是圆形竞技场。罗马人的生活以这种基调继续着。他们内心的不安，在宗教的动荡中深切地反映出来。

　　从雅利安游牧部落入侵古文明开始，有着庙宇和祭司的旧神不可避免地要被改造或自行消失。在几百代人的历史进程中，暗白文明的农业民族已经形成了以庙宇为中心的思想和生活。祭祀仪式、恐怖、牺牲以及神秘主义控制着人们的思想。以我们现代的思想来看，他们的神灵似乎是荒谬的、不合逻辑的，但对那些古老的民族来说，这些神灵曾出现在他们的梦里，所以深信不疑。在苏美尔地区或古埃及，如果一个城邦国家被征服，其男神或女神要么改头换面，要么改成另一个名字，但崇拜的形式和精神却完整地停留下来，其本质特征并没有改变。尽管梦中的神像改变了，但梦仍像以前一样继续着。比如，闪米特系征服者与苏美尔人并无多大差异，他们继承了苏美尔人征服的但未加根本改变的宗教。埃及也从未进行过真正的宗教改革。在托勒密和恺撒统治时期，埃及的庙宇、祭坛和祭司在本质上仍旧保持着埃及的特色。

如果征服发生在社会习俗和宗教习俗相似的两个民族之间，那么两地神庙或神灵的冲突很可能通过结合或同化的手段来化解。如果两个神只是名字不同，而在本质上相同，那么祭司和群众就认为它们是一个神。这种多神结合的现象被称为"泛神崇拜"。公元前1000年前后就是泛神崇拜时代。在广大的地域中，某个共同的神灵取代了各个地方的神灵。当后来巴比伦的希伯来先知们宣称世界上只有一个神——正义之神上帝时，人们已经有了接受这种说法的心理准备。

然而，有时多种神灵之间的差异实在太大，无法自然同化，人们便编造一些看似合理的关系把它们结合起来。比如，在希腊人到来之前的爱琴海地区所供奉的女神被安排嫁给了一个男神；动物神或星宿神被人格化，或把动物或星象，如蛇、太阳、星星等，当成装饰或成为某种象征。此外，被征服民族的神灵，通常会被看成是与征服民族神灵相对的邪恶之神，等等。在神学史上，随处都可以找到这种地方神灵之间相互适应，互相合并，或是被人为地合理化的现象。

当埃及由许多城邦国家发展成一个统一的国家时，泛神崇拜非常盛行。当时人们供奉的主神是奥西里斯，他是丰收之神，人们认为法老就是它在人间的化身。据说，奥西里斯多次死而复生，所以他不仅是掌管种子和收获的神，还很自然地被人们看成是不死之神。人们用埋卵复活的甲虫，也用落而复升的太阳来比喻奥西里斯。后来，奥西里斯与神牛亚匹斯合二为一。他的妻子是女神伊西斯，伊西斯也被称作哈斯奥，原本是母牛神，其象征是新月和海上的星辰。奥西里斯死后，伊西斯生下了儿子荷鲁斯。荷鲁斯被认为是鹰和黎明之神，他长

密特拉献祭公牛

大成人后，再次成为奥西里斯。伊西斯的雕像刻画的是她抱着婴儿荷鲁斯站在新月上。这些神话之间没有符合逻辑的联系，它们是在人类还没有发展出严密而系统的思维之前，依靠想象流传了下来。在这三神之下还有其他的神，比如黑暗之神、邪恶之神、胡狼头神阿努比斯——他象征着黑夜，吃人或其他神，是诸神和人的敌人。

一切宗教制度都必须使自己适应人类灵魂的需求。毫无疑问，这些不合逻辑的，甚至粗俗的象征，埃及人却对它们充满真正的热爱并得到心灵的慰藉。埃及人坚信灵魂不死，所以埃及人的宗教都以追求永生为目的。和以前的宗教相比，埃及的宗教更突出地追求永生。尤其是后来在埃及遭受外族入侵，埃及神灵失去了重要的政治意义后，埃及人追求在来世获得补偿的愿望也变得非常强烈。

埃及被希腊征服后，新建立的亚历山大城成为宗教生活的中心，实际上也成为整个希腊世界的宗教生活中心。托勒密一世兴建了一座宏伟的神庙——赛拉庇斯神庙，里面供奉着一个三位一体的神，即赛拉庇斯[1]、伊西斯与荷鲁斯。他不是被看成一个单独的神，而是一个神的三种面貌。赛拉庇斯还被认为是希腊的宙斯，罗马的朱庇特以及波斯的太阳神。这种崇拜扩展到希腊的全部势力范围内，甚至还传至印度北部和中国西部。灵魂不灭的观念，在来世得到补偿和幸福的想法，在贫苦人民陷于绝望中时特别流行。赛拉庇斯被尊称为"拯救灵魂的人"。当时的颂歌中有一句是这样："当死神降临，我们仍然受到赛拉庇斯的庇佑。"伊西斯拥有众多信徒，被尊称为"天之女王"。在伊西斯的神庙中，雕塑着她怀

伊西斯正在给荷鲁斯哺乳

---

[1] 赛拉庇斯，奥西里斯与阿庇斯合起来的名字。——译者注

抱着儿子荷鲁斯的雕像。她雕像前燃烧着蜡烛，摆放着贡品，剃掉头发的祭司们终身侍奉她的祭坛。

罗马帝国崛起后，打开了西欧世界的大门并带去了这种处于上升趋势的神灵崇拜。赛拉庇斯—伊西斯的庙宇、祭司的颂歌、永生的希望，随着罗马的军旗传到了苏格兰和荷兰。但是，也有一些和赛拉庇斯—伊西斯相对立的宗教，其中最突出的是太阳神崇拜教。这个教派源于波斯，其祭品是神圣而仁慈的牛，以许多如今已经失传的神秘仪式为主要内容。太阳神崇拜教似乎比赛拉庇斯—伊西斯崇拜还要更原始，它使我们联想到人类历史上日石文化的血祭场面。太阳神崇拜教的遗迹上有一头神牛，它腹部有一个伤口，正往外流出鲜血。太阳神崇拜教的信徒相信，新生命就是诞生于这些鲜血之中。此教的信徒经常用作为牺牲的牛的血浇在自己身上。当有新教信徒入教时，他们就站在祭坛下面，这样，牛血就能淋到他们身上。

这两种宗教，和早期罗马皇帝统治时期所宣传的宗教——有着相同的仪式，以向奴隶和臣民宣扬忠顺为目的一样，它们都是个人宗教。这些宗教的目的在于拯救个人和得到永生。但是那些更古老的宗教却不是个人的，而是社会的。古老的宗教信奉的男神或女神，他们首先是属于城邦或国家，然后才属于个人；奉献牺牲是公共事务，而不是个人的职责；宗教活动关乎这个世界的集体的实际需要。但是，先是希腊人，如今则是罗马人，已经把宗教活动从政治中剥离出来。在埃及传统的引导下，宗教又重新回到私人世界。

以宣传永生为目的的新兴宗教，虽然夺走了旧的国家宗教的忠诚与热情，但事实上无法取代古代宗教。在早期罗马皇帝统治下的典型城市中，无疑有着供奉各种神灵的神庙，其中肯定有供奉罗马神朱庇特的神庙，同时肯定也有供奉着恺撒的神庙，因为恺撒已经从埃及法老那里学会了如何做一个神。在这些神庙中，冷峻而庄严的祭拜仪式有着深刻的政治意义，人们到那里祭拜是为了表达自己的忠诚。然而，人们到可亲可敬的 "天之女王"伊西斯的神庙里，则是向女神诉说自己悲惨的命运，并乞求女神给予帮助。

可能当时还有地方神和古怪的神。例如，塞尔维亚人长时期以来就一直信奉着古迦太基人信奉的维纳斯女神。在山洞中或在地下的神庙中，肯定还有由罗马士兵和奴隶设立的供奉太阳神的祭坛。此外，或许还有过犹太教堂，犹太人聚集在那里诵读《圣经》，赞颂他们所信奉的用肉眼看不到的世界之主。

犹太人信奉的宗教与罗马政府和国家宗教发生冲突，因为犹太人信奉的神不允许偶像崇拜，所以他们拒绝为罗马皇帝祈祷，甚至因为忌讳偶像崇拜而拒绝向罗马军旗致敬。

在释迦牟尼出世以前很久，东方就已有了男、女苦行僧。他们抛弃人生的享乐，抛弃了婚姻和财产，靠禁欲、苦行、独处来寻求精神力量，企图避开人世间的压迫和烦恼。尽管释迦牟尼本人反对极端的苦行，但是他的绝大多数弟子都过着极其严格的修行生活。在希腊也有这种类似的无名的宗教，有的甚至以自残为修行。禁欲主义最早出现于公元前1世纪时犹太城和亚历山大城的犹太人的社会。一些人远离社会生活，过着严肃而神秘的冥思生活，例如，艾赛尼教派就是如此。在整个公元1世纪和公元2世纪之间，全世界几乎都在流行这种排斥俗世快乐以求解脱现实苦难的思想。建立秩序的旧意识，依靠祭司、神庙、法律和习俗建立起的旧有的信仰已经消失。面对当时的奴隶制度、虐待、恐惧、焦虑、浪费、炫耀和无节制的享乐时，人们内心就会产生自我厌恶和精神不安，很多人为了寻求内心的平静，不惜以克己或苦行为代价。正是因为如此，伊西斯神庙中才挤满了哭诉忏悔的人，也正因为如此，很多人才改变信仰，来到黑暗、血腥的地下洞穴。

第37章
耶稣与基督教

在罗马的第一位皇帝奥古斯都·恺撒统治罗马的那一年，基督教的救世主耶稣在犹太出生了。那个以基督的名字命名的宗教，注定要成为罗马帝国的官方宗教。

把历史和神学分开研究，从整体上来说会更方便。很大一部分基督徒都认为，耶稣就是犹太人最早认可的"世界之神"的化身。一个历史学家，如果他现在仍然是历史学家，那么他可以既不接受也不拒绝这种观点。耶稣以人的样子出现，历史学家肯定要把他当成人并和他打交道。

耶稣最早出现在提比留统治时期。他是一个先知，遵循着以前犹太人先知的方式传教。他大约30岁时开始传教。关于他传教之前的生活经历，我们一无所知。

关于耶稣其人的材料来源，我们几乎全是从四福音书中得到的。这四本书肯定是在他死后的数十年内已经存在，也有来自早期基督徒布道的书信中针对耶稣的一生而提到的故事。许多人设想，《马太》《马可》和《路加》这前三本福音书是来自一些更早的文献；《约翰福音》经过强烈的希腊式神学的渲染，因而具有更多的特征。学者们更倾向于认为，《约翰福音》是耶稣人格和真实言辞最可

耶稣

靠的记载。这四部福音书一起为我们勾勒了一个十分清晰的人物形象，尽管书中增添了一些荒诞不稽、难以置信的事情，不过读了这些书的人仍不得不说："这里曾经有过这个人。这部分故事不可能是捏造出来的。"

就像释迦牟尼的人格被后来佛教的镀金严肃盘坐偶像扭曲而模糊了一样，耶稣瘦削的样子和不屈的人格，实际上也是由于在现代的基督教艺术中因对其过分的崇敬而塑造出的失真的形象。事实上，耶稣只是一个身无分文的教师。他风尘仆仆，走遍了烈日当空的犹太国土，靠别人的施舍糊口。然而，在后人画的耶稣像中，我们看到耶稣头发整齐、皮肤光洁、服饰讲究、身姿挺拔，并且静止不动，仿佛他是在空中飘然而行。仅就这一点来说，就使得许多不能把忠实的核心和愚昧地崇敬所装饰和妄加的故事辨别开来的人们认为耶稣是不真实的、不可信的人。

假如我们把耶稣身上那些不可信的粉饰清除掉，我们看到就是一个富有人情味、非常诚恳和热情，有时也会勃然大怒的人物形象。他宣传着一种全新的、简单而又深奥的道理：上帝是普天之下的慈父，天国即将来临。用通俗的话来说，他分明是一位具有强烈的个人吸引力的人。他吸引了众多的追随者，使他们充满了仁爱和勇敢。他的出现，让患病和弱者重新获得生活的勇气。然而，他可能是一个体质瘦弱的人，因为在被钉到十字架上受苦刑时很快就死去了。据说，他在背着十字架前往刑场的路上也昏倒过。他开始以传教者的身份出现时，是一个30岁左右的人。为了宣传自己的教义，他在国内游历了三年，然后来到耶路撒冷。在那里，有人检举他想在犹太建立一个异端王国。他为此而受到审讯，和两个盗贼一起被钉在十字架上。在那个盗贼还没有断气之前，他就已经离开了痛苦的人世。

耶稣所宣传的教义，确实是一种促使人们思想觉醒，使人们的思想发生变化的最富革命性的教义。那时的人还不能完全了解它的重要意义，或是一知半解地了解这个反对人类习俗和制度的教义后，就因为感到恐惧而退缩。这种情况并不值得大惊小怪。因为耶稣所宣传的天国教义，可以认为是一种勇敢的、毫不让步的要求，要求好战的人们从里到外地彻底改革和净化。读者如果想了解教义的全部内容，必须阅读福音书。在这里，我只介绍耶稣的天国教义对以前固有思想造成的冲击和引发的斗争。

犹太人相信，整个世界唯一的神是正义的上帝，但是他们也认为，上帝是一个懂得交易的神，他曾和自己的祖先亚伯拉罕订下了对他们有利的契约：答应带领他们最终将成为世界上占主导地位的民族。犹太人非常重视这一契约，但后来耶稣取消了它，他们感到非常失望和愤怒。耶稣说，神不是讨价还价的生意人，在天国里，既没有被上帝挑选的人，也没有宠儿，上帝是所有生命的慈爱的父亲，就像普照万物的太阳一样公正和无私；此外，所有人都是兄弟——罪人如此，爱子也是如此——他们都是这位神圣父亲的孩子。在善良的撒马利亚人的寓言中，耶稣对那种只顾称赞自己的民族，而诋毁其他民族或持其他信仰的人的心态嗤之以鼻。在劳动者的寓言中，耶稣对犹太人一直要求神对他们给予特别的优待，表示厌恶。他教导说：上帝对被召唤到天国的人都一视同仁，不会有丝毫的差别，因为上帝的仁爱是不能度量的。此外，耶稣还通过埋藏银子的寓言和寡妇捐钱的寓言，来呼吁人们应该贡献自己的全部力量。他还强调，在

耶路撒冷的街道，在这样一条大街上，基督教徒抬着他的十字架到达了行刑的地方

天国里没有特权，也没有回扣，更不存在任何借口。

然而，让耶稣感到愤怒的，不仅仅是犹太民族强烈且狭隘的爱国主义精神，还有犹太人强烈的忠于家族的观念，耶稣希望用洪水般的上帝之爱来清除犹太人所有狭隘和排外的情感。整个天国都将是由上帝的信徒组成的一个大家庭。《圣经》中说："在耶稣正与众人说话时，他的母亲和兄弟等在外边要和他说话。有人进去告诉了耶稣，但是，耶稣却对那人说：'谁是我的母亲？谁是我的兄弟？'然后，他伸手指着信徒们说：'看，他们才是我的母亲，他们才是我的兄弟，凡按照天父旨意行事的人，都是我的兄弟姐妹，都是我的母亲。'"[1]

耶稣不仅用上帝普遍的仁爱和所有人都是兄弟的观念，来抨击狭隘的爱国主义与片面的家庭忠诚，而且还强烈地谴责贫富差距，反对一切私有财产和追逐个人利益。所有人都属于天国，所有人的财产也同样属于天国。所有人的正当生活而且是唯一的正当生活，就是以我们拥有的一切与我们所做的一切，去服从上帝的旨意。他一次又一次地谴责私有财产和个人生活中的保留。

"耶稣正在路上走着，突然有一个人跑到他面前，跪下问他：'完美的主啊，我怎样做才能得到永生？'耶稣问他：'你为什么说我完美呢？除了一位，其他所有人都是不完美的，他就是上帝。你已经知道了圣诫：不可奸淫，不可杀人，不可偷盗，不可作假证，不可亏负他人，要孝敬父母。'此人对耶稣说：'主啊，这一切我从小就遵从着。'耶稣充满怜爱地看着他，说：'你还要做一件事。你回去卖掉你所有的财产，然后把钱分给穷人，你将会在天国拥有财产。然后背起十字架跟我走。'那人听了耶稣的话感到很难过，他很伤心地走开了，因为他舍不得抛弃他拥有的大量财产。"

"耶稣看了看四周，对信徒们说：'有钱人想进入天国，多难啊！'信徒们听了他的话都觉得很奇怪，耶稣接着说：'孩子们，有钱人想进入天国太难了，骆驼穿过针眼也比有钱人进入天国要容易。'"[2]

---

① 这段话节选自《马太福音》第12章，第46—50节。——编者注
② 这段话节选自《马太福音》第10章，第17—25节。——编者注

不仅如此，耶稣在他关于天国中所有人都围绕在上帝周围的惊人预言中，还对以前宗教中那种与上帝订契约式的正义观表现出难以忍耐的厌恶。他大部分都有记录的言论，都在斥责为了度过虔诚的一生而一丝不苟地遵守古人的规矩的人。"法利赛人和文书问他：'你的信徒为什么不遵守古人的规矩，用没洗干净的手吃面包？'耶稣回答：'看来，约书亚对你们的虚假所做的预言，就像写在纸上一样可信。'"

"他们用嘴说尊敬我，

"但是他们的心却远离我。

"他们把人的吩咐当做道理教导人，

"所以崇拜我也是枉然。

"他们不顾上帝的诫命，却一心遵从人的传统如洗壶洗杯这类事情。你们在拒绝上帝的诫命而坚持自己的遗传。"①

耶稣所宣传的不仅仅是道德与社会的变革，从一些很明显的迹象可以看出，他的教义含有最明了的政治倾向。的确是这样。按照他的说法，他的天国不在这个世界，而在人们心中，而且没有王位。但同样也很清楚的是，不管他的天国在什么地方，在人们心里建立到什么程度，外在的世界将革命化并更新到什么程度。

再聋、再瞎、再怎么漏听他的言辞的人，都不可能听不出他宣传的教义中包含着非常鲜明的改变世界的决心。反对耶稣的全部经过，以及他受审受刑时的情况，显然表明在他的同时代人看来，他似乎直接地倡议，而且的确直率地倡议，要改变、融合和扩大人类的生活。可是连他的信徒都没有领会到那个倡议博大的意义。他们被从前犹太人所向往的王朝，也就是一个约西亚来推翻希腊化的希罗多德王朝和罗马君主并恢复神话中大卫光荣的幻梦所支配。他们漠视了他的教义的实质，尽管它是那样的明了和直率。显然他们认为他的教导不过是他采取神秘的非凡的方法以便最终把他放在耶路撒冷的王位上的冒险事业。他们认为他只是

---

① 这段话节选自《马太福音》第7章，第1—9节。——编者注

连绵不断的王位继承人中的又一个王而已，但具有半巫术的性质，而且把半巫术的职业作为不可企及的美德。

《马可福音》中记载：西庇太的儿子雅各、约翰前来对耶稣说："夫子，我们无论求你什么，愿你都答应我们。"耶稣说："要我给你什么？"他们说："把我们带进你的荣耀里，一个坐在你的左边，一个坐在你的右边。"耶稣说："我所喝的杯，你们也要喝；我所受的洗，你们也要受。只是坐在我的右边，不是我可以赐予你们的，他原来是为谁准备的，就赐给谁。"耶稣面前的十个门徒听到后，就开始怨恨雅各和约翰。耶稣把他们叫到面前，对他们说："你们知道，外邦人有被尊为君主的人去治理他们，有大臣掌权管束他们。只是在你们中间，不是这样。你们中间，谁愿为大，就必须作你们的仆人；在你们中间，谁愿为首，就必须做众人的仆人。国为人子，并不是要受人的服侍，而是要服侍他人，并且要舍命来作为人的赎价。"

这段话是对那些服劳忍苦而期望获得报酬的门徒们扫兴的安慰。他们不能相信服务于天国这个困难的教义本身就是它极大的报酬。就是他死在十字架上使他们乍感沮丧后，他们仍然相信他还是在古代世界的尊荣优越的氛围中，不久他将凭某种惊人的奇迹复活而再临世界，在耶路撒冷以极大的光荣和仁慈登上他的宝座。他们认为耶稣的一生是一种策略，他的死亡是一种巧妙的手段。

对于他的门徒来说，他太伟大了。可以肯定的是，那些富有而得意的人势必从他明确表达的观点中感受到恐慌，预感到他们安乐的生活会因他的教义而发生某种改变。也许祭司们、当权者和富裕的人比他的门徒更了解他。耶稣要把这些人费尽心机积累的财富，暴露在宗教生活的普遍光明中。他就像一个可怕的道德猎人，要将人们从久居的舒适洞穴中赶出去。在他所说的天国中，没有私人财产，没有特权，没有骄傲，没有优先。除了爱之外，没有别的欲求和回报。人们对耶稣的教义感到迷惘，并高声反对他。甚至连他自己的门徒也因为他不肯把他们放在这强光之外而呼号起来。祭司们更深刻地意识到，他们和耶稣之间除了你死我亡的较量外，没有别的选择。罗马的士兵们吃惊地面对着一种高于他们的理解力之上的东西，震撼了他们的一切训练，只能用狂笑来掩饰自己的感受。他们把用荆棘编成的王冠戴在耶稣头上，给耶稣穿上紫色的长袍，把他打扮成罗马皇帝的模样来嘲讽他。在他们看来，如果接受耶稣的教义，那就意味着要过一种奇特的可怕的生活；意味着要抛弃旧有的习惯；意味着要克制自己的本能和冲动，去追求一种并不可靠的幸福……

第38章
基督教的发展

在《四福音书》中，我们可以全面了解耶稣的人格和教导，但是只能了解到很少的基督教的教义。基督教的信仰大纲，在耶稣最亲近的使徒所写的《使徒书》系列的信件中得到全面的说明。

在基督教教义的创建者中，最重要的人是圣保罗。他从未见过耶稣，也从未听过他传教。他的本名叫扫罗。在耶稣被害以后，他曾因残忍迫害基督徒而广为人知。不过，他后来突然皈依了基督徒，并改名为保罗。他智力超群，精力充沛，对当时的宗教运动有着极高的兴趣和热情。他还精通当时的犹太教、太阳神崇拜教和亚历山大城的宗教，并把这些宗教中的一些观念和术语带入了基督教。诚然，他对耶稣原来的教义——关于天国的教义——只做了很少的光大和发展，但他教导人们：耶稣是神所承

镶嵌画以黄金为背景，上面的SS.彼得和保罗指向同一个宝座

认的救世主和犹太人的领袖，他的死是一种牺牲，就像古老文明中那些牺牲者一样，耶稣的牺牲是为了拯救全人类。

当不同的宗教共同繁荣昌盛的时候，它们往往相互借用对方的仪式和外在特征。比如说，中国的佛教虽然与老子开创的道教在原始宗旨上大相径庭，但两者的庙宇、祭司和仪式几乎完全相同。同样，基督教也采用了亚历山大教和太阳神崇拜教的剃发为僧、祭品、祭坛、蜡烛、颂唱圣诗和为神塑像等宗教仪式，甚至还直接沿用了它们的一些祷词和神学思想，然而，这样做并没有为基督徒招来怀疑和轻视。所有这些繁荣的宗教都和其他不是那么繁荣的教派并存。每一种宗教都在致力于发展信徒，所以肯定会有人在不同的宗教之间来回流动。有时候，这些宗教中的一种会受到政府的特别重视。然而，基督教受到的排斥和怀疑比它的所有竞争宗教都要多，因为它的信徒像犹太人一样，拒绝崇拜罗马皇帝。且不说耶稣的教导中的改革精神，单就这一点，就使它被认定为带着煽动性的宗教。

圣保罗试图让他的门徒习惯这样的说法：和奥里西斯一样，耶稣也是死而复生，并为人类带来永生的神。随着基督教信徒的不断扩大，关于耶稣和天父关系的神学争论也越来越尖锐。阿里乌斯派认为，虽然耶稣是神，但他的地位远不如天父。撒伯里乌派则认为，耶稣不过是天父的另一个样子，上帝是耶稣，同时也是天父，就像一个人可以是父亲，他又可以是木匠一样。还有一个"三位一体"派提出了更加奇妙的说法，认为上帝是一个又是三个，即是圣父、圣子和圣灵三位一体。有一段时期，阿里乌斯派似乎战胜了它的对手。不过，后来经过争论、暴力和战争，所有的基督徒都接受了三位一体的思想。在亚他那修信经①中，这种思想得到了完整的阐述。

我并不打算对这场争论发表过多的看法，因为它并没有像耶稣的教义那样震动全世界。耶稣本人的教导看来的确把人类的精神和道德提升到一个新的阶段。基督教宣扬的某些主张，如上帝是人类之父，所有人都是兄弟，每个人的人格都

---

① 亚他那修信经，亚他那修在第四世纪，根据以前的信经及奥古斯丁的三位一体论写成的。此信经是第一个阐述三位一体教义的信经，也是最好的一个。——编者注

是上帝居住的宫殿，它无比神圣，等等，对后来人们的社会生活和政治生活产生了深刻的影响。随着基督教和耶稣的教导的广泛传播，一种新的、人之所以为人的尊重出现在世界上。正如一些对基督教怀有敌意的人所指出的，圣保罗曾向奴隶宣扬服从的思想，这或许是真实的。不过，福音书中所保留的反对人压迫人的基督教精神，同样也是真实的。此外，更能说明问题的是，基督教明确地反对竞技场上严重损害人的尊严的角斗表演。

在耶稣死后的两百年间，基督教传遍了整个罗马帝国，接受基督教义和观念的信徒日益增多。罗马皇帝对基督教的态度，有些怀着敌意，有些则容忍它的存在。在公元2世纪和公元3世纪之间，基督教徒都遭受到小规模的迫害。到了公元303年，罗马皇帝戴克里先终于下令大规模迫害基督徒。基督教会的财产被没收，圣经和其他宗教书籍被烧掉，基督教徒不受法律保护，很多基督教徒被迫害致死。其中，烧毁宗教书籍这一做法尤其值得我们一说，它说明当时的罗马政府已经意识到，书面文字在团结人的信仰中拥有强大的力量。这些"书面宗教"——基督教和犹太教，是受过教育的宗教。它们之所以能够持续存在，在很大程度是上取决于人们可以阅读并理解其宗教观念。那些旧宗教并没有像这样依靠人的智力来传播。在西欧陷入因蛮族入侵而造成的混乱的时代，基督教教会在保存学术传统方面起了重要的作用。

戴克里先皇帝对基督徒的迫害并没有阻止基督教的发展，因为在罗马的很多行省，有大量的居民和许多官员都是基督徒。在这些地方，迫害基督徒的命令根本不能实行。公元311年，罗马皇帝加莱里乌斯颁布了宽容基督徒的敕令。公元324年，君士坦丁大帝——基督徒的一个朋友，他在死前曾接受洗礼成为基督徒——成为罗马帝国唯一的统治者，他抛弃了所有神圣的符号，在军队的盾牌和军旗上加上了基督教的十字架符号。

基督的洗礼

几年之后，基督教成为罗马的官方宗教，宗教活动终于可以安全地举行。基督教的竞争宗教迅速地消失或被其吸收。公元300年，罗马皇帝狄奥多西下令销毁了亚历山大城的朱庇特—塞拉皮斯神像。从5世纪开始，在罗马帝国就只存在基督教的祭司和神庙了。

第39章
蛮族入侵和罗马帝国的东西分裂

在公元3世纪，面对蛮族的入侵，罗马帝国逐渐走向了社会衰落和道德沦丧。这一时期的皇帝都是好战的军事独裁者，帝国的首都经常随着军事政策的需要而迁移。有时，帝国的首都设在意大利北部的米兰，有时设在如今塞尔维亚的西锡尔米乌姆或尼什，有时设在小亚细亚的尼科美底亚。位于意大利中部的罗马离这些地方都太远，因此，它成为一个日渐没落的城市。但是，在罗马帝国大多数地方，依然维持着和平，人们出门不需要携带武器。军队依然是权力的唯一支撑。罗马皇帝倚仗着他们的军团变得越来越专制，越来越像波斯或其他东方国家的君主。戴克里先大帝戴着王冠，穿着东方国家皇帝的长袍，完全是一副不可一世的模样。

一直以来，罗马帝国的边境大致沿着莱茵河和多瑙河设置，如今敌军压境——法兰克人和其他日耳曼部落已经抵达莱茵河畔。此外，在匈牙利北部有汪达尔人，在达契亚省——如今被称为罗马尼亚——有西哥特人，在后面的南俄罗斯有东哥特人，在往后的伏尔加地区是阿兰人。此时的蒙古人也在向欧洲入侵。匈奴人则向阿兰人和东哥特人索取贡品，并把他们赶到西方。

在亚洲，罗马帝国的边界受到重新崛起的波斯的入侵，不断收缩。这个由萨珊王朝[①]统治的新波斯充满了活力，在接下来的整整300年里成为罗马帝国在亚洲的最具威胁的对手。

只粗看一下欧洲地图，读者就不难发现罗马帝国的弱点。多瑙河在当今的波斯尼亚和塞尔维亚地区呈U形，从这里到亚得里亚海的陆地距离不到两百英里。罗马人从未对海上交通进行良好的管理。这两百英里的陆地，事实上是联系着西方拉丁语世界和东方希腊语世界的重要枢纽。蛮族对这一地方的进攻尤其猛烈。当这一地区被他们攻占后，罗马分裂成东西两个部分就成了不可避免的趋势。

如果此时的罗马帝国仍然具有强悍的战斗力，它完全可以重新夺回达契亚省，但是此时的罗马帝国已经没有这样的实力了。君士坦丁大帝固然是一个聪明而有为的皇帝，他把入侵的哥特人从罗马的要害之处巴尔干地区赶走，但他仍然没有把帝国的边界扩张到多瑙河对岸。他太看重帝国内部的弱点，试图通过基督教的团结和道义的力量来重振没落帝国。他决定以靠近达达尼尔海峡的拜占庭作为永久性的首都，并且以自己的名字把拜占庭重新命名为君士坦丁堡，到他死的时候，新首都还在建设中。在君士坦丁统治后期，受哥特人压迫的汪达尔人曾请求君士坦丁允许他们迁到罗马帝国境内。君士坦丁答应了他们的请求，把潘诺尼亚——如今的多瑙河西岸匈牙利的一片土地划给汪达尔人居住。这样，汪达尔人的军队在名义上成了罗马军团，但他们归自己的军官指挥，并没有被罗马人同化。

君士坦丁大帝为了重组庞大的罗马帝国而日夜操劳，直到去世。在他死后不久，哥特人就攻破了边界防线，然后长驱直入，几乎攻打到君士坦丁堡。公元378年，他们在亚得里亚堡打败了罗马皇帝瓦伦斯。就像汪达尔人在潘诺尼亚建立定居点一样，哥特人也在今天的保加利亚地区建立了定居点。从表面上来看，他们是罗马帝国的臣民，事实上，他们是强悍的征服者。

公元379年到公元395年，统治罗马帝国的皇帝是狄奥多西。此时的罗马帝国只是形式上的完整，因为意大利和潘诺尼亚的罗马军队已经被汪达尔人斯底利哥

[①] 萨珊王朝（226年-650年），是最后一个前伊斯兰时期的波斯帝国。——编者注

接管；巴尔干的罗马军队，也归哥特人的首领和国王阿拉列率领。狄奥多西死后留下了两个儿子——阿卡丢斯和胡诺留斯。阿拉列拥立阿卡丢斯在君士坦丁堡继位当罗马帝国的皇帝，斯底利哥由拥立胡诺留斯在罗马继位当罗马帝国的皇帝。他们以王子之间的王位争夺作为掩护，展开了争夺罗马帝国的战争。公元410年，阿拉列率军攻占了罗马，抢走了大量的财富。这是罗马建城800年来第一次被外族人攻占。

在公元5世纪的前半个世纪，罗马帝国成了蛮族军队进攻抢劫的目标。我们很难清晰地描绘出当时世界的局势。在法兰西、西班牙、意大利和巴尔干半岛，这些在帝国初期繁荣富强的城市，虽然此时仍然还在，但早已是另一个模样：人口锐减，萧条衰败。当地人的生活，肯定充满了不安和颓废，不过，当地的官员仍然以罗马皇帝之名干着各种无耻的勾当。神职人员都是一些不学无术的人，他们学识浅薄，只留下恐吓和迷信糊弄人。但是，在其他没有遭受抢劫和破坏的地区，仍然有书籍、绘画、雕刻和其他的艺术品存在。

帝国农村的景象更是衰败，到处都是一片前所未有的荒凉和混乱。由于战争的破坏和瘟疫肆虐，很多地方的田里长满了野草，人们只好落草为寇。蛮族在罗马帝国的大地上长驱直入，只遇到很少的抵抗。他们拥立自己的部族首领为统治者，通常还拥有罗马的官衔。如果这些入侵者不是野蛮人哪怕只是半开化的部落，他们对征服地区的人也许会更宽容，他们在占领城市后，可能允许互相通婚，举行交流活动，甚至学习拉丁语。遗憾的是，这些入侵罗马不列颠行省的哥特人、盎格鲁人、撒克逊

位于君士坦丁堡的大柱子

人都是农业民族，城市对他们而言并没有使用价值。他们赶走了不列颠南部所有的罗马人，用自己的条顿语①代替了拉丁语。最后，条顿语发展成为英语。

由于篇幅的限制，关于日耳曼和斯拉夫各个部族趁罗马帝国处于混乱之际，为了寻求财富和宜人的家园而不停征战的故事，我就不一一详细介绍了。这里我只列举一个汪达尔人的例子。他们在东日耳曼地区首先出现在历史上。他们后来定居在潘诺尼亚地区，这一点我已经讲过了。公元425年前后，汪达尔人横越高卢和比利牛斯山，来到西班牙南部并定居下来。在那里，他们发现来自俄罗斯南部的西哥特人和其他日耳曼部落都确立了自己的伯爵和国王。公元429年，汪达尔人从西班牙出发，在根瑟里的率领下通过航海来到北非地区。公元439年，汪达尔人占领了迦太基，然后组建了一支舰队。他们掌握了海上霸权，并于公元455年攻陷并洗劫了罗马，此时，罗马还没有从半世纪之前阿拉列的抢夺中恢复过来。从此以后，汪达尔人成了西西里、科西嘉、萨丁尼以及地中海本部大多岛屿的主人。事实上，他们建立了一个庞大的海上帝国，其规模和700年前的迦太基人建立的海上帝国相当。他们的势力在公元477年达到巅峰。他们只是统治这些城市的极少征服者。到下一个世纪，他们几乎所有的领土都被君士坦丁一世全部夺了回去。

汪达尔人的故事，不过是众多相似的征服故事中的一个。随后，与所有这些毁灭者毫无种族关系，然而又是一切毁灭者中最可怕的种族进入欧洲。他们是蒙古族的匈奴人或叫鞑靼人———一个西方世界此前从未见过的充满活力和拥有强悍战斗力的黄种民族。

---

① 条顿语，也就是日耳曼语，印欧语系的分支，包括北日耳曼语、西日耳曼语和已灭绝的东日耳曼语。——编者注

第40章
匈奴人和西罗马帝国的灭亡

　　无坚不摧的蒙古人，可以看成是人类历史上的一个新阶段。直到上个世纪或基督徒时代，蒙古人和北欧人都没有密切的接触过。在很久以前，生活在北方森林以北冻土地带的蒙古族拉普人，曾西迁到拉普兰德地区，但是他们从未出现在主流历史中。千百年来，西方世界的雅利安民族、闪米特民族和主要的暗白色民族，由于基本没有受到南方黑色民族和远东地区蒙古民族的入侵（除埃塞俄比亚人侵埃及），它们之间在相互影响中继续着充满戏剧色彩的历史进程。

　　游牧的蒙古人再次向西迁移可能有两个主要的原因。其一是，中国这个伟大的帝国的国力得到增强，在汉朝繁荣时期，边界不断向北扩张，人口也不断增加；其二是，气候的变化导致有些地区降雨减小，森林和沼泽逐渐消失，而在另外一些地方则降水增加，出现了新的草原。这些原因共同促使了蒙古人西迁。如果还要加一点原因，恐怕就是罗马帝国势力衰退、内部腐败和人口下降。罗马共和国后期的富人和军人出身的皇帝的税收官，共同耗尽了罗马帝国的生命力。所以，我们便找到了蒙古人西迁的原因、手段和时机，有来自东方的压力，西方出现的腐败和一条开放的大道。

　　在公元1世纪，匈奴人已经到达了俄罗斯欧洲部分的东部边界，但是直到公元4世纪到公元5世纪，这些骑兵才统治这片草原。公元5世纪是匈奴人的世纪。最早到达意大利的匈奴人，是由汪达尔人斯底利哥——霍诺里乌斯的主人——手下的一支匈奴人雇佣军团。他们占领了已经人去楼空的汪达尔人的居住地——潘诺尼亚。

公元5世纪20年代到50年代，阿提拉作为匈奴人最伟大的军事领袖出现在历史上。我们对他强大的力量并没有透彻的了解。他不仅统治着匈奴人，还征服了日耳曼部落联盟。他的帝国从莱茵河跨越欧洲大平原，一直延伸到中亚。他和中国互派使节。他的大本营就设在多瑙河以东的匈牙利平原上。在那里，阿提拉接见了君士坦丁堡派来的使节普利斯克斯——他为我们留下了有关阿提拉帝国的著作——《出使记》。这些蒙古人生活方式与被他们征服的雅利安人有很多相同之处：部落里的一般人住在小屋或帐篷里，首领则住在四周有围栏的木房子里，在那里经常举办宴会、酒会或吟游诗人的说唱表演。且不说荷马史诗中的英雄，就说亚历山大统率的马其顿人，他们如果身在阿提拉的大本营中，肯定比身处狄奥多西二世①，此时统治着君士坦丁堡——的宫殿里感到更放松和快乐。

在很久以前，野蛮的希腊人给爱琴文明带来强烈的冲击，一个时期以来，匈奴人和阿提亚率领的游牧民族在地中海地区对希腊——罗马文明造成了同样的冲击。历史在一个更宽阔的舞台上重演。匈奴人对放牧生活的热爱，远远大于那些随着季节不断迁移的半农半牧的希腊人。他们四处侵略、掠夺财富，但从不定居。

在几年时间里，阿提拉选择狄奥多西为欺负的对象，他的军队在罗马帝国耀武扬威，直逼到君士坦丁堡的城墙下。吉本说，阿提拉在巴尔干半岛攻下的城市不少于70座。狄奥多西曾用重金和大量的贡品来收买他，也曾派刺客暗杀他，但都没有成功。公元451年，阿提拉把罗马帝国沿用拉丁语的地区作为征服的目标，接着，他入侵了高卢，北高卢几乎每一座城市都遭到洗劫。法兰克人、西哥特人和罗马帝国联合起来对抗阿提拉，并在法国的特鲁区打败了阿提拉。在这场激战中，估计有15万到30万人被杀死。这一场战役虽然挫败了阿提拉入侵高卢的

① 狄奥多西二世，阿卡丢斯之子。——编者注

计划，但并没有从根本上摧毁阿提拉军队的实力。第二年，他从威尼斯进入意大利，烧毁了阿奎拉城和帕多瓦城，然后洗劫了米兰。

大量的难民从意大利的北部城市，尤其是从帕多瓦城涌向亚得里亚海北部海湾的岛屿上，并在那里奠定了威尼斯这座城市的基础。到中世纪，威尼斯已经成为世界上最大的贸易中心之一。

公元453年，阿提拉娶了一个年轻的女人为妻。在举办了盛大的欢庆宴会后，他突然去世了。他的死宣告了他的掠夺成性的联盟从此解体。单独的匈奴人从历史上消失了，他们融合到周围越来越多的雅利安语系种群中，但是，这一场大规模的匈奴人入侵，事实上结束了西罗马帝国的历史。在他死后，汪达尔人和其他雇佣军团扶植了12个罗马皇帝统治了罗马20年。公元455年，从迦太基来的汪尔达人攻陷并浩劫了罗马城。最后，在公元476年，雇佣兵领袖奥多亚克废黜了西罗马帝国的最后一位皇帝罗慕路斯·奥古斯都，然后他向君士坦丁宫廷报告：在罗马帝国西部再也没有一位皇帝。西罗马帝国的历史到此结束。公元493年,哥特人狄奥多里克成为罗马国王。

此时，在整个中欧和西欧地区，野蛮民族的首领都以王或公爵之类的身份统治自己的领土，虽然他们在事实上完全独立，但大部分仍然向皇帝表达某种貌离神合的忠诚。像这样独立的强盗式的统治者，事实上有几百个甚至上千个。在高卢、西班牙、意大利和达契亚这些地区，拉丁语在掺杂了一些当地的方言后依然通用，但是在不列颠和莱茵河东岸地区，通用语言则为日耳曼语，只有高级神职人员和少数受到良好教育的人用拉丁语读写。每个地方都不安全，财产需要用强壮的手臂来守护。城堡成倍地增加，道路年久失修，逐渐毁坏。公元6世纪，整个西方世界都陷入了分裂，知识也被黑暗笼罩。如果不是因为修道士和基督教传教士，拉丁文化完全有可能消失。

罗马帝国如何走向壮大？它又如何走向彻底的灭亡？它之所以壮大，是因为它依靠着早期的公民权团结了人民。纵观整个罗马共和国扩张的时代，甚至在罗马帝国初期，仍然存在着大量拥有罗马公民意识的人，他们以罗马公民的身份深感荣幸。他们对罗马法律保护之下的权利深信不疑，同时也愿意为了罗马法律而做出牺牲。罗马的威望，就像一位公平、伟大的法律捍卫者的威望一样，远远超出了罗马的边界。但是，即使在布匿战争早期，公民意识就被增长的财富和奴隶削弱了。虽然罗马公民的范围不断扩大，但公民权的理念已经今非昔比了。

毕竟，罗马帝国是一种非常原始的组织，他没有推广教育，没有向不断增加的市民解释自己的政策，没有邀请市民共同做出国家决定。总之，罗马帝国没有学校的组织去确保形成共同的认识，也没有一个发布消息的组织来维持集体活动。从马略和苏拉时代以来的争权夺势的野心家从来没有想过在国家事务上征集公众舆论。公民的精神已经死亡，但没有人注意到。所有的帝国、所有的国家、所有的人类社会组织最终都离不开公众的理解和意愿。在世界上已经没有意愿让罗马帝国继续存在，所以它走向了尽头。

不过，使用拉丁语的罗马帝国虽然在公元5世纪走到了尽头，但是依赖他的传统和威信，他产生了另一种新的东西——拉丁语的天主教会。在罗马帝国灭亡后，教会依然存在，因为它唤起了人们的精神和意愿，因为它有宗教书籍，有一个庞大的传教士体系维持团结，它们的力量强过任何法律和军团。在整个公元4世纪到公元5世纪，罗马帝国正逐步走向衰落，基督教传遍了整个欧洲。他征服了欧洲的征服者——野蛮人。在阿提拉逼近罗马城时，罗马的总主教挡在他的面前，他没有调用军队，而是用纯粹的道德力量让他退兵。

主教或罗马教皇声称自己是整个基督教的首领。如今罗马已经没有了皇帝，他就把皇帝的称号和权力加到自己身上。罗马教皇拥有最高大祭司的头衔，也就是在罗马帝国内主持祭祀的首席祭司，这是皇帝享有的最古老的一个头衔。

罗马广场

第41章
拜占庭帝国和萨珊王朝

　　讲希腊语的东罗马帝国比西罗马帝国表现出更大的政治韧性。公元5世纪，罗马帝国的发源地，也就是讲拉丁语的帝国西部灭亡，不过，帝国东部却安然渡过了这场灾难。尽管阿提拉欺负过皇帝狄奥多西二世，把罗马城洗劫一空，还曾一度进攻到君士坦丁堡城墙下，但这座城市终究没有遭到洗劫；虽然努比亚人沿尼罗河洗劫了北部埃及，但南部埃及和亚历山大城仍然保持着繁荣；小亚细亚的大部分地区也抵挡住了萨珊王朝的波斯军队的进攻。

　　公元6世纪，对罗马帝国西部来说是一个完全黑暗的时代，但是在东罗马帝国的希腊势力在这个时期得到全面的复兴。查士丁尼一世（527-565年），也有斯拉夫人的血统。他是一个有着极大的野心和又富于组织能力的统治者。幸运的是，他娶了一个能力相等或能力更强的女人——狄奥多拉——为皇后。狄奥多拉曾是一位不很出名的演员。查士丁尼一世力图恢复古代罗马帝国的伟大，这或许过多地消耗了国家的力量。他不仅从汪达尔人手中夺回了北非，还从哥特人手中夺回了意大利的大部分土地，他甚至还重新夺回了西班牙南部的统治权。不过，他并没有把自己的精力放在海上和军事上，他创建了一所大学；他还在君士坦丁堡建造了伟大的圣·索菲亚大教堂，并且编纂了法典。不过，为了让自己创建的大学没有竞争对手，他下令关闭了雅典学院。这座学院自从柏拉图时代以来，已经持续存在了一千多年。

公元3世纪以来，东罗马帝国的强劲对手一直都是波斯帝国。这两个帝国纷争，导致小亚细亚、叙利亚和埃及长期处于动荡之中并消耗了大量的国力。公元1世纪，这些地区仍然维持着较高水平的文明，人民生活富裕，人口众多，但是不断的战争、抢劫、高额的战争税，导致这些地区逐渐衰落，最后剩下只有破烂的、被毁灭的城市和散居在乡间的农民。在这一片可悲的、穷困和混乱的世界中，南部埃及遭受的破坏没有其他地区那么严重。亚历山大城，就像君士坦丁堡一样，仍然维持着东西方不断萎缩的贸易。

在这两个敌对的和腐朽的帝国，科学和政治哲学几乎已经完全消失。雅典的最后一批哲学家，以无限崇敬和强烈的求知精神保存着过去伟大的文学作品和文献，直到他们遭到镇压。但是，在当时的世界无论哪一个阶层，都没有大胆和独立的思维习惯的人，来继承这些著作中所体现出的坦率的陈述和自由的传统。导致这类人消失的主要原因是社会和政治的混乱，不过还有另外一个原因，就是在这个阶段人类的智慧在不断枯竭。在这个时期，波斯和拜占庭帝国都没有大国的心胸，他们都采用了新的宗教形式，极大地阻碍了人的心灵的自由活动。

当然，世界上所有的古老帝国都是宗教国家，都以崇拜神或像神一样的帝王为生活中心。亚历山大就被认为是神。罗马皇帝都有供奉自己雕像的祭坛和神庙，人们把他们进贡香火看作是对罗马皇帝忠诚的表现。从这点来说，罗马皇帝也是神。但是，这些古老的宗教，从本质上来说是行为和事实的宗教，它们并没有侵入人的内心。如果一个人献上牺牲，并对神行祭礼，那么他怎么想、怎么说就是他自己的事情了。但是，当新的宗教，特别是基督教出现之后，就强调内在精神了。它不仅要求人们要记住表面的宗教形式，还要内心理解并虔诚地信仰教义。随后，关于信仰本质的争论展开了。新兴的宗教都是信仰上的宗教，随后，一个新名字——正教——诞生了。正教有一套严格的规定，它不仅要求人们的行为，还要求人们的思想和言论符合教义。如果有人对教义理解错误，并把这种错误传给了他人，那么他就不仅仅在知识层面上犯错，而且是在灵魂和道德层面上犯下了不可饶恕的罪过。

圣索菲亚大教堂宏伟的屋顶结构

公元3世纪建立萨珊王朝的阿尔达希尔一世和公元4世纪重建罗马帝国和君士坦丁大帝，都曾借助过宗教团体的力量，因为他们都在宗教中发现了利用和控制民众意志的新方法。早在公元4世纪结束之前，这两个帝国就对言论自由和宗教改革进行过镇压。在波斯，阿尔达希尔一世发现了一种古波斯宗教。它有祭司和祭坛，还有在祭坛上点火的祭拜仪式，这正符合他的意图，这就是拜火教。随后他把这种宗教定为国教。在公元3世纪末，拜火教徒大肆迫害基督徒。公元277年，创立了新兴宗教摩尼教的摩尼被活活钉死在十字架上，还被残忍地剥皮。在君士坦丁，大量的非基督徒的异教徒遭到围捕。基督教之所以如此仇恨摩尼教，是因为摩尼教教义和基督教的教义相抵触。不过，基督教的教义也同样影响了拜火教的纯洁性。如此一来，人们便对所有的宗教教义产生了怀疑。科学要发展，首要的条件是心灵不受干扰，可以自由地思考。在这样一个各种宗教水火不容的时代，科学怎么还能释放出它耀眼的光芒？

当时的拜占庭充斥着战争、邪恶的神学和人类的各种罪恶行为。这种生活虽然充满了惊险和传奇，但几乎没有光明和美好。只要没有北方蛮族的入侵，波斯和拜占庭就会发动战争，导致小亚细亚和叙利亚田地荒芜，民不聊生。事实上，即使是这两个帝国结成同盟，也抵挡不住北方蛮族的入侵，恢复帝国昔日的繁荣。土耳其人或鞑靼人首次出现在历史上时，先是和波斯结成同盟，然后和拜占庭结成同盟。公元6世纪，查士丁尼和科斯洛埃斯一世相对抗，到了公元7世纪，则变成赫拉克利乌斯和科斯洛埃斯二世相对抗。

最初，在赫拉克利乌斯继位以前，科斯洛埃斯二世是强势的一方。他先后攻占了安提阿、大马士革、耶路撒冷，然后他的军队到达卡尔西——它位于小亚细亚，和君士坦丁堡遥遥相对。公元619年，他攻占了埃及。然后，赫拉克利乌斯率领军队进行反击，于公元627年在尼尼微①打败了波斯军队，虽然当时仍然有波斯军队驻扎在卡尔西。公元628年，科斯洛埃斯的儿子卡瓦特篡位，科斯洛埃斯被杀。此时，这两个筋疲力尽的帝国之间，终于出现了不稳定的和平。

圣索菲亚大教堂

接下来，波斯和拜占庭之间进行了他们的最后一战。然而，让所有人做梦都没有想到的是，这种旷日持久、徒劳无益的战争竟然被一场风暴画上了句号。

正当赫拉克利乌斯在叙利亚重建秩序的时候，他收到了一封信。起初，这封信被送到大马士革南部波斯托驻扎的帝国哨所。信是用阿拉伯语写成的，这是一种晦涩的、居住在沙漠南部的闪米特人使用的语言。如果皇帝真的看懂了这封信，那一定是由翻译读给他听的。这封信是一个自称为"真主的使者穆罕默德"的人写的，他呼吁赫拉克利乌斯承认唯一的真主，并侍奉他。赫拉克利乌斯说了些什么，没有留下任何记录。

在泰西封的卡瓦特也收到了一封内容相似的信。他了解了信的内容后大发雷霆，把信撕毁，扔给使者并命令他滚出去。

当使者回报给远在麦地的那个污秽的小镇里的发信人时，发信人也很愤怒。他大声地说："主啊，既然这样，请你把他们的王国夺走吧！"

---

① 尼尼微，是由古代胡里特人建立，是早期亚述，中期亚述的重镇和亚述帝国的都城。

第42章
中国的隋唐时代

　　在整个第五、第六、第七和第八世纪，蒙古民族持续向西迁移，阿提拉率领的匈奴人不过是先行军的角色。最后，蒙古人在芬兰、爱沙尼亚和匈牙利、保加利亚建立了定居点，他们的后裔，说类似土耳其语的语言，一直延续到今天。事实上，蒙古游牧民族在雅利安文明、印度文明和波斯文明中扮演着重要的角色，就像十到十五世纪以前雅利安人在爱琴文明和闪米特文明中所扮演的角色一样。

　　在中亚地区，土耳其人已经定居在如今的土耳其西方地区。在波斯，也有很多土耳其人任政府官员，还有土耳其人雇佣兵团。此时，帕提亚人已经在历史上消失，他们吸收了波斯的文化，已全部融入波斯的人口中。在中亚的历史上，蒙古民族已经取代了雅利安游牧民族。土耳其人也成为亚洲从中国到里海这一地区的主人。

　　公元2世纪结束时的那一场大瘟疫，不仅导致了罗马帝国的灭亡，还给中国的汉朝带来灭顶之灾。在之后的一个分裂时期，中国遭到匈奴人的全面入侵，但是中国的复兴要比欧洲更迅速也更全面。在公元6世纪结束之前，隋朝重新统一了中国。到了赫拉克利乌斯时代，隋朝又被唐朝取代，它标志着中国进入了一个繁荣昌盛的时期。

唐代中国的唐三彩陶瓷艺术，釉陶器上有棕色、绿色和黄色，颜色光鲜亮丽

在整个第七、第八和第九世纪，中国是世界上最稳定、最文明的国家。汉朝时期，中国的边界不断向北扩张。现在，隋朝和唐朝却把文明向南方推广。此时，中国的国土面积，已经与今天所拥有的相差无几。在中亚地区，中国的势力范围已经抵达比土耳其更远的地区，最后越过土耳其抵达波斯和里海。

新崛起的中国和原来的汉王朝有了很大的不同。一个全新的、更有活力的流派诞生了，它是一场伟大的诗歌复兴思潮；佛教、哲学和宗教思想都发生了革命性的变革。艺术创作、专业技能和生活中的各个方面都取得了明显的进步。人们开始饮茶，发明了造纸术和木版印刷术。在几个世纪的时间里，当欧洲和中亚人口锐减，人们居住在简陋的小屋，有围墙的小城市或压抑的强盗堡垒里时，几百万中国人却过着秩序井然、优雅而惬意的生活。当西方人的精神被神学的黑暗

唐太宗

蒙蔽时，中国人的精神却充满着开放、包容和探索欲望。

唐朝皇上唐太宗于公元627年登基。这一年，赫拉克利乌斯在尼尼微大获全胜。唐太宗曾接见了赫拉克利乌斯的使者。赫拉克利乌斯向中国派出使用的目的，可能是想在波斯的后面寻找盟友。公元653年，波斯帝国向中国派出一批基督教的传教士，他们获准向唐太宗解释信条。唐太宗还亲自审查了《圣经》的中译本。然而，他宣布这个陌生的宗教是可以在中国传播，并允许传教士在中国修建教堂和修道院。

公元628年，唐太宗还接见了穆罕默德的使者。他们随一艘商船从阿拉伯半岛沿印度洋海岸来到广州。

与亚拉克利乌斯和卡特瓦不同，唐太宗使用外交礼节接见了这些使者。他对他们的神学思想表示出浓厚的兴趣，并协助他们在广州修建了一座清真寺[1]。这是世界上最古老的清真寺，一直保存到今天。

---

[1] 广州的怀圣寺。——编者注

第43章
穆罕默德和伊斯兰教

即使是一位业余的历史学家，在了解了公元7世纪的世界形势之后，也会理直气壮地得到这样一个预言：在几个世纪之后，蒙古人将统治整个欧洲和亚洲。

在西欧，当时没有任何建立秩序或结成联盟的迹象，拜占庭和波斯正打得火热。印度也处于分裂中，国力衰减。在另一片土地上，中国正在向外扩张，它的人口数量可能比整个欧洲的人口还要多。地基人在中亚崛起，他们也在做着和中国相同的事情。不过，上述的预言并没有完全落空。到了13世纪，一位蒙古霸主统治着从多瑙河到太平洋的广大地区，土耳其王朝也统治了整个拜占庭帝国和整个波斯帝国，还有整个埃及以及印度的大部分地区。

上述先知所做的预言极有可能是错误的，因为他低估了欧洲衰落的拉丁语系民族强大的复兴能力，并忽视了阿拉伯沙漠的潜在力量。阿拉伯一直被视为是从古代以来，那些纷争不断弱小的游牧部落的庇护之地。距今一千多年以来，那里都没有闪米特人建立的国家。

后来，贝都因人突然出现在历史上，在短短的一百年间，发展成为一支重要的民族。他们的势力和语言从西班牙一直扩张到中国边界。他们为世界带来了一种全新的文化，创建了一种宗教。这种宗教至今仍然是世界上最有生命力的宗教之一。

最早点燃阿拉伯宗教圣火的人叫穆罕默德，他最早出现在历史上时的身份是麦加城一位富商遗孀的年轻丈夫。在他40岁以前，他和世界上的其他普通人并没有什么区别。他似乎对谈论宗教有着浓厚的兴趣。在当时，麦加是一座异教徒的城市，他们特别崇拜一块黑色的石头——克尔白①。麦加是阿拉伯人朝圣的中心，但是城市住着大量犹太人，事实上，整个阿拉伯半岛的南部地区都信奉犹太教，此外，在叙利亚还有基督教教堂。

在大约40岁时，穆罕默德获得了像1200年前的希伯来先知那样的预言本领。他首先和妻子谈论"唯一真主"，谈论对美德的奖励和对邪恶的惩罚。毫无疑问，他的观念受到犹太教和基督教思想的强烈影响。随后，他召集了一小部分信徒，然后到城市讲道，公开反对当时普遍存在的偶像崇拜现象。渐渐地，穆罕默德的同乡开始讨厌他，因为麦加城的经济繁荣，主要就是因为源源不断的朝圣者。他的讲道越来越大胆，也越来越明确。他宣称自己是神的最后的先知，肩负着完善宗教的使命。他还宣称，亚伯拉罕和耶稣基督是他的先行者，他已被选定去完成和完善神意的启示。

他还写了很多诗，声称这都是天使传达给他的。他还说自己做了一个奇怪的梦，梦见自己被带到天国，接受神的旨意。

随着他的讲道被传播得越来越广，他的同乡对他的敌意也越来越大。最后，他们决定杀死穆罕默德。他只好带着自己忠实的朋友和弟子艾卜·伯克尔逃到接受了他的讲道，对他十分友好的城市——麦地那。麦加和麦地那因此而爆发了战争，最后通过谈判双方停战。麦加承认崇拜"唯一的真主"，并接受穆罕默德为他们的先知，但这些新教徒仍然要去麦加朝圣，就像他们曾经是异教徒所做的那样。如此一来，穆罕默德在没有妨碍朝圣之旅的前提下，就在麦加确立了"唯一真主"的地位。公元629年，穆罕默德以麦加城主人的身份再到麦加，一

---

① 克尔白是阿拉伯语音译，意为立方体，是麦加禁寺内的一立方体殿宇、正如《古兰经》所述："为世人创设的第一座房子。"——编者注

年之后，他向赫拉克利乌斯、唐太宗、卡瓦特和世界上所有统治者派遣了自己的使者。

在接下来的时间直到他去世的公元632年，穆罕默德把他的宗教势力扩张到整个阿拉伯地区。他在晚年娶了好几个妻子。按现代人的眼光来看，他的生活从总体上说是极不道德的。他似乎是一个集虚荣、贪婪、狡猾、自欺和狂热的宗教热情于一身的人。他口述的禁令和论述被编成了一本书，名叫《古兰经》。他宣称这一切都是上帝传授给他的。如果把《古兰经》当成一部文学或哲学著作，那么它确实不值得被称为"神圣的著作"。

尽管穆罕默德的生平和著作存在着不足之处，但它们都得到了人们的谅解。他带给阿拉伯世界的伊斯兰教，仍然充满了很大的力量和很多的灵感。首先就是毫不妥协的"一神论"观点，它对真主的统治、以神为父的思想和从神学中获得自由持有简单而狂热的信念。其次是它从祭司和庙宇中完全摆脱出来。伊斯兰教是一种完全预言的宗教，并抵制任何恢复血腥牺牲的可能。《古兰经》以一种无可争议的方式规定了去麦加朝圣的有限的仪式。为了防止自己死后被神化，穆罕默德采取一切预防措施。再次，伊斯兰教主张不论肤色、出生或地位，所有信徒在真主面前都犹如兄弟，人人平等。

这些特点让伊斯兰教在人类事务中发挥出巨大的能量。曾有人说，伊斯兰教的真正创始人并不是穆罕默德，而是他的朋友和弟子艾卜·伯克尔。如果说穆罕默德以他机智的性格把思想和想象力赋予了伊斯兰教，艾卜·伯克尔则赋予了它良心和意志。每当穆罕默德动摇的时候，都是艾卜·伯克尔鼓励他。此外，当穆罕默德去世后，艾卜·伯克尔成为哈里发（继任者）。他以移山填海般的坚定信念，以稳健、简单的风格组织了一支由阿拉伯人组成3000人到4000人的军队，按照628年穆罕默德从麦地那寄给各国君主的信中所说的那样，开始征服了整个世界的征战。

第44章
阿拉伯的文明

　　接下来发生的，是人类整个历史上最令人惊叹的征服故事。在公元634年，拜占庭的军队在雅木克河（约旦河支流）与阿拉伯军队交战，遭到惨败。赫拉克利乌斯皇帝染上水肿病，无力理政，帝国的势力也由于和波斯交战而消耗殆尽，他只好眼睁睁地看着自己新征服的叙利亚的城市——大马士革、巴尔米拉、安提俄克和耶路撒冷——全部未经抵抗就落入阿拉伯军队手里。大多数臣民也改信了伊斯兰教。随后，阿拉伯军队把进攻的方向定了东方。波斯人在鲁斯塔姆找到了一位能征善战的将领。公元637年，他们让他领导一支象军，在卡第西亚和阿拉伯军队大战了三天。最后，因为波斯方面指挥不当，不可避免地被打败。

　　接着，波斯全境都被阿拉伯军队征服。接下来，阿拉伯军队把穆斯林帝国的边界向东扩张到中国边境，向西扩张到土耳其边境。埃及几乎未经任何抵抗就沦陷到新征服者的手中。这些狂热的、笃信《古兰经》的不可一世的征服者们，下令取消了当时在亚历山大图书馆仍保留的抄写图书的行业。征服的洪流，沿非洲北部海岸一直流向直布罗陀海峡和西班牙。710年，西班牙遭到阿拉伯军队入侵。720年，征服者抵达比利牛斯山。732年，阿拉伯军队的先遣部队到达法兰西中部，不过在普瓦提埃战役被打败，然后退回比利牛斯山。征服埃及，让穆斯林军队得到了一支舰队。在一段时间内，君士坦丁堡处于受穆斯林军队进攻的威胁之中。从672年到718年之间，他们从海路对君士坦丁堡发动了数次进攻，但这座伟大的城市最后没有被攻下。

阿拉伯人几乎没有政治才能和政治经验，这个首都位于大马士革，边界从西班牙一直抵达中国的庞大帝国，注定不会维持长久。从一开始，教义上的差异就削弱了帝国内部的团结。不过，我们更感兴趣的不是这个帝国的解体，而是它对人类心灵和普遍命运的影响。阿拉伯人的文化被迅速传到世界各地，比一千年前希腊文化的传播更强劲。整个中国西部都接受了这种文化的刺激，旧观念被破除，新观念取得了巨大的发展。

在波斯，这种全新的、活跃的阿拉伯精神，不仅与摩尼教、拜火教和基督教的教义相碰撞，而且还接触到用希腊语和叙利亚语翻译的希腊科学文献，同时，它还在埃及发现了希腊文化；在很多地方，尤其是在西班牙，发现了活跃的犹太人探索和讨论的传统；在中亚地区，它接触到佛教和取得辉煌成果的中国文明；它从中国人那里学会了造纸术，使印刷书籍成为可能；最后，它还接触到印度的数学和哲学。

那种狭隘的、自满的，把《古兰经》视为唯一可行的著作的早期信仰，很快就被抛弃了。在阿拉伯征服者足迹所到的地方，他们无处不在学习。到公元8世纪，所有"阿拉伯化"的世界都有一个教育组织。在公元9世纪，西班牙科尔多瓦地区学校里的学者，已开始和开罗、巴格达、布哈拉和撒马尔罕的学者交流。犹太精神很自然地被阿拉伯精神同化。有一段时间，两个闪米特种族的人曾以阿拉伯语为交流语言而在一起工作。若干年后，当阿拉伯政权衰落和解体后，这种知识的交流仍然在阿拉语系国家之间维持着，并在13世纪产生了许多非常可观的成果。

如此一来，最早由希腊人开创的对事实进行系统积累和批判的方法随着闪米特世界的惊人复兴而得到继承。由亚里士多德、亚历山大博物馆种下的科学种子，在遭到长期冷落和忽视后，现在已经发芽、成长，直到开花结果。在数学、医学和物理学领域，取得了非常大的进步；复杂的罗马数字被简洁的阿拉伯数字取代，沿用至今，"0"也被首次使用。"代数"和"化学"都来自阿拉伯语；"毕宿五""大陵五""牧夫座"等星座名字，保存着阿拉伯人征服天空的证据。他们的理念，注定要在中世纪的法国、意大利和所有基督教世界的理念中得到复活。

阿拉伯化学家，被称为炼金术士。他们的观念还没有充分开化，对方法和结果仍守口如瓶。他们从一开始就意识到，他们的发明可能会给他们带来巨大的利益，并可能对人类生活产生深远的影响。后来，他们发明了很多冶金设备和技术，如合金、染色、蒸馏、酊剂、香精和光学玻璃，但是有两项主要的研究却始终没有成功。一种是"点金石"——是一种把一种金属变成另一种金属，从而得到人造黄金的方法。另一种是"长生药"——它可以让人返老还童，无限期地延长生命。后来，阿拉伯炼金术士的这些难以捉摸、需要耐心的实验方法传入基督教世界。这些探索的吸引力逐渐蔓延开来，变成一种社会性的、需要合作的活动。他们发现相互交流和借鉴是有好处的。在不知不觉中，最后的一批炼金术士成了最早的实验哲学家。

古老的炼金术士寻求可以把普通金属变成金子的"点金石"和长生不老的丹药。在这过程中，他们发现了现代实验科学的方法——它为人类征服世界和改变自己的命运提供了不可抗拒的力量。

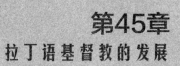

第45章
拉丁语基督教的发展

值得注意的是，在7世纪和8世纪，仍然被雅利安人控制的地区已经极度萎缩。在一千多年以前，雅利安种族征服了中国以西的所有文明世界。如今，蒙古人一直推进到匈牙利，除了小亚细亚的拜占庭之外，亚洲再也没有土地被雅利安人统治。整个非洲和几乎整个西班牙也从雅利安人手中丢失。伟大的古希腊世界已经萎缩到以贸易城市君士坦丁堡为中心的一小块领地；对于罗马世界的记忆，也仅仅保存在西方国家的基督教牧师所使用的拉丁语中。与这种倒退形成鲜明对比的，是闪米特人的传统在被征服和默默无闻中埋没了一千多年后，再次发出耀眼的光芒。

然而，北欧人民的活力并没有耗尽。尽管他们被局限在欧洲中部和西北部地区，以及他们的社会和政治理念都陷入了可怕混乱中，但是他们仍然逐步而稳定地建立起一种新的社会秩序，并在不知不觉中恢复了比先前更加广泛的力量。

前面已经讲过，6世纪初，西欧根本就没有中央集权政府，它被许多地方统治者瓜分。这种不稳定的局面不可能长久地维持下去，所以，在混乱中普遍存在某种结盟和合作的机制——它就是至今仍在欧洲人的生活留下痕迹的封建制度。这种封建制度是一个关于权力的社会结晶。无论在任何地方，孤立的人都不会获得安全感，所以他们就牺牲某些权力来换取帮助和保护。他们通常找一个比自己更强大、更有力的人作为自己的领主和保护人，他们向这个人提供军需、缴纳贡税，然后换取私人财产的安全。小领主们又以同样的方式从大领主那里获得保护和安全。每一座城市，甚至连修道院和教会都建立了这种连带关系。毫无疑问，在大多数情况下，要获得别人的保护，必须宣誓效忠于对方。这种制度组成了权力的"金字塔"，它可以由上向下发展，也可以由下向上发展。在不同的地区，它有相应的变化。最初，暴力和个人冲突不断发生，后来稳定的秩序和新的统治法律建立起来。这种金字塔体系不断壮大，最后有些地方形成了王国。到6世纪早期，在现在的法国和荷兰，已经存在由克洛维斯创建的法兰克王国。后来，西哥特、伦巴第和哥特王国相继出现。

当穆斯林军队于公元720年穿越比利牛斯山脉时，发现这个由克洛维斯王室没落后裔的宫廷总管查尔斯·马特尔实际操控的法兰克王国。在公元前732年的普瓦捷会战中，查尔斯·马特尔打败了穆斯林军队，取得了决定性的胜利。这个查尔斯·马特尔事实上是统治阿尔卑斯山以北，从比利牛斯山到匈牙利这片欧洲土地的霸主。他统治着许多说拉丁语系法语、高地德语和低地德语地区的领主。他的儿子丕平消灭了克洛维斯家族最后的后裔，自己登上国王宝座；他的孙子查理曼大帝在768年登基，当他发现自己统治的领土如此之大时，曾想过恢复拉丁皇帝的称号。他征服了北意大利，成为罗马的统治者。

巴黎圣母院前面的查理曼大帝雕像，此肖像是想象出来的，因为当代根本没有查理曼大帝的肖像画

如果我们从世界历史这个更开

阔的角度来看欧洲历史，就可以比纯粹的民族主义历史学家更明显地看到，拉丁罗马帝国的传统是多么的灾难重重。为了获得某种虚幻的优势，在这片狭窄的土地上，一千多年来一直在消耗欧洲的力量。通过这一时期，我们可以从几个不可遏止的冲突中追查出事情的原委。它们就像狂人的偏执，使欧洲丧失了理智。他们的动力之一，就是要成为罗马皇帝。这一点查理曼已经表现出来。查理曼的王国，由野蛮程度各不相同的、封建的日耳曼国家组成。在莱茵河西岸，大部分的日耳曼人已经学会了不同的拉丁化的方言——最后融合形成法语。在莱茵河东岸，同样的日耳曼人并没有丢掉日耳曼语言。正因为如此，在这两个野蛮的征服者群体之间的沟通变得越来越困难，分裂只是时间早晚的问题。而导致分裂的最直接的原因，是查理曼死后，他的儿子们瓜分了他的帝国。查理曼时代以后的欧洲历史，一方面是君主和他的家族为争夺国王、王子、公爵、主教和欧洲的城市而斗争的历史，另一方面是法国国家和日耳曼语国家的对立在动荡中不断加深的历史。每个皇帝最大的野心，就是夺取已经衰落的罗马，然后在那里举行加冕仪式。

第二个导致欧洲政治混乱的原因，是罗马教会不允许王子继位，而罗马教皇本人就是事实上的罗马皇帝。他已经是最高大祭司，为了各种实际的利益，他掌控着这个日渐没落的城市。尽管教皇手中没有军队，但他掌握着一个由他的祭司组成的遍布整个拉丁世界的庞大宣传组织。或许他没有控制人身的力量，但他掌握着人们想象中的天国和地狱的钥匙，可以控制人们的灵魂。所以，在整个中世纪，当亲王或君主最初为了平等，然后为了特权，最后为了至高无上的皇冠而互相争斗的时候，罗马教皇有时恣意妄为，有时诡计多端，有时又有气无力——因为教皇都是上了岁数的人，平均在位时间不会超过两年——企图让所有的君王都服从于他自己——基督教世界的最高统治者。

但是，王侯之间的对立，皇帝和教皇的对立，并不是造成欧洲动乱的全部原因。在君士坦丁堡，仍然有一个说希腊语，并声称要统治着所有欧洲国家的皇帝——查理曼。查理曼试图重振帝国，但他振兴的仅仅是帝国说拉丁语的一端。如此一来，拉丁帝国和希腊帝国之间很自然地就会相互较劲，希腊语的基督教和拉丁语的基督教之间也更容易产生对立情绪。罗马教皇自称是圣彼得——基督的首个使徒——的继任者，还是任何基督教社会的头领。但是在君士坦丁堡，皇帝和族长都拒绝承认这种说法。关于圣灵三位一体的争论，经过长时间的纷争后最终在1054年宣告破裂。拉丁教会和希腊教会此后形成并保持着差异，且公开对立。这种矛盾和其他原因一样，势必进一步削弱中世纪的拉丁语基督教国家的力量。

在基督教世界分裂的现状之上，又出现了三组对抗的势力。在波罗的海和北海仍然生活着一些极难基督教化的北欧部落，他们都是诺曼人。他们在海上干起了海盗的勾当，侵扰南至西班牙的所有基督教国家的海岸。他们沿俄罗斯的河流逆流而上，来到荒凉的俄罗斯中部地区，并在南流的河流上开辟航道。他们在黑海和里海以从事海盗而闻名。他们建立了俄罗斯公国，最早被称为俄罗斯人。这些诺曼系俄罗斯人差一点就攻占了君士坦丁堡。在9世纪初，英国是一个基督教化的低地日耳曼国家，国王埃格伯特是查理曼的门徒和学生。公元886年，诺曼人从埃格伯特的继任者阿尔弗雷德大帝手中夺取了英国一半的土地。最后，在公元1016年，诺曼人在克努特的率领下夺取整个英国的土地。另一支诺曼人在罗尔夫的领导下，于912年占领了法国北部，并建立了诺曼底公国。

克努特不仅统治着英格兰，还统治着挪威和丹麦。但是，他那短命的帝国在他死后分崩离析。究其原因，是因为野蛮民族的政治弱点：国王死后，国家由儿子们瓜分。如果这个短暂的帝国能够长久存在，那又会发生什么事呢？做这样的推测确实很有趣。诺曼人是一个拥有旺盛精力和惊人胆量的民族，他们驾着自己的帆船甚至航行到冰岛和格陵兰岛等地。他们也是第一批在美洲登陆的欧洲人。后来，诺曼冒险家还从撒拉逊手里夺回了西西里岛，并洗劫了罗马。卡努特王国发展出来的从美洲到俄罗斯的北向航行，是一种让人觉得多么不可思议的航海能力！

在日耳曼人的东部和欧洲的拉丁化地区，杂居着斯拉夫部落和土耳其人。其中，人口数量最多的是马扎尔人或匈牙利人，他们在8和9世纪时从西方迁来。查理曼统治了他们一段时间，在他死后，他们就在现在的匈牙利建立了自己的国家。他们效仿自己的祖先匈奴人，每到夏天都入侵欧洲的定居点。在938年，他们穿过德国到达法国，越过阿尔卑斯山进入北意大利，然后返回。一路上焚烧、抢劫、破坏，干尽了坏事。

撒拉逊人从南方向罗马帝国的残余发起了最后的冲击。他们已经掌握了大部分的海上霸权，诺曼人是他们在海上的最强大对手。这些诺曼人有的来自里海，有的来自西方。

尽管四周是这些精力充沛而又充满侵略性的民族，尽管四周埋伏着陌生的、难以预料的力量和危险，查理曼大帝和他之后的一群雄心勃勃的野心家们，仍然徒劳无益地上演了一出以神圣罗马帝国的名义振兴罗马帝国的闹剧。在查理曼以后的时代，这个想法在西欧的政治中一直占据着主导地位。在东方，罗马帝国的讲希腊语的那一部分，国力已经大幅度衰减，并仍在不断衰落，最后只剩下残破的贸易城市君士坦丁堡和周围数英里的土地。在查理曼时代之后的一千年中，欧洲大陆的政治呈现出因循守旧、缺乏创新的局面。

查理曼大帝在欧洲的历史上是名满天下的人物，但是他给人的印象并没有那么好。他不会读书也不会写字，但是他非常尊重知识。他喜欢在吃饭的时候听别人朗读，喜欢和别人讨论宗教。经常把一批学者召集到他位于艾克思·拉·查佩尔和梅因兹的冬季行宫里，然后和他们交谈，从中获取知识。他喜欢在夏天发动战争，攻打的对象是西班牙的撒拉逊人、斯拉夫人、马扎尔人、撒克逊人，还有其他信奉异教的日耳曼人部落。至于他想继罗穆卢斯·奥古斯都卢斯之后成为罗马皇帝的这个念头，是在他占领北意大利之前就已经产生了，还是受了急切地想要把拉丁教会从君士坦丁堡独立出来的教皇利奥三世的怂恿，这仍是一个疑问。

在是否需要罗马教皇为查理曼大帝加冕一事上，查理曼和教皇之间还上演了一出你推我让的闹剧。在公元800年的圣诞节，当查理曼以访客和征服者的身份参观圣彼得大教堂时，教皇出人意料地完成了为查理曼加冕的仪式。据说，教皇趁查理曼看得正起劲的时候，突然拿出一顶制作好的王冠，把它戴在查理曼大帝的头上，并高呼"恺撒"和"奥古斯都"。周围的人群中爆发出雷鸣般的掌声。然而，查理曼大帝对教皇为自己加冕一事一直耿耿于怀，他认为表明教皇的权力比自己的更大。为此，他告诫自己的儿子：绝不能让教皇给自己加冕，而是要把王冠拿在自己手里，自己戴在头上。所以，在帝国复兴一开始，我们就看到教皇和皇帝之间为了争夺更高的权位，展开了长期的斗争。遗憾的是，查理曼大帝的儿子"虔诚者路易"不顾父亲的告诫，完全屈从于罗马教皇。

查理曼的帝国在"虔诚者路易"死后开始分裂，讲法语的法兰克人和讲德语的法兰克人之间的分歧进一步扩大。下一位皇帝是奥托，他是撒克逊人，是"捕野禽者"亨利的儿子。他在919年召开的德意志王侯和主教大会上当选为德意志国王。962年，奥托来到罗马，接受加冕成为罗马皇帝。这个撒克逊人的王朝11世纪初就灭亡了，取而代之的是其他日耳曼统治者。那些说着不同法国方言的西部封建诸侯和贵族，在以查理大帝而闻名的加洛林王朝灭亡后，并没有继续臣服于德意志皇帝的统治。此外，不列颠的任何一部分都从未加入过神圣罗马帝国。诺曼底公爵，法兰西国王和其他一些较小的封建统治者，也始终没有加入神圣罗马帝国。在987年，法兰西王朝从加洛林王朝独立起来，由休·卡佩执掌政权。卡佩王朝在卡佩的后代手里一直延续到18世纪。在休·卡佩统治时代，法兰西国王只统治着巴黎及周边非常狭小的土地。

公元1066年，挪威国王哈罗德·哈尔拉德率领挪威诺曼人入侵了英格兰，同年，诺曼底公爵威廉一世也率领拉丁诺曼人对英格兰发起了进攻。英格兰国王哈罗德二世率军在史丹福德桥之战中击败了挪威诺曼人，但是在后来的黑斯廷斯战役被拉丁诺曼人打败。英国在被诺曼人征服后，断绝了和斯堪的纳维亚人、条顿人和俄罗斯人的联系，然后与法兰西人保持着紧密的联系，并不断与之发生纷争。在接下来的四个世纪，英格兰卷入了法兰西封建诸侯的冲突中，在法兰西战场上消耗了大量的国力。

第46章
十字军东征与教皇统治时代

有这样一件趣事值得我们注意：查理曼大帝和伊斯兰教的哈里发哈隆·阿尔·拉希德曾有过某些往来。哈隆·阿尔·拉希德曾派使者从巴格达——当时已经取代了大马士革成为穆斯林的首都——出发前往罗马，并带着一顶漂亮的帐篷、一座水钟、一头大象和几把圣墓大教堂的钥匙作为礼物送给查理曼大帝。其中，最特别的是圣墓的钥匙，它们代表着耶路撒冷的邀请。这几把钥匙引发了一场战争——拜占庭帝国和新的神圣罗马帝国为了争作耶路撒冷基督徒的保护人而爆发的战争。

这些礼物提醒我们：在9世纪，当欧洲仍然处于战争和掠夺的混乱中时，一个蓬勃发展的伟大的阿拉伯帝国屹立在埃及和美索不达米亚，它的文明程度超过了任何欧洲的国家。在那里，文学、艺术高度繁荣，科学的发展充满了勃勃生机，人们思维活跃，没有受到迷信的侵害。即便是在撒克逊人的统治陷入政治混乱的西班牙和北非，仍然维持着有活力的理智生活。几个世纪以来，当欧洲完全处于一片黑暗中时，这些犹太人和阿拉伯人却在阅读和讨论亚里士多德的著作。他们守护着被忽视的科学和哲学的种子。

哈里发领地的东北地区，分布着一些土耳其人的部落。他们已经皈依了伊斯兰教。他们的信仰和南部那些充满智慧的阿拉伯人和波斯人比起来，更加单纯和强烈。在10世纪，阿拉伯人的统治权力因分裂而遭到削弱，土耳其人的势力则快速发展起来。哈里发帝国与土耳其人的关系，和1400年前处于末期的巴比伦帝国和米堤亚人的关系非常相似。在11世纪，一些土耳其部落——塞尔柱突厥人——入侵了美索不达米亚，他们表面上拥立哈里发为统治者，事实上哈里发成了俘虏和工具。然后，他们征服了阿美尼亚，接着袭击了小亚细亚的拜占庭帝国的残余。1071年，拜占庭的军队在梅拉斯吉特战役中被歼灭，土耳其人终于彻底扫除了拜占庭帝国在亚洲的统治。他们攻占了和君士坦丁堡隔海相望的尼西亚要塞，为进攻君士坦丁堡做最后的准备。

拜占庭皇帝迈克尔七世惊慌失措。因为他刚刚经历了两场战争，一场是抵抗诺曼人进攻都拉佐的战争，另一场是抵抗土耳其部落——贝奇尼格人——入侵多瑙河一带的战争。他只好四处求援。值得注意的是，他没有把希望寄托在西方的皇帝身上，而是希望获得拉丁基督教的首领——罗马教皇——的援助。他写信向教皇格列高利七世求援，他的继任者亚历克修斯·康姆尼纽斯也给教皇乌尔班二世写信求援，只是后者的心情更加急迫。

这是拉丁教会和希腊教会决裂25年后发生的事情。此时，人们仍清晰地记得它们在以前发生的纷争。拜占庭的这场灾难，对罗马教皇来说，显然是压服一个持有异议的希腊人，树立拉丁教会至高无上权威的绝好机会。此外，这一事件也为教皇提供了解决困扰西方基督教国家的两大难题的机会。一个难题是"私人战争"之风盛行，严重扰乱了社会生活的秩序；另一个难题是低地日耳曼人和基督教化的北欧人，尤其是法兰克人和诺曼人之间无休止的争斗。于是，在1095年，一场针对占领耶路撒冷的土耳其人的宗教战争——十字军东征——开始了。此外，教会还呼吁停止基督徒之间的所有内部战争。他们宣称，这场战争的目的是从异教徒手中夺回圣墓大教堂。当时，有一个人名叫彼得的隐士，他走遍了整个法国和德国，用发表演说的方式对这场战争进行了广泛的战前动员。他穿着粗糙的衣服，打着赤脚，骑着毛驴，背着一个巨大的十字架。在街头、市场或教会，他向人群发表了慷慨激昂的演说。他谴责土耳其人对基督教朝圣者所实施的暴行，陈述着基督徒的圣墓被土耳其人占领的耻辱。几个世纪以来基督教传播的成果，让彼得的演说在西方基督教国家引起了巨大的反响。一股强大的浪潮正在整个西方基督教世界中形成。

在人类历史上，仅仅依靠一个单一的观念就能调动起普遍民众如此狂热的热情，还是首次出现。在罗马帝国、印度或中国的历史上从没有出现过。不过，在历史上还是出现了一些类似的小规模的运动。比如被劫掳到巴比伦的犹太人获释后的所作所为，以及之后的伊斯兰教徒在集体主义精神影响下的行为。当然，这种运动与传教士传播宗教的过程中形成的新精神紧密相关。希伯来先知、耶稣和他的使徒、摩尼、穆罕默德，都是人类灵魂的劝慰者。他们让人的良心与神面对面。在此之前，宗教在很大程度是一种迷信，是伪科学，与人的良心无关。旧式的宗教依托寺庙、祭司和神秘的牺牲，利用恐惧心理来统治像奴隶一样的普通民众。而新式的宗教更强调人的本身，使他自己成为一个人。

一位典型的十字军战士，
里德里戈·卡德纳斯

第一次十字军东征是欧洲历史上第一次大规模的平民动员。如果把它称为近代民主的开端，不免有些言过其实。不过，近代民主的确是从那个时代开始出现的。不久之后，我们将再次看到民主意识的兴起，它有力地冲击了最让人关注的社会和宗教问题。

然而，这毕竟是第一次通过民主动员发起的运动，它的最后结果是可悲可叹的。庞大的队伍——由普通民众组成，而不是军队——还没有等到确立领导者和做好充分准备，就怀着拯救圣墓的急切心情，从法国、莱茵兰和中欧等地向着东方的耶路撒冷涌去。这是名副其实的"民众的十字军东征"。先出发的前两支队伍到达匈牙利时，把不久前才改信基督教的马札尔人当成异教徒加以杀害，结果自己也遭到马札尔人的屠杀。第三支队伍到达莱因兰时，也犯下了同样的错误，他们杀死了大批犹太人，然后向东方前进，结果在匈牙利遭遇失败。另外两支由隐士彼得亲自率领的队伍，成功通过匈牙利，最后抵达君士坦丁堡。然后，当他们渡过博斯普鲁斯海峡后，遭到塞尔柱土耳其人的大肆屠杀。作为欧洲历史上第一次平民运动的十字军东征，就这样草率开始，还没有到达目的地就结束了。

第二年，也就是1097年，真正具有战斗力的十字军部队渡过了博斯普鲁斯海峡。从本质上讲，这支军队具有诺曼人的领导能力和精神气质。他们占领了尼西亚，然后沿着亚历山大在1400年以前所走过的征服路线，向安提俄克进军。在他们包围了安提俄克一段时间后，终于攻下了这座城市。1099年6月，他们包围了耶路撒冷，并于一个月后发起了猛烈的进攻。据说，被杀的人尸体堆积如山，血流成河，就连骑在马上的人也会全身溅满血污。这一年的7月15日傍晚，十字军在消灭了所有的抵抗力量后，占领了圣墓大教堂。这一群双手沾满鲜血，个个杀红了眼的人，此时喜极而泣，跪在耶稣像前做起了祈祷。

不过之后，拉丁人与希腊人之间的矛盾和冲突进一步加剧。因为十字军是拉丁教会的队伍，所以耶路撒冷的希腊大主教认为，如果骄狂的拉丁人统治了圣城，境况可能比由土耳其人统治更糟。如此一来，十字军事实上是处于拜占庭和土耳其人之间，与双方同时作战。最后，拜占庭帝国夺回了小亚细亚的大部分土地，然后派遣了一些拉丁王侯去管理耶路撒冷和叙利亚，这两个地方作为土耳其人和拉丁人之间的缓冲地带。埃德撒是叙利亚最重要的城市，不过，拜占庭帝国仍然没有足够的军事力量加以防守。1144年，埃德撒被穆斯林军队占领。埃德撒的沦陷成为第二次十字军东征的导火索。1147年，为了响应耶路撒冷拉丁王国的请求，由法国国王路易七世和德意志国王康拉德三世率领下令发起了第二次十字军东征。此次东征并没有收复埃德撒，不过攻占了葡萄牙的里斯本，也保住了安提俄克。

1171年，库尔德人野心家萨拉丁统治了埃及。然后，他再次召集了一支伊斯兰军队，发动了针对基督徒的圣战。1187年，他率领的伊斯兰军队再次占领耶路撒冷。为了夺回耶路撒冷，英格兰、神圣罗马帝国和法国军队组成的联军，发动了第三次十字军东征。然而，这次征战并没有收复耶路撒冷。第四次十字军东征（1202-1204年），拉丁教会并没有攻打希腊帝国的异教徒，而是"转向"攻占了同样信仰基督教的君士坦丁堡。由于此次进攻君士坦丁堡的倡议者是由威尼斯总督恩里科·丹多洛，所以，大战过后威尼斯占去拜占庭帝国的大部分领土。他们在君士坦丁堡建立了一个新的国家——拉丁帝国，由鲍德温一世出任首任君主，同时宣布拉丁教会和希腊教会统一。从1204年开始，君士坦丁堡就一直被拉丁皇帝统治，直到1261年希腊人收复君士坦丁堡为止。

12世纪到13世纪，教皇的权力达到顶峰，就像是11世纪塞尔柱土耳其人的霸权，和10世纪诺曼人的霸权一样。在教皇的统治下统一基督教会，此时比以往任何时候都更容易实现。

在这几百年中，一种朴素的基督教信仰真实、广泛地传播到欧洲大部分地区。然而，罗马却经历了一些黑暗、屈辱的阶段。几乎没有一个作家会原谅10世纪时的教皇约翰十一世和约翰十二世，他们简直就是可恶的畜生。但是，拉丁基督教徒会的内心和外在仍然保持着忠诚和简朴，大多数教士和修女都过着规范、虔诚的生活。正是对这种生活的坚定信念，为教会创造了经久不衰的力量。历史上的伟大教皇有格利高里一世（590-604年）；利奥三世（795-816年），他邀请查理曼大帝作罗马皇帝，并趁其不备把皇冠戴在他头上；还有11世纪末期的伟大圣职者、政治家希尔德布兰德，也就是格利高里七世（1073-1085年）；此后，还有第一次十字军东征时代的乌尔班二世（1087-1099年）。在格利高里七世和乌尔班二世担任教皇期间，开创了教皇控制皇帝的教权顶峰时期。在此期间，从保加利亚到爱尔兰，从挪威到西西里岛，再到耶路撒冷，教皇都拥有至高无上的权力。举一个例子，格利高里七世为了惩罚负罪的亨利四世皇帝，迫使他身穿单薄的麻衣，打着赤脚，在卡诺萨堡庭院的雪地中站了三天三夜。在1176年，弗里德里希皇帝来到威尼斯，跪在教皇亚历山大三世面前，向他宣誓会永远效忠于他。

在11世纪初期，人们的意志和良知是教会强大权力的来源，但是教会并没有维持作为权力基础的道德威望。到了14世纪初期，教皇的权力明显下降，基督教国家的人民不信任他，不再向他提要求，也不愿意听从他的召唤。为什么会出现这样的情况呢？

第一个原因是教会聚敛了大量的财富。教会不像人一样会死，所以，一些没有后代的人就把自己的土地捐赠给教会；那些犯了罪的人，为了忏悔甚至把所有的财富都捐给了教会。结果，在欧洲的许多国家，有四分之一的土地都属教会所有。教会对钱财的贪欲越来越大，到13世纪，各地开始流传这样的说法：牧师神父并不是好人，他们都是为了遗产和钱财。

各国的国王和王侯对教会的敛财行为感到非常不满。他们发现自己的领土并没有掌握在那些维持着军事力量的封建领主手里，而是被修道院的神父和修女占据着，而且他们很多还是外国人。早在教皇格利高里七世统治之前，教皇和国王就为了"圣职任命权"产生过争执。如果任命权被教皇控制，那么国王无法控制国民的良心，还会失去很大一片土地的控制权。此外，牧师还要求国王免税，因为他们要向教皇交税。在财产所有人向国王缴税之外，教会还要向他们征收财产总额十分之一的税收。

11世纪，几乎所有的拉丁基督教国家的历史中都有这样的记录：国王与教皇为了"圣职任命权"而你争我夺，但是最后都是教皇获胜。教皇宣称自己有权开除王室成员的教籍，有权取消教民对王室的义务，有权确定王位继承人。此外，教皇还有开除某个国家教籍的权力。被开除教籍的国家，除了洗礼、按手礼、救赎礼之外，所有的宗教职能都必须停止；牧师不得执行日常的礼拜仪式，也不允许执行婚礼和葬礼的仪式。掌握着这两件"武器"，12世纪时教皇们才能控制那些心怀不满的国王和王侯。这种权力非同寻常，本来只有在特定的场合才能使用，但是教皇们却毫无限制地使用，致使最后这些权力失去了效用。在12世纪的最后30年，苏格兰、法兰西、英格兰等被先后开除了教籍。此外，教皇对冒犯自己的王室滥用十字军进行征讨，最后导致十字军精神永远消失了。

如果罗马教会只是与国王和王侯们做对，而笼络普通人的人心，那么他对所有基督徒的统治或许可以永久维持下去。但是，教皇的各种最高权力，却使下面的主教表现出傲慢和狂妄。公元10世纪以前，罗马主教可以结婚，所以，他和教堂周围的普通民众保持着密切、友好的关系。说他们本来就是民众中的一部分，一点也不过。但是，到了格利高里七世任教皇的时代，为了让神职人员向罗马靠近，以切断他们和普通百姓之间的密切联系，教皇规定主教禁止结婚。如此一来，教会的普通民众之间就产生了一条无形的鸿沟。当时，教会有自己的法庭，但它不是

位于埃克塞特大教堂的十字军墓

只审理有关神父的案件，连那些涉及修道士、学生、十字军战士，甚至寡妇和孤儿的案件，也一律归教会法庭审判。此外，有关遗嘱、婚姻、起誓的相关文件，还有巫术，异教徒亵渎神灵的事件，都会交法庭处理。如果普通人和神职人员发生了纠纷，也要完全听从教会法庭的审理。通常，不管是战时还是和平时期，所有的义务都由平民承担，神职人员不用承担任何义务。如此下去，在基督教国家中，平民对神父和其他教职人员的猜疑和仇恨自然也越来越大。

罗马教会似乎并没有意识到，它们的一切权力都来源于公民的良心。宗教热情和教会本来应该是同盟，然而罗马教会的所作所为却把人们的宗教热情打压了下去。同时，人们对教会的某些疑问和迷惑，它也用正统的教条来回答。当教会处理有关道德的问题时，民众和他站在一边；当教会处理教义问题时，民众就被隔离开来。当时，流行于法兰西南部的阿尔比教派认为，人们在生活和信仰上应该像基督一样朴素。这种主张触怒了教皇英诺森三世，在1209年，他组织十字军对阿尔比教派实施了镇压，企图用剑、火、凌辱和最残暴的刑罚使其屈服。当阿西西的圣·方济各（1181-1226年）主张人们要像基督那样乐于助人，过清贫的生活时，方济格会的成员竟然遭到迫害，有的遭到鞭笞，有的被关进大牢。公元

1318年，甚至还有4名方济格会的成员在罗马被活活地烧死。另一方面，由圣·多米尼克（1170–1221年）创立的多明我会——属正统教派——却受到英诺森三世的大力支持。反过来，在多明我会的帮助下，英诺森三世创建了宗教法庭。前面讲过，这是一种专门迫害异教徒和具有自由思想的人的机构。

就这样，教会通过过度的索取、不正当的权力、残酷的迫害，把民众的自由信仰摧毁殆尽。然而，这种自由信仰又是教会一切力量的来源。我们不难做出这样的预言：就算没有受到敌人的打击，其内部日益严重的腐败也足以让它慢慢地衰落下去。

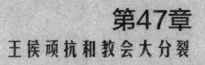

第47章
王侯顽抗和教会大分裂

　　罗马教会在为了确保其在所有基督教国家中的第一领导权而斗争的过程中，暴露出一个非常大的弱点，那就是选举教皇的方式。

　　如果罗马教皇确定要在所有基督教国家建立一种规则、实现永久平和，或是实现自己的抱负，那么他就必须要拥有强大的、稳定的和持久的权力。然而，要拥有这样的权力，至少要满足三个条件：第一，也是最重要的一点，教皇应该年富力强，有充沛的精力。第二，教皇应该有自己的继承人，可以和他商讨教会的各种事务；第三，选举教皇的方式应该清晰、明确、固定，没有争议。遗憾的是，实际的情况根本就不能满足这三个条件。举例来说，谁有选举教皇的权利，并没有明确的规定，甚至连拜占庭帝国的皇帝和神圣罗马帝国的皇帝为了选举权的问题还发生过激烈的争吵。教皇希尔德布兰德（1073-1085年），也就是格利高里七世，建立了选举教皇的秩序，他规定只有红衣主教才有选举权。他还把皇帝对教会的权力进一步压缩，使其仅能对教会提交给他的公文作例行公事的批准。不过，对于教皇继承人这一问题，他没有做任何明确的规定。他这样做的目的，是为了让教皇的位置不至于因红衣主教之间的分歧而空缺。事实上，在某些情况下，教皇位置的空缺时间有时长达一年或一年以上。

在16世纪以前的历史中，我们经常可以看到因为没有严格的规定，导致在选举教皇的过程中出现了种种问题。在很早以前，关于选举教皇一事就存在着争议，历史上也出现过两个人或三个人同时宣称自己是教皇的闹剧。每当遇到这样的争端，教会能做的就是放下架子向皇帝或外界求援。此外，每当一个伟大的教皇去世，教会就会出现诸多问题，比如群龙无首、乱作一团。有时候，继任者是前任的死对头，他一上任就想方设法给前任抹黑。又有的时候，继任者是一个已到垂暮之年的老者，上任没有多久就去世了。

教皇选举中存在的这些弱点，为德意志王侯、法兰西国王和统治英格兰的诺曼系和法兰西系国王干预教皇选举提供了机会。他们想方设法操纵选举过程，目的是为了让对自己有利的人登上位于罗马拉特兰宫的教皇宝座。教皇在欧洲事务中的影响力越大，他的地位就越重要，引起的干预和纷争也越激烈。在这样的环境下，教皇软弱无能似乎让人觉得很正常，相反，如果一些教皇的才能和胆量都非同一般，倒成了一件费解的事。

在这个时期，有一个生气勃勃、富有才能而又十分有趣的人当了教皇，他就是英诺森三世（1198–1216年）。他登上教皇宝座那一年，还未满38岁。他和他的继承者们在接下来的日子里，与同样年轻、有趣的皇帝弗里德里希二世展开了激烈的较量。弗里德里希拥有"世界奇才"的称号。他和罗马教会的战争成了历史的转折点。在这场战争中，弗里德里希败下阵来，他的王朝因此走向没落。但是，教会和教皇的威信也因此一落千丈，从此以后，教会和教皇的影响力日渐衰落。

弗里德里希二世是亨利六世的儿子，他的母亲是西西里岛诺曼王罗杰一世的女儿。1198年，年仅4岁的弗里德里希继承了西西里王国的王位，他的监护人是教皇英诺森三世。在当时，西西里已被诺曼人征服。弗里德里希生活的宫廷里有很多受过良好教育的阿拉伯人，这位年轻的国王就在这些人的影响和教育下长大。很显然，这些人都尽量把自己的观点传授给他。结果，弗里德里希成了一个有伊斯兰教思想的基督徒，还成了一个有基督教思想的穆斯林。这种双重教育所导致的结果是不幸的，它让弗里德里希产生了这样一种思想：所有的宗教都是骗人的。在当时那个一切以信仰为主的时代,这样的想法无疑是惊人的。更让人吃惊的是,他竟然把自己的这种大胆的想法毫无保留地公开说了出来。这些亵渎神灵和有悖信仰的言论都被记录了下来。

随着年龄的增长,弗里德里希和他的监护人英诺森三世之间的对立和冲突也越来越明显。英诺森三世向弗里德里希提出了越来越多的要求。当弗里德里希继承王位时,英诺森三世向他提出了这样的要求:保证镇压德意志境内的异教徒;必须放弃在西西里和南意大利的王位。教皇之所以提出这样的要求,原因只有一个:他认为弗里德里希的力量太强大了,已经对他构成了威胁。除此之外,德意志的主教们还要求减免各种赋税。弗里德里希爽快地答应了这些条件,事实上,他根本就没有打算按着这些要求去做。前面已经讲过,英诺森三世出于自己的目的强迫法兰西国王对法兰西南部的阿尔比教派实施了血腥的镇压,挑起了国王和异教徒之间的一场战争。英诺森三世要求弗里德里希以同样残忍的手段镇压德意志境内的异教徒。但是,弗里德里希并没有镇压异教徒的热情。如果说阿尔比教派因为宣传朴实和虔诚被教皇认定为异教徒,那么弗里德里希就是更激进的异教徒。当英诺森三世要求弗里德里希发动征讨耶路撒冷的伊斯兰教徒时,他口头上答应下来,然而在行动上却以各种理由一拖再拖。

弗里德里希继承德意志的王位后一直居住在西西里,因为他认为西西里比德意志更适合自己居住。他答应英诺森三世的事,一件也没有去办。1216年,英诺森三世怀着对弗里德里希的愤恨去世了。

开罗略图

　　霍诺里乌斯三世继任教皇后，他同样拿弗里德里希没有过办法。后来，在1227年，格利高里九世当了教皇。他下定决心：不管付出多大的代价，一定要让这个年轻的皇帝臣服于他。他开除了弗里德里希的教籍，剥夺了他的一切宗教礼拜权利。然而，对于生活在有着浓郁的阿拉伯风情的宫廷里的弗里德里希来说，这个手段似乎根本就没有影响到他。接着，教皇对民众发出了公开信，在信中强烈谴责了弗里德里希的种种违反教义、亵渎神灵的罪恶言行，针对弗里德里希对此以强有力的手段予以反击。他给欧洲所有的王侯写了一封信，在信中首次明确地阐述了教皇和王侯之间的纷争，并揭露和抨击了教皇要想成为整个欧洲的绝对统治者的野心；对教皇统治下的教会的敛财行为，弗里德里希也义愤填膺地进行了谴责；他建议欧洲所有的王侯结成联盟，一致对抗教皇。

　　在对教皇进行了种种声讨之后，弗里德里希决定履行在12年前对英诺森三世许下的发动十字军东征的诺言。1228年，他率领十字军踏上征途。这是一次具有滑稽色彩的十字军远征。当弗里德里希率军来到埃及时，他没有下达进攻的命令，而是和哈里发进行了会谈。由于两人对基督教都持有怀疑态度，因此整个会谈过程的氛围非常融洽。最后，双方签署了一份互惠互利的协议，并且哈里发也同意让弗里德里希来统治耶路撒冷。这是一次全新的十字军东征，它没有战争、没有流血，没有屠杀，更没有"喜极而泣"的场面，整个过程就是一次私人会谈。由于弗里德里希已被开除教籍，所以在他成为耶路撒冷王的加冕仪式上没有教皇，也缺乏宗教氛围。由于所有的主教都回避他，所以他只好自己动手取下圣坛上的王冠，然后戴在头上。弗里德里希回到意大利后，赶走了驻扎在国内的所有的教皇军队，并迫使教皇恢复了他的教籍。在13世纪，民众对教皇的狂热已经冷淡，因此当弗里德里希对教皇采取这样的行动后，并没有招致民众的反抗。

　　1239年，教皇格利高里九世和弗里德里希之间再次发生冲突。教皇再次开除了弗里德里希的教籍，弗里德里希毫不示弱，发动了一系列使教会颜面扫地的反击。这种公开的对战，一直持续到格利高里九世去世，英诺森四世继位当上教皇。在这期间，弗里德里希又写了一封言辞激烈的抨击教会的公开信。在信中，他严厉地斥责了主教们的傲慢、对宗教的漠视和对钱财的贪婪，并指出它们是让教会堕落的根源。由此他向欧洲所有王侯建议：没收教会的所有财产，以保护教会的声誉。这一建议从此以后深深地根植于欧洲各国君主们的头脑里。

对于弗里德里希的晚年，我就不再讲述了。他生活中的那些特殊事件，远不如他的平常生活那么有意义。如果把他在西西里王宫中的生活片断拼接起来，就可以证实这一点。弗里德里希的宫廷生活极为讲究，他喜欢一切有着漂亮外表的事物，因此有人认为他是一个不切实际的人。此外，他还具有强烈的好奇心，喜欢探索和发现未知的事情。在他的宫廷里，不仅可以看到基督教学者来往，还可以看到犹太教和伊斯兰教学者的身影。他提倡意大利人学习阿拉伯文化，阿拉伯数字和代数就是由他介绍给基督教学者。此外，他还组织学者翻译了一部分亚里士多德的著作，以及阿拉伯著名哲学家阿韦芳埃斯对这些著作所做的注解。1224年，弗里德里希创建了那不勒斯大学，同时扩建了萨勒诺大学的医学院。他还修建了一座动物园。他是一个擅长和鸟类打交道的人，写了一本有关放鹰的著作。他还是最早的用意大利语写诗的人之一，很多著名的意大利诗歌就是他在宫廷里创作出来的。由于弗里德里希对知识的包容和毫无偏见，他被一位很有名气的作家誉为"第一个现代人"。

教皇权力进一步衰落，在教皇与权力不断增长的法国国王的冲突中体现出来。弗里德里希在世期间，德意志王国已经开始分裂。法国国王对教皇的态度，与霍亨斯陶芬家族受教皇加冕的皇帝对教皇的态度一样。他扮演着教皇的保护者、支持者和竞争者这三重角色，由此换来几代教皇对法兰西君主的支持。借着教皇的支持和帮助，法兰西的亲王们建立了西西里王国和那不勒斯王国，他们也看到了恢复和统治查理曼帝国的希望。然而，当霍亨斯陶芬王朝最后一位皇帝弗里德里希二世去世之后，由于后继无人，只好选择哈布斯堡家族的鲁道夫当皇帝，哈布斯堡王朝由此开始。罗马教会的支持对象开始在法兰西和德意志之间左右摇摆，以继位的教皇的喜好而转移。在东方，希腊人于1261年从拉丁皇帝手中夺回了君士坦丁堡。迈克尔·帕莱奥洛古斯，也就是迈克尔八世缔造了新的希腊王朝。他和教皇之间有过几次虚情假意的和解，最后他宣布和教皇彻底决裂。再加上亚洲诸多拉丁国王相继沦陷，教皇们向东扩张的优势已经荡然无存。

1294年，博尼法斯八世继任罗马教皇。他是一个有着强烈的罗马传统意识和使命感的意大利人，对法兰西充满了敌视。1300年，他主持了一场盛大的庆典，众多朝圣者涌向罗马，教会借机敛财。对此，J.H.罗宾逊曾这样描述："群众捐献的金钱堆积如山，以至于教会安排了专门的人手用耙子来收集圣彼得墓上的财物。"然而，这一场庆典不过是虚张声势而已。1302年，博尼法斯和法兰西国王的矛盾被激化。1303年，法王部下纪尧姆·德·诺加雷冲进博尼法斯位于阿纳尼的宫殿，当时博尼法斯正手捧十字架躺在床上。诺加雷把博尼法斯大骂并羞辱了一番之后，把他抓了起来。事实上，博尼法斯正准备宣布开除法王教籍决定。过了一两天，教皇被释放，回到罗马。没有想到的是，他又被阿西尼家族的人抓了起来，再次成为囚犯。几周之后，这个受到惊吓，权威荡然无存的老人，在受尽了折磨和羞辱后，郁郁而死。

这种前所未有的对教皇的侮辱激怒了阿纳尼人，他们开始反抗诺加雷，并抢走了博尼法斯的遗体。他们这样做的原因，很重要的一点是博尼法斯也是阿纳尼人。有一点很重要，那就是法国民众一致赞成法国国王以这种粗暴的方式来对待教皇。法国国王在行动之前，曾召开三级会议（贵族、教会和平民），讨论并通过了这一决定。无论是意大利、德意志还是英格兰，普通民众对法王如此对待教皇并无异议。基督教世界的观念已经衰落到如此不得人心的境地！

整个14世纪，罗马教会昔日的权威再也没有恢复过。下一任教皇克勒芒五世是法国人，由法国国王菲利普钦定。奇怪的是，他并没有居住在罗马，而是把教廷设在阿维农镇。此地虽然在法国境内，但却不受法国管辖。后继的几任教皇都住在那里，直到1377年教皇格利高里十一世回到罗马梵蒂冈。虽然格利高里回到罗马，但红衣教大多是法国人，他们的社会关系和生活习惯都和阿维农保持着密切联系。格利高里十一世于1378年去世，在他之后，意大利人乌尔班六世继任。当时有一些红衣主教不同意乌尔班六世当教皇，他们另立克勒芒七世为教皇，与罗马教皇对抗。这在世界上被称为"教皇分立"。罗马教皇仍住在罗马。凡是反对法国的势力，如德意志皇帝、英格兰皇帝，匈牙利、波兰、欧洲北部的一些国家，全都效忠于罗马教皇。和罗马教皇对抗的教皇则住在阿维尼翁，法国及其盟友：苏格兰、西班牙、葡萄牙以德意志的一些王侯全都支持他。每一位教皇都把对手的追随者开除教籍，并诅咒他们。

此时，所有欧洲人都为了自己而思考某些宗教事务。这难道还有什么奇怪的吗？

在前面的章节中，我们已经注意到，圣方济各会和圣多明我会不过是众多的基督教新兴力量中的两支代表。他们根据自己的观念，来决定是支持还是反对基督教。对圣方济各会和圣多明我会这两个教派，教会的态度是吸收和利用，虽然教会曾对前者实施过某种程度的暴力镇压。但是对其他教派势力，教会则明确批判和进行镇压。一个半世纪后，出现了一个名威克理夫的人。他是牛津大学一个博学多才的博士。他在晚年时，开始直言不讳地批评教会的腐败和神职人员的愚昧。他组织了一群贫苦的祭司，成立了威克理夫教派，然后在整个英格兰传播他的教义。为了让人们便于判断教会和他本人之间的是非，他把《圣经》翻译成英文。他是一个比圣方济各和圣多明我更有经验，也更能干的人。在上流社会，有他的支持者；在普通民众中，也有大批追随他的人。虽然罗马教会痛恨他，并下令把他监禁起来，但直到去世他都是一个自由的人。但是，那些把天主教会引向毁灭的黑暗和腐朽的势力，却不会让他的遗体安息在坟墓里。根据1415年康斯坦茨宗教会议通过的一项法令，他的遗骨将被挖了出来并烧掉。1428年，弗莱明主教根据教皇马丁五世的命令执行了这项法令。这种亵渎神灵的举动，并非个别人的狂热，而是罗马教会的正常行为。

第48章
蒙古人的征服

　　然而，在13世纪，当罗马教皇为了统一欧洲所有的基督教国家而进行着莫明其妙、最终徒劳无益的斗争时，一些更重大的历史事件正在亚洲这个更大的舞台上发生。来自中国北方邻国的鞑靼人，突然在世界事务中崭露头角，并取得了在历史上无可比拟的一系列征服成就。这些鞑靼人都是蒙古族人。在13世纪初，他们是一个骑马游牧的部族，生活方式非常像他们的前辈——匈奴人，主要是以肉和马奶为主食，住在毛毡帐篷里。他们摆脱了中国的统治，并联合其他土耳其人部落建立军事同盟。他们的大本营设在蒙古语称为"喀喇昆仑"的地方。

　　在这个时候，中国正处于分裂状态。伟大的唐王朝从10世纪开始衰落。经过一个阶段的分裂和战争，最后剩下了三个主要的帝国：位于北方以北京为首都的金国，位于南方以南京为首都的宋朝，位于中部地区的西夏帝国。1214年，蒙古各族军事联盟的领袖成吉思汗发动了对金国的战争，并在同年占领了北京。然后，他率军向西进发，征服了西土耳其斯坦、波斯、亚美尼亚、印度、拉合尔、南俄罗斯和西里西亚，最远抵达基辅。在他去世之前，元朝已经是一个幅员辽阔的帝国——领土从太平洋到第聂伯河——的统治者。

　　成吉思汗的继承人窝阔台汗，继续着这场令人吃惊的征服。窝阔台汗有很高的治军水平。他的军队使用了中国人新发明的火药，装备了一种小型野战大炮。他完全征服了金帝国，然后横扫亚洲，并于1235年进攻俄罗斯，其征服的速度之快，令人吃惊。1240年，基辅陷落，至此，几乎整个俄罗斯都被蒙古人征服。波兰也不免沦为被蹂躏的命运。1241年，蒙古军队在西里西亚省全歼波兰和德意志的联合军队。德意志皇帝弗里德里希二世似乎并没有竭尽全力阻挡这股排山倒海般的洪流。

"直到最近，"伯里在为《罗马帝国兴衰史》做注释时说："读欧洲历史才真正理解，在公元1241年春天占领波兰和匈牙利的蒙古军队之所以如此强大，绝非只是军队数量上占压倒性优势，而是这支军队有着完善的进攻战略。但这一事实至今仍没有成为一种常识。那种认为鞑靼人是一群野蛮的游牧部落，全凭人数优势打胜仗，完全没有战略计划地在东欧东突西闯，全靠蛮力冲破和克服所有障碍的观点，仍然存在……

"他们非常及时而又高效地完成了从维斯瓦河一直延伸到特兰瓦西尼亚的作战部署。这样的军事行动远远超出了当时欧洲任何一支军队的能力，超出了任何一个欧洲军事指挥官的预见。自弗里德里希二世以来，欧洲还没有哪一位将军的策略和窝阔台相比而不显得幼稚。此外，我们还要注意到：蒙古人是在充分了解了匈牙利的政治局势和波兰的状况后才发起进攻。他们拥有一个完善的间谍组织来获取情报，然而他们的敌人——匈牙利和其他基督教国家，却像幼稚的野蛮人一样，对他们的敌人什么也不知道。"

虽然蒙古人在利埃格尼兹取得了胜利，但他们无法继续向西推进。因为对于那些位于林地和丘陵地区的国家，他们无法施展战术。于是，他们转而南下，准备在匈牙利定居，屠杀或同化有亲缘关系的马扎尔人，就像马扎尔人先前屠杀和同化斯基泰人、阿瓦尔、匈奴人的混血后裔一样。从匈牙利平原出发，他们可能会向西部和南部侵袭，就像9世纪的匈牙利人、7世纪和8世纪的阿瓦尔人，以及5世纪的匈奴人一样。然而，由于窝阔台突然死亡，加上1242年又出现了继承纠纷，这些无坚不摧的军队被召回。他们穿过匈牙利和罗马尼亚回到东方。

此后，蒙古人把他们的力量集中在对亚洲的征服上。13世纪中期，中国的宋朝向蒙古人称臣。1251年，蒙哥汗继窝阔台之后成为大汗，他让弟弟忽必烈统治中国。1280年，忽必烈正式成为中国皇帝，建立元朝，被称为元世祖。元朝的统治一直持续到1368年。当宋朝的残余势力在中国不断衰落时，蒙哥汗的另一个兄弟旭烈兀征服了波斯和叙利亚。蒙古人极为仇视伊斯兰教徒，在攻占了巴格达后，他们不仅屠杀了城里的所有伊斯兰教徒，还破坏了苏尔美自古以来一直保留的灌溉系统。正是依赖这些灌溉系统，才让美索不达米亚平原自早期的苏美尔时代以来就保持着繁荣和人丁兴旺。从那个时候起一直到现在，美索不达米亚逐渐变成沙漠中的一处废墟，只有很少的人生活在那里。蒙古人入侵埃及的计划没有实现。1260年，埃及的苏丹在巴勒斯坦彻底击败了旭烈兀的军队。

鞑靼骑兵

经过这次惨败，蒙古人胜利的浪潮开始消退。在大可汗的领地上，出现一些独立的国家。东方的蒙古人就像中国人一样皈依了佛教，而西方的蒙古人则成了穆斯林。中国人于1368年推翻了元朝的统治，建立了明朝。明朝的统治一直持续到1644年。俄罗斯人则继续向东南方草原上的鞑靼人游牧部落进贡，直到1480年莫斯科大公拒绝再向鞑靼人效忠，此举奠定了现代俄罗斯的基础。

14世纪，在成吉思汗的后裔帖木儿的领导下，经过了一段时间，蒙古人的活力得到了短暂的恢复。帖木儿在土耳其斯坦西部建立了自己的威望，成立了自己的国家，于1369年获得"大可汗"的称号，他征服了从叙利亚到新德里的大片土地。他是最野蛮和最有破坏性的蒙古征服者。但是，他建立的帝国在他去世前就崩溃了。

在1505年，帖木儿的后裔、冒险家贝柏尔，联合起一支装备枪炮的军队横扫了印度平原。他的孙子阿克巴（1556–1605年）完成了他征服印度的计划。这个蒙古人的王朝，被阿拉伯人称为"莫卧儿王朝"，在新德里定都，统治着印度很大一部分土地，一直维持到18世纪。

13世纪，蒙古征服者的第一次大扫荡造成的后果之一，就是把土耳其人的一个特别的部落——奥斯曼土耳其人——从土耳其斯坦赶到小亚细亚。这个部落在小亚细亚扩大和巩固了自己的权力，然后渡过达达尼尔海峡，征服了马其顿、塞尔维亚和保加利亚，直到最后使君士坦丁堡成为奥斯曼帝国势力范围内的"一座孤岛"。

1453年，奥斯曼帝国苏丹穆罕默德二世率领一支装备着大量枪炮的军队，从欧洲这一边向君士坦丁堡发起进攻，最后攻占了这座城市。此事件在欧洲引起强烈的反响，使十字军东征再次成为人们谈论的热门话题，不过十字军东征的朝代已经成为过去。

在16世纪，奥斯曼帝国征服了巴格达、匈牙利、埃及和北非；帝国的舰队在地中海所向无敌；他们曾一度逼近维也纳；罗马皇帝也要向他们缴纳贡品。在15世纪，只有两件事可以冲淡人们关于基督教国家衰败的印象。其一是，1480年莫斯科公国恢复独立；其二是，基督徒逐渐夺回了西班牙。1492年，西班牙半岛最后一个伊斯兰国家——格拉纳达，被阿拉贡国王斐迪南和他的王后卡斯提尔的伊莎贝拉女王共同占有。

但是，一直到1571年，基督徒才在勒班陀海战中打败奥斯曼帝国的舰队，夺回地中海的海上统治霸权。

第49章
欧洲的理性复苏

在整个12世纪，有许多迹象表明欧洲人拥有了恢复理智的勇气和闲暇，从而再次萌生了像早期希腊科学家那样从事科学研究，以及像意大利人卢克莱修那样思索的念头。复兴的原因多而复杂。私人争斗的严禁、十字军东征后更高标准的舒适性和安全感，以及远征的见闻对人们精神的刺激，无疑都是必要的先决条件。贸易逐渐繁荣；城市也恢复了安宁和悠闲；教会的教育水平得到提高并惠及普通民众。13世纪和14世纪是一个独立的或半独立的城市飞速发展的时期，例如威尼斯、佛罗伦萨、热那亚、里斯本、巴黎、布鲁日、伦敦、安特卫普、汉堡、纽伦堡、诺夫哥罗德、威斯比和卑尔根。它们都是商业繁荣的城市，有许多旅客来来往往，他们在那里做贸易或旅游，交流想法和思考问题。教皇和皇室的纷争，野蛮、邪恶的异端迫害，引发人们对教会的权威产生怀疑，对某些基本教义也提出质疑并展开讨论。

我们已经看到，阿拉伯人如何让亚里士多德的学说在欧洲复活，像弗雷德里克二世这样的君主又如何使阿拉伯哲学和科学影响欧洲人的头脑。在激活人们思想这一点上，更有影响力的还是犹太人。他们的存在，本身就是对教会权威的质问。最后，炼金术士神秘的、让人着迷的实验广泛地传播开来，促使人们尝试性的、偷偷摸摸的，但卓有成效的继续科学实验。

此时，精神的觉醒绝不局限于那些独立的、受过良好教育的人，这个世界的普通人的精神也开始觉醒，这在人类历史上是前所未有的。尽管有教会的压迫和迫害，但是在基督教教义传播到的地方，仍然引起了人们精神上的躁动，他们把个人的良心和上帝的公义直接联系起来，所以在必要的时候，人们就有足够的勇气，对君王、主教或信条做出自己的判断。

早在11世纪，哲学讨论便再次在欧洲流行起来。在巴黎、牛津、博洛尼亚和其他中心城市都有规模庞大、发展迅速的大学。中世纪的"经院学者"再次出现，并且提出一系列关于语言的意义和价值的问题，它们澄清了思想以迎接即将到来的科学时代。因为自己具有独特的天赋而傲然于世的人是罗杰尔·培根[①]，他是牛津圣方济各会的修士，被誉为"现代实验科学之父"。他在人类历史上的声誉，仅在亚里士多德之后。

他的著作用长篇大论对无知展开了言辞激烈的抨击和嘲讽。他坦言他那个时代是无知和愚昧的时代，这是一个多么令人难以置信的、大胆的想法。如今，一个人可以说这个世界是无知的，或者说它是古板的，可以说所有的方法都是幼稚的或笨拙的，可以说所有教条都是哄小孩子的，但都不会招致杀身之祸。然而中世纪的那些人，当他们实际上不是正遭受屠杀，或忍受着饥饿，或感染瘟疫即将死去，他们都非常虔诚地相信名言，相信自己信仰的完美无缺，从而痛恨一切对这些信仰的批判。罗杰尔·培根的著作影响在当时就像漆黑夜晚里的一道闪电划过，不仅抨击了他那个时代的无知，还给人们积累知识提出了许多建议。关于实验和积累知识的必要性的主张，在他那充满激情地阐述中，我们看到亚里士多德的精神在他身上复活。"实验，实验，再实验"，这就是罗杰尔·培根的要求。

然而，就连亚里士多德本人，罗杰尔·培根同样顶撞过。他之所以要这样做，是因为人们不敢面对事实，而是坐在房间里阅读亚里士多德原著的非常糟糕

---

① 罗吉尔·培根（约1210-1293年），英国哲学家和自然科学家，实验科学的前驱，素有"奇异的博士"之称。——编者注

的拉丁语译本。"按我的想法，"他用一贯的过激的笔调写道："我会烧掉亚里士多德所有的著作，因为研究它们只会浪费时间，制造谬误，并增加无知。"如果亚里士多德回到世间，看到崇拜他的著作的人远远多于阅读的人——而且阅读的还是最糟糕的拉丁语译本——他可能也会赞同罗杰尔·培根的说法。

出于对被监禁或发生其他更可怕的事情的恐惧，罗杰尔·培根在表面上也会装着和正统派保持观念上的一致。但纵观罗杰尔·培根的著作，可以发现他自始至终都在向人类呼吁："不要再受教条和权威的禁锢了，放眼看世界吧！"他谴责了无知的四个主要来源：崇拜权威，因循旧习，固执偏见，狂妄自负。只能克服这些缺点，一个充满生机和力量的世界就会展现在人类面前——

"机器取代桨手提供动力成为可能。这种巨船由一个人掌舵，适合在大河或海洋里航行，航行的速度可能比装满桨手的大船更快。同样，人们也会制造出不需要牲畜拖拉的汽车，由某种特别的机器来提供动力，我们认为镰刀战车已经从古老的战斗中退出了。飞行器也可能出现，只需要一个人坐在里面操纵某些机器，人造的翅膀就会像鸟儿的翅膀一样扇动起来，从而在空中自由飞翔。"

虽然罗杰尔·培根在书中描绘了很多科学构想，但一直到三个世纪之后，人们才开始进行有系统的尝试，探索被繁杂的人类事务隐藏起来的伟大力量和兴趣——这一点，他早就清晰地意识到了。

然而，阿拉伯人的世界不仅给基督教国家带来哲学家和炼金术士的刺激，还带来了造纸术。几乎不用多说，纸的出现让欧洲的理智复兴成为可能。造纸术起源于中国，它的使用可能要追溯到公元前2世纪。在751年，中国人曾进攻撒马尔罕的阿拉伯穆斯林，但是被击退。被俘获的中国人当中有些是造纸工匠，懂造纸工艺，阿拉伯人就是这样学会了造纸术。9世纪以来的阿拉伯语手写纸稿至今仍然可以看到。造纸术传入基督教世界，有可能是通过希腊人，也有可能是在基督教夺回西班牙时发现了摩尔人的造纸工厂。遗憾的是，造纸术在基督教西班牙人手中不断退化，直到13世纪末基督教统治的欧洲才造出质量上乘的纸。后来，意大利的造纸术在全世界第一。14世纪，造纸术传到德意志。直到这个世纪结束，才有足够丰富而廉价的纸让印刷书籍成为有钱赚的行业。印刷术紧跟着出现是自然而然的事情，因为印刷术是一种最显而易见的发明。人们的理智生活进入了一个全新的、更有活力的阶段，它不再是从一个头脑流向另一个头脑的涓涓细流，而是由数以千万计的头脑汇成的奔涌的知识洪水。

早期印刷机

印刷术这一成就带来的一个直接结果，就是世界上出现了大量的《圣经》；此外，学校的教科书也不像以前那样昂贵了。可以阅读的知识在人群中迅速传播。书籍的数量迅速增加，它们比以前的手抄书更容易阅读，也更容易理解。人们不用像阅读手抄本那样绞尽脑汁去辨识那些模糊的字迹，可以腾出更多的精力来思考。阅读变得容易而愉快，愿意读书的人自然也大量增多。书籍不再是用来做装饰的玩物，或者是学者神秘的珍藏品。一些以普通民众为阅读对象的书籍也大量出现，这些书用通俗的语言写成，而不是用拉丁文。到了14世纪，欧洲文学的真正历史终于开始了。

到目前为止，我们都在介绍阿拉伯人在欧洲的理性复兴中所起的作用。现在，我们来谈谈蒙古人的远征对欧洲的理性复兴所带来的影响。他们极大地激发了欧洲人在地理方面的想象力。在大可汗统治下的一段时期，整个亚洲和西欧进行着开放的友好交往；所有的道路都临时开放；每一个国家的代表都出现在喀喇昆仑的宫廷里；由于基督教和伊斯兰教的宗教世仇而在欧洲和亚洲之间形成的壁垒，此时明显降低了。于是，罗马教皇产生了让蒙古人信仰基督教的愿望。而当时，蒙古人信仰的唯一宗教是萨满教——一种原始的异教信仰。教皇的使节、从印度来的佛教僧人，来自巴黎、意大利和中国的工匠，来自拜占庭和亚美尼亚的商人，来自阿拉伯国家的官员和来自波斯、印度的天文学家和数学家，全都在蒙古人的宫廷里汇集。在历史上，我们听到太多有关蒙古人征服和大屠杀的事，然而对他们的好奇心和学习的欲望知之甚少。蒙古人或许不是最有创造性的民族，但他们传播的知识和方法，对世界历史产生了重大的影响。从成吉思汗和忽必烈那模糊而又浪漫的性格可以证实，他们至少和浮华而又自负的亚历山大大帝，或政治幽灵、精力充沛的文盲神学家查理曼大帝一样，都是聪颖而又具有创新能力的君主。

在这些造访蒙古人宫廷的人中，最有意思的是来自威尼斯的马可·波罗，他把自己的旅行故事写成了一本书[①]。大约在1272年，马可波罗随父亲和叔叔来到中国。此前，两位长辈已经到过一次中国，并给大可汗留下了深刻的印象，他们的到来，大可汗第一次见到并了解到"拉丁人"。在中国待了一段时间后，大可汗委托他们回国寻找一位教师和学者，为他解释基督教教义和其他引发他强烈好奇心的欧洲事物。此次带着马可·波罗访问大汗就是他们的第二次中国之行。

这一次中国之行，他们并没有像前一次那样取道克里米亚，而是途经巴勒斯坦。他们携带着大可汗给他们的金牌和其他证物，这为他们的旅行带来了极大的便利。此前，大可汗曾提到他想得到一些耶路撒冷圣墓前燃烧着的油灯里的灯油，所以他们先到耶路撒冷，然后再穿过西利西亚到达亚美尼亚。他们之所以绕道遥远的北方，是因为当时埃及苏丹正在侵袭蒙古人的领地。从亚美尼亚出发，他们穿过美索不达米亚，到达位于波斯湾的霍尔木兹——或许他们有走海路的想法。在霍尔木兹，他们遇到了来自印度的商人。出于某种原因，他们并没有走海路，而是转身向北穿过波斯沙漠来到巴尔赫，再翻过帕米尔高原到达喀什，再经和田、罗布泊到达黄河流域，最后抵达北京。大可汗当时正在北京，热情欢迎他们远道而来，并盛情款待了他们。

马可·波罗的到来让忽必烈感到特别高兴。他年轻、聪明，而且显然已经非常娴熟地掌握了蒙古语。忽必烈授予他官职，并多次派他出使中国西南地区。在他的游记中，他这样描述这个辽阔、和平和繁荣的国家："一路上都有为旅客修建的漂亮的旅馆"；"有漂亮的葡萄园、田园和花园"；"有为佛教僧人修建

---

① 这本书是指《马可·波罗游记》。——编者注

的众多寺庙"；"丝绸金丝布和精美的绢纱被大量生产出来"；"城市和乡镇连绵不断"，等等。这些描述先是被所有欧洲人怀疑，然后激起了他们无穷的想象力。他还介绍了缅甸这个国家，谈到缅甸由数百头大象组成的战象军队，它又如何被蒙古弓箭手打败；还介绍了蒙古军队对勃固①的征服；还介绍了日本，只不过吹嘘了该国的黄金数量。马可·波罗曾以宣慰使的身份治理扬州三年，他给中国人留下了深刻的印象。在中国人看来，他一点都不像外国人，似乎跟鞑靼差不多。他可能还受命出使过印度。在中国人的历史记载中，提到过一个名叫波罗的人在1277年曾在中书省做官。这对确认有关马可·波罗故事的真实性，是一个非常有价值的佐证。

《马可·波罗游记》的出版对激发欧洲人的想象力产生了深远的影响。欧洲文学，尤其是15世纪欧洲的传奇小说，有很多地名都来自于马可·波罗的故事，如契丹（中国北方）和汗八里（北京）等。

两个世纪后，在《马可·波罗游记》的读者中，有一个热那亚水手，他的名字叫克里斯托弗·哥伦布。他有一个大胆的设想：向西航行最后可以到达中国。在塞维利亚，如今还保存着一本哥伦布加了旁注的《马可·波罗游记》。哥伦布之所以想朝着这个方向航行，其实有很多原因。

首先，君士坦丁堡在被土耳其人于1453年占领之前，一直是西方世界和东方世界的一个公平的贸易城市。热那亚人在那里进行自由贸易，他们的竞争对手是"拉丁"威尼斯人。这些威尼斯人后来和土耳其人联合起来，一致对抗希腊人。在土耳其人占领君士坦丁堡后，对在城里做贸易的热那亚人一点也不友善。

其次，早已被人遗忘的"地球是圆形"这一观念，再次成为人类普遍关注的对象。人们相信，只要一直向西航行，最后肯定可以到达中国。另外两件事也进一步让人们受到鼓舞：一是指南针的发明，让水手不再依靠观察夜晚的星星来确定航向；二是诺曼人、加泰罗尼亚、热那亚人和葡萄牙人已经向着大西洋深处航行，到达了加那利群岛、马德拉和亚速尔群岛。

---

① 勃固，缅甸的一个省，位于该国的中南部。——编者注

然而，哥伦布在得到海船以验证自己的想法之前，遇到了许多困难。他没有海船、水手和其他物资。他从欧洲的一个宫廷游说到另一个宫廷，希望能得到国王的支持。最后，他在格拉纳达——此时刚从摩尔人手中夺回来——获得费迪南德和伊莎贝拉的资助。经过一番准备后，他率领三条小型海船驶向了未知的海洋。经过两个月零九天的航行，船队到达一块他们认为是印度的陆地，事实上，那是一块真正的"新大陆"，因为在此之前，"旧大陆"上的人从不知道它的存在。哥伦布带着黄金、棉花、奇怪的野兽和鸟类，以及两名怒目而视的、全身涂着彩绘的印第安人回到了西班牙。他们之所以被称为印第安人，是因为哥伦布此后一直都认为他发现了那片陆地是印度。几年以后，人们才知道那处陆地是美洲大陆，它是世界的另一个部分。

哥伦布的成功，极大地刺激了欧洲人海外探险的兴趣。1497年，葡萄牙人绕过非洲航行到印度，并于1515年抵达爪哇。1519年，麦哲伦——一位被西班牙国王雇佣的葡萄牙水手——率领五艘海船从塞维利亚出发向西航行。其中，一条名叫"维多利亚号"的海船在绕地球航行一周后于1522年回到塞维利亚，它是世界上第一艘做到环球航行的海船。此次远航，出发时一共有280名船员，最后返回塞维利亚时仅幸存31名。而麦哲伦本人在菲律宾群岛被当地土著杀死。

纸质印刷书的出现，"地球是圆形"这一观念被证实，进入人们视野的陌生土地、陌生动物和植物、奇特的风俗习惯，以及在海外、在天空中发现的新奇事物，共同引发了欧洲人精神世界的"大爆炸"。那些长期被埋葬的、被遗忘的古希腊经典，此时被迅

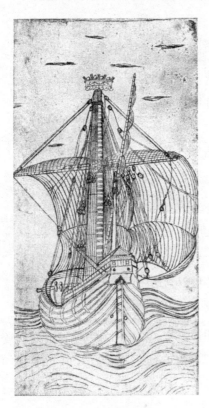

早期意大利帆船雕刻

速印刷出来供人们学习和研究，它们给人们的思想着上了柏拉图式的梦想和罗马共和时期的自由和尊严的色彩。罗马的统治曾经首次为西欧带来法律和秩序，拉丁教会使它们得以恢复。但是，无论是异教徒统治下的罗马还是天主教徒统治下的罗马，好奇心和创新精神都要服从宗教组织，并受其制约。此时，拉丁精神的统治时间画上句号。在13世纪到16世纪之间，由于闪米特人、蒙古人的刺激和影响，以及希腊经典的重新发现，欧洲的雅利安人终于冲破了拉丁传统的束缚，再次成为人类精神力量和物质力量的启蒙者。

第50章
拉丁教会的变革

　　拉丁教会本身也受到这种精神复兴的极大影响。它陷入了分裂之中，即便是幸存下来的部分，也接受了全面的改造。

　　前面已经介绍了，在11世纪和12世纪的所有基督教国家中，教会如何实施专制统治，以及在14世纪和15世纪，教会的力量如何从人们精神和行为中逐渐消失。我们还知道，在较早的时期作为教会支持力量和权力来源的普遍的宗教热情，又如何因为教会本身的傲慢、迫害和集权，使之转变成教会的对抗力量，以及阴险多疑的弗里德里希二世如何激起越来越多的王侯对抗教会。此外，教会大分裂又使教会的宗教威信和政治威信消失殆尽。后来的反抗力量就是从这两个方面对教会发起了攻击。

　　英国人威克里夫的教义，在欧洲各地广为传播。1398年，一位博学多才的捷克学者约翰·胡斯，在布拉格大学发表了一系列关于威克理夫[①]教义的演讲。此后，这种教义便超越了知识分子阶层，迅速传播，引起了极大的民众热情。从1414年到1418年，所有教会聚集在康斯坦茨召开会议，解决教会内部大分裂问

---

　　① 威克理夫，整个基督教界，宗教改革运动的先锋。——编者注

题。胡斯[1]被邀请参加大会。在得到皇帝确保其人身安全的承诺后，胡斯出席了这次大会。但最后，他还是被抓了起来，作为异端遭受审判，在1415年被活活烧死。此举并没有把波西米亚人镇压下去，反而导致胡斯教派发动了一次起义，然后引发了一连串的宗教战争，拉丁基督教也由此开始分裂。为了镇压这次起义，教皇马丁五世——在康斯坦茨会议中被选举出来，作为重新统一的基督教世界的领袖——下令组织十字军进攻波西米亚的胡斯教派。

教皇对波西米亚这个顽强不屈的民族前后一共发动了五次十字军征讨，但是全都失败了。15世纪，由欧洲所有的无业游民组成的十字军全都涌到了波希米亚，就像在13世纪十字军征讨华尔多教派一样。但是，波希米亚捷克人不像华尔多教派，他们对武装抵抗十字军充满了信心。进攻波希米亚的十字军听到从远处传来的胡斯教派军队四轮战车的声音和战歌时，他们就已经吓到溃不成军，此时战争还没有开始（1431年，多马日利采之战）。1436年，在巴塞尔再次召开了宗教会议，教会与胡斯签署了一项协议，拉丁教派特有的多种宗教仪式终于得到承认。

在15世纪，一场瘟疫蔓延了整个欧洲，给社会带来极大的混乱。普通民众的生活极端的痛苦和不满，在英国和法国爆发了反对地主和富人的农民起义。胡斯战争之后，德国的农民起义次数越来越多，规模也越来越大，并且带有浓厚的宗教色彩。印刷术的出现对农民起义产生了极大的影响。到15世纪中期，活字印刷术在荷兰和莱茵兰已经得到广泛应用，随后传到意大利和英国。1477年，卡克斯顿在英国威斯敏斯特建立了英国第一所印刷书籍的工场，刊印《圣经》和其他宗教书籍。其直接结果是让《圣经》得到更广泛的普及，并引发了大众阅读和讨论《圣经》的热潮。几乎所有欧洲人都成为《圣经》的读者，这在过去任何时期都从未出现过。当教会陷入分裂而无力自保的时候，当许许多多的王侯正在寻找削弱教会在自己的领地上夺取巨额财富的手段时，更清晰的思想和更容易接受的主张被迅速灌输到普通民众的头脑中。

---

① 胡斯（1369年-1415年），捷克宗教思想家、哲学家、改革家。——编者注

一个色彩灰暗的陶盘，讲述了一个教徒和异教徒之间的寓言故事

在德国，修道士马丁·路德（1483-1546）领导了反对教会的斗争。1517年，马丁·路德在维滕贝格教堂门前贴出《关于赎罪券效能的辩论》，以反抗正统教派的各种教义和仪式。起初，他也按照经院学者的习惯用拉丁语言辩论。后来，他拿起印刷品当新武器，用德文把他的意见广泛地向普通民众宣传。有人谋划了镇压马丁·路德的阴谋，就像当年镇压胡斯一样。但由于印刷机的出现，他在德国王公贵族中拥有了很多公开的或秘密的支持者，他本人也因此而免遭厄运。

在这个自由思想扩大，宗教信仰削弱的朝代，有许多统治者都拥有了自己的优势，以切断他们的臣民与罗马之间的宗教联系，他们试图让自己成为一个更加国有化的宗教的领袖。英格兰、苏格兰、瑞典、挪威、丹麦、德国北部和波希米亚，相继从罗马教会中脱离。从那以后，他们一直保持着独立。

然而，各个王侯却很少关心自己臣民的道德和思想自由。早先，他们利用臣民对宗教的怀疑和起义来巩固他们对抗罗马的力量，然而一旦脱离罗马教会，在自己王冠的控制下建立了国家教会，他们就试图牢牢地控制这种民众运动。但是，耶稣教导中对正直正义和人的尊严的直接呼吁，超越了所有的忠诚和所有的隶属关系——无论是世俗的还是教会的——一直具有超凡的生命力。这些王权教会没有哪一个又不再次分裂成在上帝和人之间拒绝王侯的教皇干预的一些小教派。例如，在英格兰和苏格兰，就有一些以《圣经》作为生活和信仰的唯一准则的教派，他们拒绝了国家教会的戒律。在英格兰，这些持异见者被称为"不奉国教者"，他们在17世纪和18世纪该国的政治制度中发挥了重要的作用。他们反对王侯担任教会的领袖，最后让国王查理一世掉了脑袋（1649年）。英国在"不奉国教者"共和制的统治下，维持了11年的繁荣。

北欧各个教派脱离拉丁基督教的统治的过程，就是我们通常所说的宗教改革。它产生的冲击和压力，也迫使罗马教会本身发生了深刻的变化。罗马教会进行了重组，并且在其日常生活中注入了新的精神。在这新生过程中，有一个占主导地位的人物，他就是年轻的西班牙士兵伊尼戈·洛佩斯·雷·卡尔德。在世界上，他更广为人知的是另一个名字，即伊格内修斯·罗耀拉。在他年轻的时候也有一些传奇的经历，后来他成为一名牧师（1538年），并获准建立了"耶稣会"，为把军队纪律的慷慨与侠义传统融入宗教服务做了直接的尝试。耶稣会后来成为世界上前所未有的、最大的教学和传教的组织之一。它把基督教传播到印度、中国和美国；它阻止了罗马教会的迅速瓦解；它提高了整个天主教世界的教育水平；它提高了天主教的智力水平，鼓舞了各地天主教的良心；它刺激了欧洲新教提高教育竞争力的努力。如今，我们所看到的这个充满活力和进取精神的罗马天主教教会，在很大程度上是这个耶稣会复兴的产物。

第51章
查理五世皇帝

神圣罗马帝国在皇帝查理五世统治时期，达到了它辉煌的顶点。查理五世是欧洲最杰出的君主之一，有一段时间，他甚至还被称为继查理曼大帝之后最伟大的君主。

然而，他的伟大并不是因为他本人的功绩，而主要是因为他的祖父马克西米连一世皇帝（1459-1519年）建立的功业。在这个世界上，有些家族通过战争取得霸权，有些家族通过阴谋取得霸权，而哈布斯堡家族却是通过另外一种方式——婚姻——达到了同样的目的。马克西米利安凭借着哈布斯堡王朝的遗产——奥地利、施蒂里亚州、阿尔萨斯和其他地区——开始发迹。后来，他又通过婚姻——夫人的名字对我们几乎没有什么意义——得到了荷兰和勃艮第。在他的第一任妻子去世后，他失去了大部分勃艮第的土地，但荷兰仍然被他控制在手里。后来，他又试图通过婚姻取得布列塔尼，但没有成功。在1493年，他继承父亲弗里德里希三世的王位当了皇帝，然后又通过婚姻取得了米兰公国。最后，他让他的儿子娶了支持哥伦布探险的费迪南德和伊莎贝拉夫妇那智力有问题的女儿。费迪南德和伊莎贝拉夫妇此时不仅统治着重新统一的西班牙，还统治着撒丁岛、两西西里王国、美洲西部以及巴西。就这样，到他的孙子查理五世继位时，就继承了美洲的大部分土地和欧洲除了土耳其人统治之外的三分之一到二分之一的土地。1506年，他得到了荷兰。1516年，当他的外祖父费迪南德去世时，由于其母软弱无能，他实际上完全控制了西班牙。他的祖父马克西米利安死于1519年。他于1520年当选皇帝，那时他还很年轻，只有20岁。

查理是一位英俊的年轻男子，他有厚厚的上唇，长着宽宽的下巴，给人稳重、憨厚的感觉。他发现自己的世界中处处充满了年轻而富有朝气的气息。这是一个盛产才华横溢的年轻君主的时代。弗朗西斯一世，在1515年继承法国王位时只有21岁；亨利八世在1509年成为英国国王时只有18岁。此时印度的莫卧儿王朝（1526–1530年）和土耳其的苏里曼统治时代（1520–1566年），它们的统治者也都是非常有能力的君主；此外，1513年继任教皇的利奥十世也是一位非常杰出的教皇。利奥十世和弗朗西斯一世都试图阻止查理当皇帝，因为他们对集中在查理手中的权力感到害怕。弗朗西斯一世和亨利八世是皇帝的候选人。但是，哈布斯堡王朝有着历史悠久的当皇帝的传统（从1273开始），再加上他们使用了一些贿选手段，最后查理成功当选为皇帝。

起初，这位年轻的皇帝在很大程度上就像木偶一样受大臣们操控。后来，他慢慢地掌握了统治权。他开始意识到事情的复杂性，他崇高的地位不断受到威胁。他的地位虽然很显赫，但并不稳固。

从一开始统治，他就面临着路德在德国领导的宗教改革所造成的复杂形势。因为教皇曾反对他竞选皇帝，按理说，他应该反对罗马教皇，支持路德的宗教改革。但是，由于他在西班牙长

查尔斯五世的肖像

大，他也像大多数天主教国家的人那样拥护天主教，所以他反对路德的教派。于是，他与新教王侯们，尤其是萨克森州的选帝王侯们发生了冲突。他发现自己有可能把基督教分成相互对立的阵营。他曾艰难而真挚地试图弥合它们之间的裂痕，但并没有取得成效。此时，在德国爆发了一次大规模的农民起义，它是政治问题和宗教问题混合起来引发的暴动。这场内部的骚乱在东西两大帝国的暗中支持下，变得更加复杂。查理的西边是他强劲的对手弗兰西斯一世；查理的东边则是驻扎在匈牙利的贪得无厌的土耳其人。土耳其人与弗朗西斯一世结成联盟，叫嚷着要求奥地利交齐所有的贡品。虽然查理掌控着西班牙的财政和军队，但要从德国得到任何有效的财政支持，却是非常困难的。财政上的困扰让他面临着更多社会和政治上的麻烦。他被迫借贷大笔资金，此举最后带来毁灭性的灾难。

总体上来说，查理与亨利八世结盟，共同对付弗朗西斯一世和土耳其人的策略是成功的。他们的主要战场在意大利的北部，双方的指挥水平都显得拙劣，他们前进和后退的依据是援军是否赶到。

德军入侵法国，在进攻马赛遭遇失败，退回意大利，丢掉了米兰，并被围困在帕维亚。尽管弗朗西斯一世长期包围帕维亚，但他并没有打败德军。当德军的增援部队赶到时，弗朗西斯一世的军队被打败，他本人也受伤被俘。但是，一直对查理拥有过大的权力而感觉担忧的教皇和亨利八世，转而反对查理。在波旁总管领导下的米兰德军，由于长时间没有领到军饷，他们不是被迫而是胁迫指挥官入侵罗马。1527年，他们冲进罗马城，疯狂地掠夺。在罗马人遭受掠夺和屠杀之际，教皇却逃到圣安杰洛城堡避难。最后，他花了四十万杜卡特金币买通了德国军队。这场历时十年的混战，使整个欧洲都陷入了贫困之中。最后，查理在意大利获得胜利。1530年，他在博洛尼亚接受教皇加冕，也是最后一位受教皇加冕的德国皇帝。

与此同时，土耳其人大举入侵匈牙利。1526年，他们大破匈牙利并杀死了匈牙利国王，占领了布达佩斯。1529年，苏里曼差一点就攻下了维也纳。查理对此非常关切，并打算竭尽全力把土耳其人赶回去。但他发现：自己面临的最大的困难，即使是到了强敌压境的时刻，仍然是如何把国内的王侯团结起来。由于弗朗西斯仍然坚持对抗，于是，一场新的法兰西战争爆发了。1538年，在占领了法国南部之后，弗朗西斯被迫和查理签订了停战协议。随后，弗朗西斯和查理结成联盟，共同对抗土耳其人。但新教王侯——也就是德国决心摆脱罗马教会的王侯们——在德国的施马卡尔登结成联盟，与查理大帝抗衡。查理大帝不得不集中精力应对德国的内部斗争，而无暇顾及一场旨在为基督教世界收复匈牙利的伟大战争。查理看到，这场斗争只是战争的开幕，因为这是国内的王侯为了争取支配地位而进行的血淋淋的、非理性的纷争。有时，这场纷争演变成战争和破坏，有时它又隐藏在阴谋和外交中；它是装着王侯政策的蛇袋，不停地扭动着，无可救药地滚入19世纪，一次又一次地让中欧经历衰落和荒凉。

查理似乎从来没有掌握聚集起来的麻烦中真正的主导力量。他是他那个时代的杰出人物，不过，他似乎把导致欧洲宗教纷争的原因完全看成是神学分歧的责任。他企图通过召开帝国议会来调解，结果徒劳无益。他也尝试过发布信仰告白书和声明书。所以，研究德国历史的学者必须详细阅读纽伦堡宗教和平协议、奥格斯堡声明、奥格斯堡宗教和约，等等。事实上，在欧洲各种各样的首领和统治者中，几乎没有一个人行事是真诚的。世界上普遍存在的宗教纷争，普通民众期待的真相和社会公义、宗教知识的传播，所有这些事情，事实上都只是王侯们想象出来的阴谋。英国的亨利八世在开始他的政治生涯前曾写了一本反对异教的书，后来获得教皇赐予的"信仰卫士"的称号。他希望和第一任妻子离婚，因为他爱上了一个名叫安妮·博林的年轻女士。他企图掠夺英国教会的巨额财富，因此于1530年加入新教王侯之中。瑞典、丹麦和挪威此时都已经转向了新教。

1546年，德国的宗教战争开始，而马丁·路德在战争爆发几个月之前就去世了。新教的撒克逊军队在洛肖被打得落花流水。查理的主要对手还剩下一个，——黑森州的菲利普，他因为犯了违反信仰罪行被抓起来关进了监狱。土耳其人被收买，在得到每年纳贡的承诺后退兵。1547年，弗朗西斯逝世，查理又少了一个对手。在这一年，查理为那些还没有实现和平的地区实现和平，做了他最后的努力。1552年，德国再次爆发战争。德国王侯联兵攻打查理，险些将他活捉。同一年，查理被迫和新教徒签订《帕骚和约》，换来一个表面平和实则暗流涌动的局面……

这就是查理帝国短短32年的政治轮廓。有一个非常有趣的现象值得注意，那就是整个欧洲的注意力都集中在争夺欧洲霸权上。无论是土耳其人、法国人、英国人和德国人，都没有对美洲大陆产生政治兴趣，对通往亚洲的海上新航线也毫不关心。此时，在美洲大地上正发生了一系列重大的事情。科尔特斯率领少数西班牙军队就征服了仍处于新石器时代的伟大帝国——墨西哥。1530年，皮萨罗渡过巴拿马海峡，征服了另一个神奇的国家——秘鲁。然而，这些事件除了为西班牙国库增加了大量白银外，对欧洲并没有产生其他方面的影响。

《帕骚条约》签订后，查理滋生了一种非常特别的心态。他竟然对自己帝国的伟大感到厌倦和失望，一想到欧洲的战争，他就会产生难耐的烦躁。查理的身体一直都不是很健康，他天性懒惰，加上患了严重的痛风病，于是决定退位。他把德国的统治者交给了他的兄弟费迪南德，把西班牙和荷兰的统治权交给他的儿子菲利普。从此，他不问政事，在位于西班牙埃斯特雷马杜拉的被橡树林和板栗林掩映的尤斯特修道院中度过余生，一直到1558年去世。

有很多书都描写了查理的厌世和孤独，说他放弃世界的一切纷争，获得与上帝平静相处的心境。事实上，查理并不孤独，生活也并不简仆，服侍他的佣人近150名。他的生活和宫廷一样的奢华，不过那里没有操劳。菲利普二世是个孝子，他父亲的命令全都一一执行。

如果说查理已经失去了干预欧洲事务的兴趣，那么他的生活中还有些让他更感兴趣的东西。普雷斯科特曾说"在奎克沙达或嘉若瑟与巴利亚多利德的国务大臣每日来往的信件中，几乎每一封信都或多或少地谈到了皇帝的饮食或他的病情。这些话题已经成为国务大臣的阅读负担。试想一下，当国务大臣们在细读把政治和美食如此奇怪地混合在一起的急件时，还要保持严肃一定很不容易。从巴利亚多利德到里斯本的信使，会奉命走一段弯路，以便经过亚兰迪拉采办食材和其他用品。每周四，他要把鱼带到那里，以备第二天的斋戒日之用。查理认为附近的鳟鱼太小，所以必须从巴利亚多利德带一些较大的鱼过去。每一种鱼都符合他的口味，确切地说，只要是水产品，无论什么品种，他都爱吃。鳗鱼、青蛙、牡蛎在他的菜单上占有重要位置。罐装鱼，尤其是凤尾鱼，是他的最爱。他感到遗憾的是，他没有从那些低地国家多带一些这种鱼。他还特别喜欢吃鳗鱼糊。"

1554年，教皇儒略三世免除查理保持斋戒的仪式，并允许他在领受圣餐的清晨，提前吃早餐。

他从来没有养成阅读的习惯，但他也像查理曼大帝那样，喜欢在吃饭时叫人大声朗读。他还以玩机械玩具，听音乐或布道来自娱自乐。在他宠爱的皇后逝世后，他把心转向了宗教。每逢四旬期的星期五，他都会像其他的修士那样鞭打自己。他对新教徒在巴利亚多利德传教感到非常愤怒，"告诉大审判官和他的议会，我要求他们忠于职守，在邪恶进一步蔓延之前，要用斧头把它们连根砍断……"虽然他怀疑对罪犯不通过审判而也不表示宽容的做法不恰当，但他坚信"如果罪犯得到赦免，那他就有机会再次犯罪。"他建议参照他自己在荷兰的做法，"顽固不化者，活活烧死；忏悔者，斩首。"

他对葬礼的在意，对体现查理在历史上的地位和作用具有象征意义。他似乎有一种直觉，感觉到欧洲的一些伟大的东西已经死去，迫切需要把它们埋葬，盖棺定论。他不仅参加在于斯特举行的每一场真实的葬礼，而且在妻子的周年忌日时，再次为她举办了葬礼，最后，他还为自己举办了预先葬礼。

"教堂四周挂着黑幔，数以百计的蜡灯的火焰足以驱散黑暗。修士们全都穿着他们的丧礼服，皇帝的家族成员也身着丧

罗马，圣彼得大教堂的内景，图中为教堂内的祭坛

服，所有人围在教堂中央一个罩着黑幔的灵柩周围。埋葬死者的仪式正式开始。在修士一片凄凉的哀号中，人们为离去的灵魂祈祷，祝愿亡灵顺利抵达天国的豪宅。悲哀的仆从泪流满面，他们或是想到主人死去后的样子时被深深地感动了，也有可能是对这种无助的行为感觉同情。查理裹着一件黑色的斗篷，手里捧着一只点燃的蜡烛，和他的家人一起参加自己的葬礼。当悲哀的仪式结束后，他把蜡烛放在牧师手里，表示他已经把自己的灵魂交给了全能的上帝。"

在这次"活人葬礼"之后不到两个月，他就逝世了。神圣罗马帝国短暂的伟大随他一起消逝了。他的领土已经分给了他的兄弟和他的儿子。虽然神圣罗马帝国的确维持到拿破仑一世时代，但不过是在衰弱中做着垂死的挣扎而已。它那些未被埋葬的传统，直到今天仍在毒害着政治空气。

第52章
欧洲君主制、议会制、共和制的政治实验时代

　　拉丁教会分裂后，神圣罗马帝国处于极端的衰落中。自16世纪拉开帷幕以来的欧洲历史，是人们在迷茫和混乱中探索新的统治方法，使之更好地适应新条件的历史。在古代世界的漫长历史中，王朝不断更替，统治民族和语言不断变化，但以国王和寺庙为中心的统治形式却始终保持相对的稳定。普通民众的生活方式也越来越稳定。自16世纪以来的近代欧洲，改朝换代不再重要，历史的兴趣转移到政治和社会组织中不断增多的和广泛的政治实验上来。

　　我们已经说过，从16世纪起，世界的政治历史主要是一种努力，一种使政治和社会的方法适应已经出现的某些新局势的，在很大程度上属无意识的努力。由于条件本身在持续的不断加速变化，所以这种努力的适应是复杂的。并且，这种极不情愿的（一般人讨厌主动改变）、主要是无意识的适应，已经越来越远地落后于条件的改变。从16世纪起，人类历史中的政治和社会制度呈现出更多的不平衡、更少的舒适，更多的无理取闹，人们需要面对更多的新的需要和可能，从而缓慢地、犹豫地改造社会的整体模式。

通过野蛮征服达到的周期性更新的平衡，使人类在旧世界维持某种特定的节奏长达一百个世纪以上。是人类生活中的什么条件改变了，导致打破了帝国、牧师、农民和商人的平衡？这些原因是多方面的、各不相同的，人类事务本来就是复杂的，但主要的变化似乎可以归结为：关于事物本质的知识不断增长和广泛传播。它们最初诞生于小部分知识分子群体，然后慢慢扩散，然而在过去500年传播得非常迅速，受众人口在总人口中的所占的比例越来越大。

但是人类生活条件的改变，有很大一部分是由于人类生活的精神改变引起的。这种改变和知识的增加和传播同时发生，并与知识巧妙地联系起来。人们对日常生活和基本愿望的实现已经越来越没有满足感，他们需要在更广阔的生活领域中参与并贡献自己的力量。这是过去二十多个世纪以来所有业已遍布世界的伟大的宗教，如佛教、基督教和伊斯兰教的共同特点。它们以旧的宗教没有的方式，在人类的精神领域发生作用。和那些被它们部分改造或部分替代的宗教，也就是以祭司和寺庙为中心的有着血腥牺牲的旧迷信比起来，它们的性质和作用完全不同。在它们的影响下，人类早期文明中不存在的自我尊重感以及对共同关注的问题的参与和责任意识，逐渐发展起来。

在政治和社会生活中，第一个重大的进步就是古代文明的书写文字得到简化和长期使用，使得更多的国家和更多的政治协定得以签订和实施。第二个进步是新的运输工具不断出现。先是马，后来是骆驼，再后来是轮式车辆，道路不断扩展和增加，最后，由于铁路的使用而大大提高了军事行动的效率。随后，铸币的出现，对经济产生了强烈的干扰，债务、个人所有权和贸易性质都由于这种方便但危险的习惯而发生变化。与它们相应的是，帝国的版图不断扩张，人们的思想也不断向前发展。地方神消失了，人们进入了众神混合、世界性的宗教教义主宰广大民众的时代。接下来，合理的、有记录的历史和地理知识也出现了，人们第一次深刻地意识到自己的无知，第一次对知识展开了系统地探索。

始于希腊和亚历山大城的辉煌的科学研究曾一度被中断。日耳曼蛮族的入侵，蒙古族向西迁移，宗教重建和大瘟疫的肆虐，为政治和社会秩序带来了巨大的压力。当文明再次从这一阶段的冲突和混乱中挣脱出来时，奴隶制已不再是经济生活的基础。最早的造纸厂为提供消息和合作的印刷品准备了原材料。知识搜索，系统的科学研究，在各个地方逐渐得到恢复。

从16世纪起，作为系统思考的必然产物，一系列发明和设计陆续出现，它们对人类彼此的交流产生了深刻的影响。这些发明和设计涉及人们生活的各个方面，加深了人们之间的利害关系，以及人与人之间的相互合作。此外，新的发明和设计出现的速度也越来越快。然而，人们的大脑并没有做好任何准备迎接这一切的到来，直到20世纪初那个巨大的灾难刺激了人们的思维。在此之前，对那种由不断增长的发明浪潮造成的新形式，历史学家也没有任何绝妙的应对之策。人类过去400年的历史，有点像一个沉睡的囚犯的经历：当囚禁他同时也庇护他的监狱失火时，他没有惊醒过来，反而把四周噼啪作响的声音和火焰的温暖当成一个的古老和不协调的梦想继续沉睡。他没有像别人一样清醒地意识到自己的危险和机遇。

由于历史不是个人生活的故事而是社会的故事，所以历史记录中最重要的发明必然是影响人们相互沟通的发明。在16世纪，我们所知道的最主要的新事物有两样：一是纸质印刷品，二是使用航海罗盘这种新设备辨别航向的远航船。前者让教育、公共信息的传播和讨论、政治活动的开展产生了革命性的变革，变得更加便宜和普及；后者首次证实了"地球是球形"的观念。然而，几乎同样重要的是，蒙古人在13世纪首次带到西方的枪和火药，得到了更广泛的使用和改进。它摧毁了人们依靠城堡和城市的城墙建立起来的安全感，同时扫除了封建主义。有着坚固城墙的君士坦丁堡抵挡不住土耳其人的枪炮，墨西哥人和秘鲁人也因对西班牙军队的枪炮感到无比恐惧而投降。

17世纪，系统的科学出版物不断发展，虽然它并不是十分显眼，但它孕育着更多的创新。在那些伟大的时代先驱者中，有一个人最灿烂夺目，他就是后来曾任英国大法官的弗朗西斯·培根爵士（1561-1626年）。培根是英国科尔切斯特的实验哲学家吉尔伯特（1540-1603年）的学生，在很大程度上也是他的代言人。他提倡观察和实验。在《新大西洋》一书中，他运用鼓动人心的和富有趣味的乌托邦式故事的形式，来表达他为科研做出伟大贡献的愿望。

随后，伦敦皇家学会和佛罗伦萨学会相继成立，后来其他国家也成立了以鼓励研究和发表、交流知识为目的的机构。这些欧洲的科学研究团体，许多世纪以来不仅创造出无数的发明，而且还对在人类思想史上占主导地位的怪诞的世界神学史进行了具有破坏性的批判。

尽管在17世纪和18世纪都没有出现像纸质印刷品和远航船那样的对人类社会立即产生革命性影响的发明，但这两个世纪积累了丰富的科学知识和科学能量，终于在19世纪结出科学发明的累累硕果。此时，探险和世界地图的绘制继续进行着，塔斯马尼亚岛、澳大利亚和新西兰先后出现在地图上。在18世纪，英国的冶铁业已经开始使用煤炭为燃料，使得铁的价格比用木材为燃料冶炼时更便宜，也使人们完全有可能铸造和使用更大块的铁。现代机械制造业开始兴盛起来。

科学就像天国之城的树木一样，它也不断地长出花蕾、花和果实。在19世纪，科学发明结出了丰硕的果实，并且这种结果在今后可能永远不会停止。首先出现的是蒸汽机、钢铁和铁路、大型轮船、高大的桥梁和建筑物，以及有着无穷力量的机器。人类对每一种材料的需求，都出现了得到完全满足的可能。最后，最神奇的、埋藏着无限宝藏的电学，也向人们打开了大门……

我们曾把自16世纪以来人类的政治和社会生活，比喻成一个在失火的监狱里沉睡和做梦的囚犯。在16世纪，欧洲人的头脑里还在做着延续拉丁帝国的梦，一个被天主教教会统一的神圣罗马帝国的梦。但是，正如我们身上一些无法控制的因素时时出现在梦中，为它加上最荒谬和最具破坏性的解释一样，当我们发现皇帝查理五世熟睡的脸庞和肚子里渴望食物的胃闯入梦境时，英国的亨利八世和路德正把天主教的统一撕裂成碎片。

在17世纪和18世纪，这种梦变成了个人君主制。在此期间，无论整个欧洲历史怎么变化，都离不开建立和巩固君主制，并试图把它扩展到权力较弱的邻近国家。这种行为首先遇到了来自地主的反对，随后随着贸易不断增长和工业不断发展，新兴的商人和富人阶层也开始反抗王权的勒索和干扰。任何一方都没有取得彻底的胜利，在这里是国王占了上风，在那里又是有产阶级击败了国王。有时，国王在一个国家是太阳和他的民族的世界中心，而在这个国家的邻国，却是由强硬的商人阶级维持着共和统治。这种强烈的变化和差别，反映出这个时期的政体具有强烈的实验性质和浓厚的地方色彩。

在这些国家，最常见的人物是国王的大臣。如果是天主教国家，则是主教。他们站在国王的背后，担任着不可或缺的重要职务，支配着国王。

在这里，我们不可能详细介绍所有在不同的国家舞台上上演的剧目。荷兰民间商人加入了新教，并成为共和党人，他们摆脱了西班牙菲利普二世——皇帝查理五世的儿子——的统治。在英国，亨利八世和他的宰相沃尔西，伊丽莎白女王和她的宰相伯利奠定了专制统治的基础，但是被愚蠢的詹姆斯一世和查理一世毁掉。查理一世还因背叛国民罪在1649年被斩首，这成了欧洲政治思想的一个转折点。从1649年到1660年这12年，英国是一个共和国。国王的地位极不稳定，不断受到议会的压制，直到乔治三世（1760–1820年）为恢复君主权力而进行的艰巨斗争取得部分成功才有所改变。另一方面，法国国王是欧洲所有国王中最成功地完成君主制的国王。两个伟大的宰相：黎塞留（1585–1642年）和马萨林（1602–1661年），在该国帮助国王树立了权威，当时，"大君主"路易十四（1643–1715年）的长期统治和非凡的能力也起到重要作用。

路易十四的确是欧洲国王的模范。就他的权力范围而言，他是一位非常能干的国王，他的野心远远要强于他的卑劣的激情。他通过一种至今仍令我们钦佩的、充满活力的外交政策和精心树立的尊严，带领他的国家走向破产。他的直接愿望是巩固法国，并把法国扩张到莱茵河和比利牛斯山，然后吞并荷兰和西班牙。他更大的抱负，是要看到在一个重建的神圣罗马帝国中，法国

克伦威尔解散议会，成为英格兰共和国的独裁者

国王成为查理曼大帝的继任者。他认为贿赂是比战争更重要的国策，英国国王查理二世被他收买，波兰贵族同样臣服于他的贿金之下，这些在后面还会介绍。路易十四的钱，更确切地说，在法国纳税阶层的钱，被他用于四处行贿。然而，他心中最大的追求还是奢华显赫。他的凡尔赛宫与里面的大厅、走廊、墙镜，以及周围的露台、喷泉和公园等，受到全世界的羡慕和赞叹。

　　路易十四的做法引领了潮流。在欧洲，每一个国王和王侯都不顾臣民的承受能力和借贷所允许的财力，一味建造自己的凡尔赛宫。各地的贵族也以新的样式改建或者扩建他们的城堡。这股风气带动了精美的纺织品和家具行业的发展。豪华的艺术品到处可见：雪花石膏雕像、陶土制品、镀金木制品、金属制品、印花皮革，还有大量的音乐、绚丽的油画、漂亮的印花和装帧、精致的餐具、上等的葡萄酒。在漂亮的挂镜和精致的家具中间，一些看起来怪模怪样的人不停地来往，他们就是所谓的"绅士"。他们头上戴着扑着闪粉的蓬松假发，身上穿着镶有花边的丝绸衣服，脚上穿着艳丽的红色高跟鞋，挂着令人惊艳的手杖保持平衡。此外，还有更美妙的"贵妇"，她们梳着高耸的塔状发型，身穿裙摆用金属架支持起来的绸缎衣裙。在这一群人中最引人注意的是摆弄姿势的伟大的路易，他那个世界中的太阳无法照亮低层世界的黑暗，让他无法看到因痛苦而愤怒的面孔。

凡尔赛官法院

在君主制和各种政治实验的时代，日耳曼民族始终存在着政治上的分歧。然而，仍有一部分王公贵族，建造了大大小小的凡尔赛宫式的宫殿。但是，三十年战争（1618-1648年），即日耳曼人、瑞典人和波希米亚人争夺政治霸权的战争，让德意志在100多年的时间里衰落不振。在这场战争结束后，德国已经支离破碎，这可以从1648年《威斯特伐利亚和约》签订后的欧洲地图上看出来。人们看到公国、王国和自由遍布这个国家，有些甚至一部分在帝国内，一部分在帝国外。读者会注意到，瑞典的"手臂"已经远远地伸进了德国；除了一些岛屿的领土在帝国的边界内，法国仍远在莱茵河彼岸。在德意志支离破碎的国土上，在1701年成立的普鲁士王国稳步崛起，并取得了一系列战争的胜利。普鲁士的弗里德里希大帝（1740-1786年）在波茨坦建造了他的凡尔赛宫，他在宫殿里说法语，读法国文学，试图拥有与法国国王相媲美的文化。

1714年，汉诺威选帝王侯成为英国国王，他就是乔治一世。于是，实行君主制的国家又增添了一个。

查理五世后裔中的奥地利分支，始终保留着皇帝的称号；西班牙分支仍然统治着西班牙。此时，东方也出现了一位皇帝。在1453年秋天君士坦丁堡陷落后，莫斯科大公伊凡大帝（1462-1505年）宣称自己是拜占庭帝国王位的继承人，并把拜占庭帝国的双头鹰镶在他的武器上。他的孙子——伊凡四世（1533-1584年）——采用了"沙皇"这一称号。但是，欧洲人改变俄罗斯是偏远的亚洲国家这一看法，则是在17世纪后半期。俄罗斯沙皇彼得大帝（1682-1725年）统治时期，他带领俄罗斯积极参与到西方事务中。他在第聂伯河畔建立了帝国的新首都——圣彼得堡，成为俄罗斯和欧洲之间沟通的门户。然后，他又在距离新首都18英里外的彼得霍夫修建了他的凡尔赛宫，里面的露台、喷泉、画廊和庭园都是由法国建筑师设计的。俄罗斯也像普鲁士一样，采用法语作为宫廷语言。

在奥地利、普鲁士和俄国之间的波兰王国，是一个组织混乱的大地主国家。由地主们选举出来的象征王权的君主只拥有非常少的权力。尽管法国努力让这个盟友保持独立，但不幸的是，它还是被三个邻国瓜分。当时，瑞士是由共和制的州组成，威尼斯是一个共和国，意大利和德国相似，分裂成许多小诸侯国。尽管教皇仍然像国王一样统治他们的属地，但是由于害怕失去天主教王侯的服从，不再干涉王侯和王侯之间的纷争，也不再奢谈基督教世界有着共同的利益。在欧洲，确实已经不再存在统一的政治理念，完全陷入分裂，并呈现出复杂多样的局面。

所有这些君主国和共和国企图吞并对方，它们的掌权者全都奉行对侵略邻国和结成侵略联盟外交政策。如今，欧洲人仍然生活在这种五花八门的主权国家时代的最后阶段，仍然受到这个时代孕育出的仇恨、敌意和怀疑的影响。对现代的知识分子来说，这个时代的历史有着更多和更明显的"八卦"，让人感到越来越无聊的厌烦。你会知道，一场战争如何因某个国王的情妇而爆发，而另一场战争的导火线竟然是一个宰相对另一个宰相的嫉妒。有头脑的读者，往往十分反感这些关于贿赂和竞争的无聊闲话。但也有一个非常明显的事实是，虽然有国界的阻隔，但知识和思想仍然在迅速传播，各种发明也不断涌现。18世纪，一些深刻地怀疑、批判宫廷及其政策的文学出现了。例如伏尔泰的《老实人》一书，就体现出他极度反感和厌倦欧洲世界的混乱。

第53章
欧洲新帝国的扩张

正当中欧处于分裂和混乱之时，西欧人尤其是荷兰人、斯堪的纳维亚人、西班牙人、葡萄牙人、法国人和英国人正在漂洋过海，把他们的对外扩张战争带到世界上的所有地方。印刷机的出现让欧洲的政治观念变得更开阔，并开始不断发酵，而另一项伟大的发明——远洋航行船——把这一观念不可阻挡地扩展到大洋彼岸。

荷兰人和北大西洋欧洲人最初在海外建立定居点的目的，不是为了殖民统治，而是为了贸易和采矿。西班牙人最早出现在海外，他们宣称统治着整个美洲新大陆。紧接着，葡萄牙人要求分享这块"蛋糕"。于是，在教皇亚历山大六世的协调下——这是罗马教皇作为世界主宰最后一次行使权力——西班牙和葡萄牙两国于1494年签订了瓜分这块新大陆的《托尔德西里雅斯条约》，条约规定：以佛得角群岛以西370里格①处为分界线，东边归葡萄牙所有，西边归西班牙所有。与此同时，葡萄牙人不断向南和向东扩张自己的势力。1497年，瓦斯科达·伽马从里斯本启航，绕过好望角，先到达桑给巴尔，然后到达印度的卡利卡特。1515

---

① 里格，欧洲和拉丁美洲的一个古老的单位，1里格约为3英里。——译者注

年，葡萄牙船队到达爪哇和摩鹿加群岛，葡萄牙人在印度洋沿岸建立了贸易区，并使用武力加以巩固。莫桑比克、果阿，印度这两块较小的土地、中国澳门和东帝汶岛的一部分，至今仍是葡萄牙的殖民地①。

那些没有在美洲获得权利的国家，也无视西班牙和葡萄牙通过教皇获得的权利。英国人、丹麦人、瑞典人，然后是荷兰人，很快就在北美和西印度群岛扩张自己的势力。就连最忠实于天主教的法国国王，也像其他所有新教徒一样无视教皇的决定。于是，欧洲国家之间因争夺海外殖民地而爆发了战争。

蒂普苏丹最后的努力和阵亡

从长远来看，在这场争夺海外属地的战争中，最大的赢家是英国。丹麦和瑞典因深陷于德意志繁杂的动乱中，因而没有太多的精力放在争夺海外属地上。瑞典还因一位特别的国王，也就是被新教徒称为"北方雄狮"的古斯达夫·阿道夫消耗了过多的国力。荷兰人乘机抢占了瑞典在美洲的小块殖民地，但是由于荷兰人随时提防着近在咫尺的法国侵略者，因而未能和英国开战。在远东地区，主要的相互竞争的国家有英国、荷兰和法国，在美洲，则是英国、法国和西班牙。英国在对抗欧洲其他国家时有一个最大的优势——它拥有被称为"银色航道"的英吉利海峡。此外，英国也极少受到拉丁帝国传统的束缚。

① 澳门已经于1999年12月20日零时回归中国。——译者注

法国一直把主要的精神放在欧洲事务上。在整个18世纪，法国为了控制西班牙、意大利和德国，从而失去了向西和向东扩张的机会。在17世纪，英国的宗教和政治纷争已促使许多英国人到美洲寻找一个永久的居住地。他们扎根于美洲，人口成倍增加，这为英国人争夺美洲带来一个很大的优势。在1756年和1760年，英国先后从法国人手中夺去了加拿大以及加拿大在美洲的殖民者。几年后，英国贸易公司在印度半岛完全主导了法国、荷兰和葡萄牙的势力。巴伯尔、阿克巴和他们的继任者统治的大蒙古帝国此时已经走向了衰落，实际上由伦敦的一家贸易公司——英国东印度公司——控制，这在整个征服史上是最不寻常的事情之一。

东印度公司成立于伊丽莎白女王统治时期，起初不过是由几个海上冒险家成立的一家公司。后来，他们逐步组建军队，武装船只，不再以经营香料、染料、茶叶和珠宝获得传统的商业利益为唯一目的，还开始插手王室的税收和领土经营，甚至干预印度的命运。它不再以做买卖为目的，而是干起了可以获得巨大利益的海盗的勾当。不过，没有人干预他们的行为。所以，当船长、指挥官和官员，甚至连普通船员和普通士兵都满载战利品回到英国时，也就没有什么奇怪的了。

当入侵者在这样一片辽阔而富有的土地上随意抢夺的时候，他们已经分不清什么该做，什么不该做了。对他们来说，印度是一个陌生的国家，那里的棕色人种是一个不值得同情的异族，一些庙宇也是异族神秘行为下的产物。当这些将领和官员返回英国后，就互相揭发对方的勒索和残暴行为，于是国内的英国人提出了质问。议会因此以腐败罪起诉克莱夫，然而他在1774年11月22日自杀身亡。1788年，第二任印度总督沃伦·黑斯廷斯被弹劾，然而却在1792年被宣告无罪。这在世界历史上是一个前所未有的奇怪案例。英国议会自己统治伦敦的一家贸易公司，而这家公司又统治一个比英国领土更广阔、人口比英国更多的帝国。在大部分英国人看来，印度是遥远的、难以想象的、几乎是人迹罕至的地方。那些在年轻时去印度冒险的贫穷年轻男人，很多年后回到英国时，已经成为非常富有而易怒的老绅士。英国人很难设想那些生活在东部阳光下的千百万棕色人的生活是什么样子。他们不愿意在这方面花费过多的想象力，一直认为印度是浪漫的虚幻，因此，英国人要对东印度公司的所作所为施加任何监督和控制，都是不可能做到的。

欧洲人在印度猎虎

当西欧列强为了争夺这些梦幻般的海外殖民国家而在世界上各大海洋上争斗不止的时候，在亚洲的两块广阔的土地上，征服也在不断进行着。1360年，中国推翻了蒙古人的统治，建立了汉族统治的明王朝，一直持续到1644年。随后，蒙古人的另一个分支——满族人——重新征服中国，其统治一直延续到1912年。与此同时，俄国不断向东方扩张，逐步成为参与世界事务的强大角色。这个伟大的国家，既不是完全属于东方，也不完全属于西方，它从旧世界中的崛起对我们人类的命运具有重要的影响。它的扩张，主要是依靠信奉基督教的草原民族——哥萨克人，他们就像是隔在西方的波兰、匈牙利等封建农业国家和东方的鞑靼人之间的一道屏障。哥萨克人最早出现的欧洲东部，在很多方面和19世纪中期的美国西部荒野没有什么不同。所有在俄罗斯无法继续生活下去的人——罪犯、被迫害的无辜者、反抗的农奴、异教徒、盗贼、流浪汉、杀人犯，全都来到南部的草原寻求庇护，开始新的生活。为了生存和自由，他们与波兰人、俄罗斯人和鞑靼人进行战斗。毫无疑问，从鞑靼向东逃亡的人也加入了哥萨克人的行列。慢慢地，这些边境人被编入俄罗斯帝国的军队中，就像苏格兰高地民族被英国政府收编为军团一样。他们被赐予亚洲的新土地，成为对付日渐衰落的蒙古族牧民族的利器。起初，他们盘桓在土耳其斯坦，然后横穿西伯利亚，抵达阿穆尔（即黑龙江）。

蒙古人的力量在17世纪和18世纪衰落，其中的原因很难解释。在成吉思汗和帖木儿之后的两三个世纪，中亚已经从主宰世界的崛起时代衰退到对世界政治毫无影响力的时代。气候的变化、没有留下任何记录的瘟疫、疟疾类的传染病，可能是导致衰退的原因。有些权威人士认为，从中国传入的佛教教义对中亚的衰落也产生过影响。从普遍的世界历史的角度来看，这次中亚的衰落或许只是暂时的。无论如何，到16世纪，蒙古人、鞑靼人和土耳其人不但已没有力量向外扩张，反而沦落到被西方的基督教俄罗斯和东方的中国侵略、征服和驱逐的境地。

在整个17世纪，哥萨克人从俄罗斯的欧洲部分不断向东扩张，在适于耕作的地方定居下来。在这些定居点外面，是由堡垒和军营连成的警戒线，它是一条可以移动的南向边界线。边界线的西边居住着相当强悍，也很活跃的土库曼人。然而，在东北方向，俄国的国界一直没有受到阻挠，直到抵达太平洋。

第54章
美国独立战争

在18世纪50年代到70年代，欧洲陷入了极不稳定的分裂局面，任何统一的政治或宗教观念都荡然无存。印刷的书籍、印刷的地图以及新的远洋船带来的契机，对欧洲人的想象带来巨大的刺激，让他们以一种混乱和竞争的方式征服了世界上的一切海岸。由于欧洲人较其他地方的人拥有暂时的、几乎是偶然的优越性，所以这种对外扩张是没有计划的，也是不连贯的。凭借这种优越性，美洲这块新的、几乎是无人居住的大陆逐渐被西欧人占据，此外，南非、澳大利亚和新西兰也被当成欧洲人未来的家园。

促使派遣哥伦布和达·伽马分别到美洲、印度的动机，和自古以来所有水手航海的第一动机相同，都是为了贸易。因此，到人口众多，生产力发达的东方世界做贸易，是所有欧洲人最主要的目的。欧洲人在海外的殖民地大把大把地赚钱，但是他们都希望回到自己的国家再把挣得的钱花出去。然而对到美洲大陆的欧洲人来说，因为当地生产水平还处于极端低下的水平，所以对他们产生强烈诱惑的是寻找黄金和白银。西班牙人就在美洲抢占了大量盛产金银的矿山。因此，到美洲的欧洲人不仅有武装商人，还有淘金者、矿工、自然资源的勘探者，以及农场主。在北方，他们寻求皮草。由于开矿和发展种植园需要定居点，所以各国政府就鼓励移民在美洲建立永久定居点。后来，由于某些原因，大量的欧洲人漂洋过海来到大洋彼岸建立新的家园，他们就像17世纪初英国的清教徒为了逃避宗教迫害来到新英格兰，18世纪奥格尔索普把英国因欠债而被关进监狱的人派往佐治亚，还有18世纪末期荷兰把孤儿送到好望角一样。到19世纪，尤其在蒸汽船投入使用之后，欧洲移民如潮水般涌向了美洲和澳大利亚，开始了长达几十年的大规模迁移。

欧洲人就是这样发展了他们在海外的永久性殖民地。欧洲现成的文明也传播到这片比它的发源地更加广阔的大陆上，在其影响下建立起新的社会。不过，这个过程是没有计划、随意发展的，因此，欧洲各国都没有预料到这种形势，自然也没有任何精神准备。欧洲的统治者们和政治家们，一直把这些海外定居点当成是远征机构、收入来源，也当成是领土和属地。直到很久之后，当殖民地的居民建立了一种完全不同于本国的社会生活方式时，他们才如梦初醒。殖民地的人口越来越多，力量也越来越强大，最后任何来自大洋彼岸的命令、惩罚都奈何不了他们，此时国内的统治者才意识到：殖民地上的人已经不是自己可以随意使唤和无足轻重的属民。

乔治·华盛顿

必须记住一点，直到进入19世纪，对所有这些海外殖民地发号施令都是通过远航船来实现。而在陆地上，最快的交通工具仍然是马，因此，在陆地上政治组织的统一和凝聚力受到以马为主要交通工具这一现状的制约。

到了18世纪70年代初，北美洲北部约有三分之二的土地被英国统治。法国已经放弃了在美洲争夺殖民地。除了巴西被葡萄牙占据，以及其他一些小岛屿和小片土地被法国、英国、丹麦和荷兰占据外，佛罗里达州、路易斯安那州、加利福尼亚州和美洲南部所有土地都被西班牙人占据。在英国的殖民地缅因州和安大略湖南部地区，首次证明了依靠海船已经不能把海外殖民者维持在自己的统治之下。

这些英国殖民地上的移民者的来源并不完全相同。有些殖民地居住着法国人、瑞典人和荷兰人，以及英国人。马里兰州的英国人主要是天主教徒，而新英格兰地区的英国人主要是激进的新教徒。当新英格兰地区的英国人靠自己耕种土地，并谴责奴隶制时，在弗吉尼亚州和南部地区当种植园主的英国人则驱使大量从非洲买来的黑奴劳动。从一个洲到达另一个洲，虽然可以乘坐轮船，但旅途的单调乏味丝毫不亚于穿越大西洋。人口多样化的来源和自然条件使这些不同的洲之间不可能出现自然地联合和统一，但是，自私而又愚蠢的伦敦英国政府却把这样的压迫强加在殖民地人们的身上：无条件地征税；在贸易中牺牲自己的利益以满足英国政府的利益。尽管弗吉尼亚人很愿意拥有和驱使奴隶劳动，但是随着野蛮的黑奴人数不断增加，他们也担心终于有一天这些奴隶会反抗。然而，英国政府为了维持高利润的奴隶贸易，仍然源源不断地把黑奴卖到那里。

当时，英国正逐步走向更加专制的君主制政体，固执的乔治三世（1760—1820年）做了很多促使英国政府和殖民地政府对抗升级的事情。

英国政府通过的一项旨在保护伦敦东印度公司而牺牲美洲船主的立法，促使双方的冲击全面爆发。1773年，一群移民化装成印度人，把按照新法令的要求运到波士顿海港的三船茶叶全部倒进了海里，这就是著名的"波士顿倾茶事件"。1775年时，英国政府试图在波士顿附近的莱克星顿逮捕两名美洲领导人，使战争真正打了起来。英国人首先在莱克星顿打响了第一次，但是双方的第一场战斗发生在康科德。

美国独立战争由此正式拉开序幕。虽然有一年多时间殖民地的人们发现自己极不愿意切断和英国的联系，直到1776年年中，起义各州召开会议，联合发表"独立宣言"。乔治·华盛顿因掌握着一支在对法国的战争中得到锻炼的军队，所以他被推举为统帅。1777年，英国将军约翰·伯戈因试图穿过加拿大去进攻纽约，但是在途经法里曼斯农场时遭到袭击，后来在萨拉托加又被打败，只好投降。同年，法国和西班牙相继对英国宣战，极大地阻碍了英国的海上交通。1781年，康沃利斯将军率领的第二支英国军队在弗吉尼亚州的约克半岛又遭遇惨败，被迫投降。1783年，冷战双方在巴黎签订和平协议。从缅因州到乔治亚州的13块殖民地成为一个独立的主权国家，美利坚合众国从此诞生。此时，加拿大仍然向英国国旗宣誓效忠。

邦克山战役，美国独立战争中最初的流血战斗，位于波士顿附近

有四年的时间，这些州仅仅依靠某些联邦章程来维持非常微弱的中央政府，它们随时都有可能分裂成独立的国家。但是，由于面临着英国人的敌意和法国人的威胁，它们最终没有分开。1788年，宪法被制订出来，并建立了一个更稳固的联邦政府，和推选出一位更强有力的总统。淡薄的国家统一意识也因1812年与英国第二次交战得到巩固和强化。虽然如此，由于美国的领土是如此辽阔，当时各州的利益多样互不相同，通信手段又是那样的落后，美国这个国家分解成独立的诸如欧洲各国那样的国家只是时间问题。对于偏远地区的参议员和众议员来说，到华盛顿出席会议是一次路途遥远而又充满危险的旅程。另外，公共教育的开展和文化知识的普及也因为机构重叠而几乎寸步难行。然而，一切和分裂相对抗的力量也逐渐增长。蒸汽轮船、铁路和电报的出现阻止了美国的分裂，并再次把分

散的人紧密地联系起来，使美国成为第一个伟大的现代国家。

　　21年后，西班牙统治下的殖民地也效仿十三个州的做法，摆脱了欧洲的殖民统治。不过，由于这些殖民地全都分散在广阔的大陆上，中间隔着高山、沙漠和森林，以及葡萄牙帝国的巴西殖民地，所以他们并没有实现真正的联合，而是形成一个个独立的共和制国家。起初，这些国家国内经常爆发起义，国家之间也经常发生战争。

　　巴西则通过另一种与众完全不同的方式，最终不可避免地走向了独立。1807年，拿破仑率领的法国军队占领了巴西的宗主国葡萄牙，葡萄牙国王逃往巴西避难。从那个时候起一直到巴西独立，葡萄牙对巴西的依赖远远超过了巴西对葡萄牙的依赖。1822年，巴西在葡萄牙国王的儿子佩德罗一世统治下宣布成为一个独立的国家。但是，这个新独立的国家从一开始就不赞成君主制。1889年，巴西的皇帝只好悄悄地乘船回到欧洲。巴西合众国终于像美国和其他一些国家一样，加入了共和国的行列。

第55章
法国大革命和君主制在法国的复辟

继英国失去13块殖民地之后，法国国内又陷入社会和政治的大动乱。这种动乱让欧洲人更加清楚地认识到，世界上的任何一种政治协议从本质上来说都是暂时的。

前面已经讲过，在欧洲专制君主政体中，法国的君主政体是最完善的，曾经受到相互对立的王侯的羡慕和效仿。但是，由于这种政体的成功是建立在某种不正义的基础之上，所以最终必然免不了崩溃的命运。虽然它充满了夺目的光彩，也富有进取精神，但它无端地挥霍了人民大量的财产，让太多的人丢掉了性命。税收制度规定神职人员和贵族享受免税的优待，由此，整个国家的财政负担全都压在了中、下阶级人民的肩上，农民被繁重的赋税压得抬不起头来，中等阶层则不断受到贵族阶层的压迫和羞辱。

1787年，法国国王发现自己已经负债累累，他计划召集国内各阶层代表开会，讨论解决收入不足和过度挥霍造成的财政亏空。1789年，由贵族、教士和平民代表参加的三级会议在凡尔赛正式召开。这种会议的性质和英国的议会制度基本相同，不过从1610年以来一直没有召开过，因为这段时间法国实行的是君主制。从表面上看来，长期处于被压迫地位的法国人民终于有了一个可以表达自己不满情绪的机会。在三级会议召开期间，由于法国第三等级，也就是平民阶层要求控制会议，与另外两个等级的代表展开了激烈的争论。最后，平民阶层的代表获得胜利，三级会议改为国民议会。和英国议会限制王权的做法一样，国民议会也提出了限制王权的要求和决心。法国国王无视议会的要求，他从各省召集军队，随后，法国大革命在巴黎爆发。

法国君主专制的政治制度在巴黎人民的革命风暴中很快就崩溃了。革命群众攻占了象征专制统治的巴士底狱，起义的浪潮迅速蔓延到整个法国。在法国东部和西部，有很多贵族的城堡被农民烧毁，地契也被他们销毁，所有的地主要么被杀死，要么被赶走。古老的、腐朽的贵族阶层在不到一个月的时间就完全崩溃。为了保命，很多重要的王侯和王后的党羽都跑到国外。巴黎和其他重要城市都成立了临时市政府，并组建了国民军，这一新的武装力量。他们最重要的任务就是和国王的军队作战。法国人民要求国民议会建立一个适合新时代要求的社会和政治制度。

这是一项非常艰巨的任务，对国民议会的力量是一次彻底的考验。国民议会宣布废除专制统治下的各种压迫和不平等：废除了免税权、农奴制，取消贵族的所有特权和称号，并尝试在巴黎建立君主立宪政治体制。国王被迫离开豪华的凡尔赛宫，到巴黎的杜伊勒里宫过着隐居生活。

路易斯十六的审判

　　为了建立一个高效的现代政府，国民议会和国王进行了两年的斗争。尽管国民议会的很多工作都是尝试性的，有的措施实施不久就被废弃了，然而更多的措施还是健全的，它们一直保留了下来。当然，很多合理的措施事实上是毫无意义的。刑法中的不合理条款也被废除，比如严刑逼供、随意监禁和迫害异教徒等。法国的一些古老的州，比如诺曼底、勃垦第等被改划成八十个郡。军队中的晋升之路完全开放，每一名士兵都有可能擢升到最高的将领。法院建立了一整套完善而简单的审理制度，然而由于民众选举的法官任期很短，使得这一制度并没有完全发挥作用。这种做法事实上是民众组成了起诉的最高法庭，法官则像国民议会的议员一样，必须迎合旁边听众的想法。国家没收了并管理着教会的全部财产。凡是不以从事教育或慈善工作为目的宗教组织一律被解散。神职人员的工资一律由国家统一支付。这一规定对下等教士很有利，因为他们以前只能获得非常可怜的一点薪俸，与那些富有的上等教士比起来，他们的生活过得非常寒酸。此外，神父和主教必须通过选举产生。这一规定与罗马教会的主张——教会的最高权力来源于教皇和红衣主教，它是一种必须服从不得反抗的权力——完全不同，从根本上打破了罗马教会的权威。事实上，国民议民的目的是要把法国教会一举转变成新教，即使教义上一时无法做到，至少形式上要完成这一转变。这一措施导致国民议会选举出来的神父和忠于罗马教会而反对新教的神父之间，爆发了激烈的冲突。

　　1791年，由于国王、王后和流亡国外的贵族和拥护君主主义者的反扑，实验中的法国君主立宪制宣告结束。外国军队大量集结在法国东部边境。在这年六月的一天晚上，法国国王、王后和他的孩子们从杜伊勒里宫逃走，准备逃亡到贵族的军队里去，但是，他们在瓦雷内被抓住，然后押回了巴黎。这一事件点燃了法国人民的共和主义激情。爱国者们发表了共和宣言，然后宣布对奥地利和普鲁士开战。法国国王的命运与英国国王查理一世一样，于1793年1月以背叛人民的罪行押上了断头台。

　　接下来，法国历史上出现了一个非常特别的时期。在这个时期里，所有法国人民点燃了保卫法兰西、保卫共和制度的热情，坚决主张对外不妥协。在国内，所有国王的党羽和反对共和制度的势力都遭到血腥镇压；在国外，法国成了所有革命的保护者和援助者。法国人希望整个欧洲、整个世界的国家都成为共和国。法国青年踊跃参加共和国的军队,一支像酒一样让人热血沸腾的革命歌曲也到处传唱着,它就是《马赛曲》。法国步兵纵队唱着这支鼓舞人心的歌曲,在战场上爆发出排山倒海般的力量。到1792年年底,法军军队攻占的土地,已经远远超过路易十四时代的领土。他们在外国的土地上越战越勇,不仅占领了布鲁塞尔、萨瓦,袭击了美因兹,还从荷兰人手中夺取了斯凯尔特河。然而,就在这个时候,法国政府做了一件非常愚蠢的事情。由于法国处死了路易,于是英国驱逐了法国的驻英大使,法国在盛怒之下立即向英国宣战。之所以说这种做法非常愚蠢,是因为法国虽然拥有强大的步兵和炮兵部队,但是由于在大革命时期驱逐了很多贵族海军军官,导致法国的海军力量远远落后于英国海军。此外,英国很多原本支持和同情法国大革命的自由主义者也因法国向英国宣战,转而和其他英国人团结起来,一致对抗法国。

关于法国和以英国为首的反法同盟之间的作战情况,在此就不一一详细叙述了。总之,最后奥地利人被彻底地赶出了比利时,荷兰也成了一个共和国。被冻结在特塞尔岛附近海面的荷兰船队一枪也没有开就向一小队骑兵缴械投降。在一段时期里,法国向意大利推进的计划被搁置了下来,到了1796年,新将领拿破仑·波拿巴才重新率领衣衫褴褛和饥肠辘辘的共和国军队横跨皮埃蒙特,抵达曼图亚和维罗纳。C·F·阿特金森说:"最让盟军感到吃惊的是共和国军队的数量和速度。事实上,没有什么可以拖延这支临时组建起来的军队。没有钱买帐篷;没有足够的车马保障后勤运输,这些不利的条件即便是出现在职业军队里,也会引起士兵思想上的动摇,但是对于1793-1794年的法国军队来说,他们都可以欣然地接受。为这样一支前所未闻的军队运送后勤补给是不现实的,于是这支法国军队很快就学会了"就地谋生"的本领。1793年,一种被称为"快速行动"的现代战争方式诞生了。这种作战方式注重调动国民力量,在野外露宿,就地征用军需和打硬仗,与以往小规模的职业军队行动,住帐篷和携带充足的口粮显然不同。前者体现的是果断、速战速决的精神,后者体现的是以少冒险获得较小利益的心态。"

　　这支衣衫褴褛的军队高唱着《马赛曲》为法国而英勇战斗的时候，显然他们自己都不一定清楚：他们究竟是侵略还是解放他们蜂拥而至的那个国家？巴黎的共和热情，正以一种极不光彩的方式消耗着。革命此时被一个狂热的领袖——罗伯斯庇尔鼓动着。他是一个很自以为是的人。他体质较差，天生胆小，却又自命不凡。但是他有信念——获得权力最需要的是天赋。他下决定心按他所想的那样去拯救共和，并且认为没有人比他更适合担任这一角色，所以，要完成这一使命，他必须拥有自己的权力。共和国的活力，似乎已经从屠杀保王党和处死国王的行动中涌现出来。当时发生了两处暴动：一处发生在西部地区的拉旺代省，那里的人们在贵族和神职人员的带领下，爆发起义反抗征兵和剥夺正教神职人员的财产；另一处发生在南方，里昂和马赛都爆发了起义。英国和西班牙的驻军获准进入法国境内，除了屠杀保皇党的人，似乎没有更有效的平息叛乱的方法。

　　于是，革命法庭这架机器开始运转起来，持续的屠杀开始了。断头台的发明正逢其时，王后被送上了断头台，反对罗伯斯庇尔的人大部分也被送上了断头台，甚至连无神论者也被送上了断头台。一天又一天，一周又一周，这个像魔鬼一样的机器不断地砍头，越砍越多，越来越多……罗伯斯庇尔的统治，似乎需要越来越多鲜血才能维持，就像吸食鸦片的人需要越来越多的鸦片一样。

1793年10月16日，法国王后玛丽·安托瓦内特受刑

到1794夏天，罗伯斯庇尔的统治被推翻，他本人也被送上了断头台。罗伯斯庇尔之后，统治法国的是由五人组成的督政府，他们对外进行防御作战，对内则维持团结和统一，这种局面一直维持了5年。他们的统治在这段剧烈变化的历史时期成了一个奇特的小插曲。他们随遇而安，得过且过。宣传者的革命热情又把法国军队带进了荷兰、比利时、瑞士、德国南部和意大利北部。这些国家的国王都遭到驱逐，然后这些国家成为共和国。但是，督政府的狂热宣传并没有阻止法国军队抢劫被解放人民的财富，以减轻法国政府的财政负担。他们的战争变得越来越不像为了自由的神圣战争，反而越来越像古代政权统治下的侵略战争。被法国抛弃的大君主制的最后一个特征，正是它传统的外交政策。人们发现督政府的外交政策就像根本没有爆发革命一样，依然非常活跃。

接下来，出现了一个给法国和世界带来不幸的人，他以强烈的形式体现了法国民族的利己主义精神。他给法国带来了十几年的荣耀和最终失败的屈辱。他就是率领政府军在意大利大获全胜的拿破仑·波拿巴。

在督政府统治法国的五年期间，拿破仑一直为自己的仕途升迁而苦心经营着、奋斗着。渐渐地，他爬上权力的顶峰。他是一个不善理解的人，但是他拥有无情的直率和巨大的能量。他以罗伯斯庇尔的激进拥护者的身份开始自己的政治生涯，并获得他的第一次晋升，但他没有真正掌握在欧洲起着重要作用的新势力。他最大的政治想象力，不过是一个迟来的华而不实的企图——恢复西罗马帝国。他试图抹掉旧的神圣罗马帝国的遗迹，企图建立经一个以巴黎为中心的新帝国。这样，维也纳的皇帝就不再是神圣罗马帝国皇帝，而仅仅是奥地利的皇帝。拿破仑和他的法国妻子离婚，目的就是为了和奥地利公主结婚。

拿破仑于1799年当上第一执政官，事实上，他已经成为法国的国王，1804年，他直接模仿查理曼，自己做了法兰西帝国的皇帝。教皇在巴黎为他加冕。在加冕过程中，他按照查理曼大帝的指示，从教皇手里拿起皇冠，自己戴在头上。他的儿子被加冕成罗马国王。

数年之后，拿破仑的统治获得了政治生涯的成功。他征服了意大利和西班牙，击败了普鲁士和奥地利，并统治着俄罗斯以西的整个欧洲。但是，他从来没有从英国人手里夺得制海权。1805年，他的舰队在特拉法加海战中，被英国海军上将纳尔逊彻底打败。1808年，西班牙开始反抗他，惠灵顿率领的英国军队迫使法国军队向北慢慢退出了西班牙半岛。1811年，拿破仑与沙皇亚历山大一世发生争执。1812年，他率领一支由60万人组成的庞大军队进攻俄国，由于不适应俄国的严寒，结果被俄国军队击败。随后，德国人起来反抗他，瑞典人也和他反目为敌，法国军队被击退。1814年，拿破仑在枫丹白露宫退位。然后，他被流放到厄尔巴岛。1815年，拿破仑回到法国，试图东山再起，然而在滑铁卢战役中，再次被英国、比利时和普鲁士联军打败。后来，被英军俘获，1821年，死在了圣赫勒拿岛上。

法国革命所蕴含的力量就这样被消耗殆尽。获胜的盟国代表在维也纳召开会议，希望尽可能恢复被这场战争风暴撕裂的欧洲政治局面。此后，欧洲维持了近40年的和平，一种精力耗尽后所得到的和平。

第56章
拿破仑之后欧洲不稳定的和平

在1854年到1871年之间，有两个主要的原因阻碍着这一时期的欧洲社会和国际局势维持和平与稳定，并酝酿着新的战争。第一个原因是，某些王室宫廷企图恢复不公平的特权，并干涉人们思考、写作和受教育的自由。第二个原因是，参加维也纳会议的外交家们划分的不合理的国界，进一步加剧了欧洲的紧张局势。

恢复君主制政体这一倾向，最早在西班牙出现，而且表现得特别明显。在那里，甚至还恢复了宗教法庭。1810年，拿破仑任命他的哥哥约瑟夫继承西班牙王位，大洋彼岸的西班牙殖民地上的人们也开始效仿美国，起兵反抗欧洲的权力体系。在南美洲，也有一位"乔治·华盛顿"式的起义领袖，他就是玻利瓦尔将军。西班牙无法镇压这场起义，所以这场战争就像美国独立战争一样，持续了很多年。最后，在奥地利的建议下，在这次战争中，欧洲的各位君主按照神圣同盟的精神应协助西班牙作战。英国首先反对这个建议，但是美国总统门罗迅速采取行动。1823年，他对这个恢复君主制的预谋提出严重的警告，他宣布：美国将把欧洲任何国家向西半球的扩张视为与美国作对，这就是所谓的"门罗主义"。它在近100年的时间里成功阻止了美洲以外的列强在美洲的扩张，使得西属美洲的新国家可以按照自己的道路来决定自己的命运。

但是，尽管西班牙的君主失去了他的殖民地，但是他仍然可以在欧洲协同体的保护下，在欧洲肆意践踏。1823年，西班牙爆发了一场人民起义，法国军队受欧洲会议的委托，对这次起义进行了镇压。同时，奥地利也镇压了那不勒斯的一场革命。

1824年，路易十八逝世，查理十世上台。查理剥夺了新闻和学术的自由，恢复了专制政府，然后决定用10亿法郎来补偿在1789年法国大革命中贵族们因城堡遭到焚烧和查封而造成的财产损失。1830年，巴黎市民对这个旧政权的复辟者忍无可忍，纷纷发动起义，把查理十世赶下了王位，拥立在法国恐怖时期被处决的奥尔良公爵菲利普的儿子路易·菲利普继位。欧洲大地上的其他君主制国家对这场起义并没有加以干涉，因为英国公开宣称支持它，而此时的德国和奥地利也出现了强烈的自由主义思潮。毕竟，法国仍然是一个君主制国家，路易·菲利普在法国的立宪法君主之位上坐了18年（1830–1848年）。

维也纳会议达成的和平，被君主们的反动行为激起的不安和动荡冲击着。维也纳会议划分出了不合理的国界，加剧了欧洲的紧张局势，严重威胁到人类的和平。把说着不同的语言、读着不同的文学作品和具有不同的一般概念的民族的事务集中在一起管理，本来就非常困难。特别是当这些差异中又加入激烈的宗教纷争时，就会难上加难。只有当不同的民族之间存在着明显的共同利益时——比如瑞士山区的各民族为了抵抗共同的敌人的入侵——它们才会超越语言和信仰的差异紧密联系起来。况且在瑞士还最大限度地实施地方自治。又比如说在马其顿，零零散散的村庄和居住地混居着不同的民族，因此，州自治制度势在必行。但是，如果读者看到维也纳会议中绘制的欧洲地图，就会发现这次会议似乎是有计划地激起当地人们最大的恼怒。

维也纳会议毁掉了荷兰共和国。它把信仰新教的荷兰人和以前属于西班牙（后来属于奥地利）的尼德兰法语天主教徒集中起来，成立荷兰王国。它不只是把原来威尼斯共和国，还包括意大利北部远至米兰的所有城市全都划给讲德语的奥地利人。把讲法语的萨瓦和意大利的一部分组合起来，恢复了撒丁王国。本来，在奥地利和匈牙利境界就已经存在着德国人、匈牙利人、捷克斯洛伐克人、南斯拉夫人、罗马尼亚人等彼此不和的情况，现在又加入了意大利人，使这两个国家变成了随时都可能爆炸的火药桶。1772年到1795年，波兰先后三次被普鲁士、奥地利和俄国瓜分，使得战争的爆发更加不可能避免。天主教徒和具有强烈共和精神的波兰人被信仰希腊东正教的沙皇用不太文明的手段统治着；波兰的重要地区划给了信仰新教的普鲁士。此外，维也纳会议还承认了沙皇管辖完全是异族人的芬兰。彼此差异很大的挪威人和瑞典人被置于一个国王的统治之下。读者可以看出，此时的德国已经陷入了特别危险的境地，普鲁士和奥地利有一部分领土位于包含众多小国家的德意志邦联之内，还有一部分位于德意志邦联之外。由于丹麦国王在荷尔斯坦因拥有一些讲德语的属地，所以丹麦也加入了德意志联邦。虽然卢森堡的实际统治者是荷兰国王，尽管那里的人大多讲法语，但它仍然被纳入德意志邦联。

这里有一个完全被忽视的事实：把讲德语和以德国文学为基础发展自己的思想的人民、把讲意大利语和以意大利文学为基础发展自己的思想的人民、把讲波兰语和以波兰文学为基础发展自己的思想的人民来说，如果用他们自己的语言，在各自的语言范围内处理自己的事务，肯定要顺利得多，对其他语系民族的人民也会减少很多冲击。难怪当时德国有一首最流行的歌曲这样唱道："无论在哪里，只要是讲德语的地方，就是德国人的祖国！"

拿破仑加冕肖像

1830年，比利时法语区受到当时法国七月革命的影响，爆发了摆脱尼德兰王国的独立革命。欧洲列强担心比利时成为共和国和被法国吞并，急忙插手干预，他们拥立萨克斯·科堡·哥达的利奥波德一世为比利时人的君主。在1830年，意大利和德国也爆发了起义，但都以失败告终。

同年，在俄属波兰还爆发了一场规模

更大的起义。在华沙，反抗尼古拉一世（1825年继亚历山大一世之后成为俄国皇帝）共和党政府在极端的暴力和残酷的镇压下，仅存在一年的时间。从此，波兰语被取缔，希腊东正教被定为国教，取代了罗马天主教。

1821年，希腊人民爆发了反抗土耳其人的起义。他们坚持了六年的浴血奋战，然而欧洲各国却在袖手旁观。自由舆论对此发出了抗议，欧洲国家的志愿者加入了希腊起义队伍，后来，英国、法国和俄国采取了联合行动。1827年，在诺瓦里诺海战中，土耳其舰队被英法联合舰队摧毁，俄国也攻入了土耳其境内。按照1829年签订的《阿德里安条约》，希腊宣布独立，但禁止恢复他古老的共和传统。他们拥立巴伐利亚的日耳曼系奥托亲王为希腊国王，此外，在多瑙河各省（现在罗马尼亚）和塞尔维亚（南斯拉夫的一部分）分别设立了基督教总督。然而，要把土耳其人从这些土地上完全驱逐出去，还要很多人做出流血牺牲。

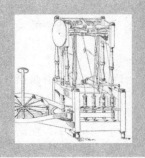

第57章
物质知识的发展及所取得的成就

整个17世纪和18世纪，以及19世纪初，当欧洲列强和王侯不断发生冲突，1648年的《威斯特伐利亚条约》逐步被1815年的《维也纳条约》取代的时候，当远洋船把欧洲的影响力传播到世界各地的时候，人们的知识获得日益增长，在欧洲和欧洲化的国家与地区，人们对世界的认识越来越多。

这种发展与政治生活分离开来的，在整个17世纪和18世纪的政治生活中都没有产生明显的、立竿见影的影响，也没有对这一时期的大众思想产生深刻的影响。直到19世纪的后半期，这些影响才充分在那些富裕的小规模人群和拥有独立精神的人群中表现出来。如果没有英国人所谓的"平民绅士，"科学的发展就不会首先出现在希腊，也不会在欧洲得到延续。在这一时期，各种综合院校在哲学和科学思想传播中扮演了重要角色，但不是主导角色。靠资助进行的科学研究有着很大的保守性和局限性，并且缺乏主动性和拒绝创新，除非受到独立思想的鞭策。

我们已经注意到，在1662年成立的英国皇家学会在实现培根新大西洋梦想中所起的重要作用。整个18世纪，关于物质和运动的一般概念已经越来越清晰，数学取得了很大的进步，显微镜和望远镜中的光学玻璃的用途也得到系统开发，自然史也有了新的分类，解剖科学开始复兴。地质科学——由亚里士多德设想，由达·芬奇（1452-1519年）阐述——开始他的一项伟大任务：解释岩石记录。

物理科学的进步极大地推动了冶金业的发展。冶金技术得到改进，使更大规模、更大胆的金属冶炼成为可能，因而推动了某些实用的发明的出现创造了条件。全新的、各种各样的机器大量出现，最终爆发了工业革命。

铁路开通的第一天，行驶在利物浦和曼彻斯特铁路上的早期车辆

1804年，特里维西克把瓦特发明的蒸汽机运用在运输行业，发明创造出世界上第一台火车头。1825年，斯托克顿和达林顿之间的第一条铁路建成并通车。斯蒂芬森制造的"火箭"号火车头，拖着13吨重的货物在铁路上行驶，速度达到每小时44英里。从1830年起，铁路得到了迅猛发展，到本世纪中叶，铁路四通八达，遍布整个欧洲。

1833年，利物浦和曼彻斯特铁路上行驶的早期车辆

陆路运输长期以来一直是人们生活中最常用的运输方式，到这个时期它的速度较以往提高了很多。拿破仑在俄罗斯遭遇惨败后，从维尔纳附近回到巴黎花了312小时。他的行程大约是1400英里。他在途中利用了可以想到的一切便利条

件，平均时速也没有超过5英里。如果是一个普通的旅客，就算是花上两倍的时间也很难走完这段路程。这个速度相当于公元1世纪罗马和高卢之间旅行时的最高速度。然而，自从铁路在整个欧洲的铺设，人类旅行的速度发生了翻天覆地的变化。拿破仑走的路程，如果乘坐火车，旅行时间可以缩短到48小时以内。也就是说，铁路的出现把欧洲各主要路程的距离都"缩短"到原来的十分之一，而行政管辖的土地的面积可以扩大到原来的十倍。在欧洲，这种可能性的全部意义仍有待人们去实现。在欧洲，骑马和道路交通时代确定的边界仍然存在。在美洲，铁路则被广泛应用。对正在向西部扩张的美利坚合众国来说，这意味着即使是住在遥远的边疆，也可以穿过整个大陆到达华盛顿。如果没有铁路，要维持如此广阔的国家的统一，是不可能做到的。

蒸汽轮船的出现要早于蒸汽机车。1802年，一艘名叫"夏洛特·丹达斯号"的蒸汽轮船就已经开始在克莱德运河上航行。1807年，美国人富尔顿制造出一艘装配瓦特蒸汽机的轮船，取名为"克莱蒙特号"，在纽约以北的哈得森河上航行。第一艘用来航海的轮船同样是美国制造出来的，名字叫"菲尼克斯号"，它的首航航线是从纽约到费城。第一艘以蒸汽机作为主要动力而横渡大西洋的轮船是1819年的"萨凡纳号"，它仍然是由美国人制造的。这些轮船都是明轮船。明轮船不适合在海洋上航行，因为它们的轮桨容易被海洋上的大浪打坏。

轮船：克莱蒙特，1807年，美国

螺旋桨轮船直到很晚才出现，原因是制造这种轮船需要克服很多困难。一直到19世纪中期，轮船的吨位才赶上帆船。此外，海洋运输业得到快速发展。由于轮船的性能更有保障，所以船员能够估算出轮船抵达海港的时间。过去，驾船横渡大西洋的冒险可能要花数周，甚至数月，如今所需的时间已经大大缩短。到1910年，当时最快的船仅需要5天时间，而且还可以提前估算出从出发地到达目的地的时间。

在蒸汽机普遍用于海上和陆上交通的时候，伏特、伽瓦尼和法拉第等人对电力现象的研究也取得了重要成果。他们的研究成果为人们之间的交流带来了无穷的便利。1835年，电报机被发明出来。1851年，世界上第一条海底电缆在法兰西和英格兰之间成功铺设。仅仅几年时间，电报机就已经普及到全世界。以前，信息只能一个点一个点按顺序传送，而如今，几乎在同一时间就可以把信息传到世界的各个角落。

19世纪中期，人们普遍认为火车和电报这类东西是最惊人、最具革命性的发明。然而，它们不过是在人类整个发明过程中最早出现的一批粗陋、简单的成果而已。这一时期的工艺知识和技术取得了飞速的发展，而且达到了非凡的程度。起初，这种情况表现得并不明显，后来，当它们扩展到对各种结构材料的掌握时，就显得越来越重要了。在18世纪中期以前，人们以木材为燃料冶炼铁矿石。然后，把得到的铁制成小块，再锤打成某种形状。16世纪，冶炼出来的铁块最大的也不过两三吨（所以，当时的大炮都不是巨炮），到18世纪，人们发明了鼓风机，随着焦炭的使用而不断地改进。同样是18世纪，首次出现了轧制的铁板和铁棒。奈斯密斯蒸汽锤，是1838年底发明出来的。

在古代世界，由于冶金技术落后，根本不可能利用蒸汽的力量。在没有铁板可用之前，蒸汽机，甚至连原始的蒸汽泵都得不到改进。用现在的眼光来看，早期的发动机显得既简单又笨拙，但它们代表着当时冶金科学的最高水平。到1856年年底，贝西默尔冶炼法出现了。到1864年，平炉冶炼法也出现了。自此之后，钢和各种铁可以以前所未有的方式和规模被熔化、提纯和铸造。如今，人们可以看到上万吨的钢水在电炉中像煮沸的牛奶一样沸腾。人类以前取得的各种进步，就其影响而言，都比不过人类冶炼出巨型钢铁和自由控制钢铁的成分。铁路和早期的各种引擎，仅仅是新的冶炼方法产生的第一批成果。紧接着，用钢铁制造的巨型轮船、用钢铁建造的高大桥梁、用铁钢建造的大型新式建筑，全都出现了。当人们意识到铁轨的间距太窄时，已经为时已晚，否则人们在乘坐火车旅行时可以获得更高的稳定性和舒适性。

在19世纪以前，世界上还没有载重量超过2000吨的轮船，而现在，载重量超过50000吨的巨轮已经非常普遍了。有人讥笑说，这种进步不过是"大小"上的进步，那种讥笑恰恰暴露出执著于这种观点的人在这方面的浅薄。大型的船舶或钢架建筑并不是这些人所想象的那样，仅仅是过去的小型船舶或建筑物的"放大版"，事实上，前者和后者完全是不同种类的东西——前者是用更细、更强的材料建造出来的东西，与后者相比更轻、更坚固的，也更耐用；前者也不是像过去那样靠经验来制造，而要经过精细而复杂的计算。在建造旧式房屋或船舶时，工人必须服从材料和其需求；然而在建造新式房屋或船舶时，材料已经不能主导人们。试想，煤、铁矿石和沙从沙洲和矿井被开采出来后，经过熔化和铸造，最后被制成细长而灿烂的钢铁和玻璃的尖顶，耸立于繁华的街道上，竟然高达600英尺！

以上我们详述了人们掌握的钢铁冶炼技术以及带来的影响，这仅仅是一个例子。人们对铜和锡，以及其他各种金属——比如19世纪一直不为人知的镍和铝——的认识过程，与对钢铁的认识过程相同。机器革命的最大成就，就是提高了人们控制各种物质的能力，比如控制各种玻璃、岩石和石膏、染料和纺织品的控制能力。然而，目前我们仍然在取得成果的初级阶段。我们有力量，但我们还得学习如何利用我们的力量。然而，当时的

十八世纪的纺轮

人们在利用这些科学赐予的实物时，采用了一些粗俗、下流、愚蠢甚至可怕的做法。各行各业的人都还没有使用如今已层出不穷的各种物质去工作。

随着机械制造业的不断发展，新的电力科学也跟着发展起来。不过，一直到19世纪八十年代，研究工作才取得明显的成就，引起普通大众的关注。后来，电灯和电力牵引突然问世。此后，力的

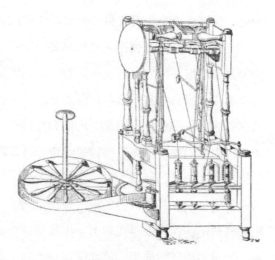

阿科莱特的珍妮纺纱机模型

转变、输送能量成为可能，人们可以根据需要把能量转变成机械运动、光或热，通过铜线把能量输送到其他地方，就像用管道把水引到所需的地方一样。

最初，英国人和法国人是这个知识"大爆炸"时代的引领者，后来，在拿破仑统治下学会了谦卑的德国人，在科学探究中表现的高昂热情和顽强精神已经超过了先前的引领者。英国的科学成就主要是由学术研究中心之外的英格兰人和苏格兰人创造出来的。

当时，英国的大学主要以研究拉丁语和希腊语的迂腐经典为主，科学研究水平不断倒退。法国的教育同样受到耶稣会学者的古老传统所禁锢。相对而言，德国人更容易组建起研究机构，虽然规模可能不会很大，但在数量上仍然远远超过英国和法国的发明家和实验者。借助于科学发明，英国和法国成为全世界最富有、最强大的国家，然而国内从事科学研究和发明创造的人并没有因此而变得有钱有势。这是因为一个真诚热爱科学的人必须要有超脱世俗的心态，他把所有的精力都用在他的科学研究上，根本就无暇考虑如何从中赚钱。因此，这些人的各种发明所带来的经济利益，自然就被那些贪婪的人攫取。我们发现，在英国，每一次科学技术的进步，都有富人从中获得好处。虽然他们并没有表现出经院学者以及牧师"杀鸡取卵"那样的强烈欲望，但他们对发明者和科学者的穷困却熟视

无睹。他们认为，发明家和科学家天生是为聪明人获利而存在的。

在这个问题上，德国人的做法要聪明得多。德国学者对新学问没有表现出相同的强烈憎恨。他们允许新学问发展。德国商人和制造商也不像他们的英国竞争对手那样蔑视科学家。这些德国人相信，知识就像是一种栽培作物，必须有肥料的滋养才能长得茁壮。因此，他们为有科学头脑的人提供了创造从事科学研究的条件，为他们提供了充足的科研经费。这方面的开支，获得了丰厚的回报。19世纪后半期，德语已经成为每一个科研人员必须掌握的语言，除非他不想获得最新的科研资讯。在某些科研领域，特别是化学，德国具有压倒西部邻国的优势。德国的科研工作在六十年代和七十年代所做出的努力，在八十年代后期明显有了回报，取得了丰硕的成果，使德国在技术和工业的繁荣方面把英国和法国远远甩在后面。

八十年代，一种新型的发动机开始投入使用，它拉开了发明史上一个新阶段的序幕。这种发动机，以爆炸性混合物的膨胀力取代蒸汽的膨胀力。人们把这种轻便的、高效率的发动机安装在汽车上。之后，这种发动机又得到进一步的改进，其重量和效率最后达到了用于飞行器的要求。早在1897年，华盛顿史密森研究所的兰利教授就成功制造出一架飞行器，只是还没有大到可以载人飞行。到1909年，飞机正式成为人们乘坐的一种交通工具。随着铁路和公路交通的不断完善，人类追求更高速度的愿望似乎已经不那么强烈了。然而，飞机的出现，让人们体验到比铁路和公路交通成倍加快的速度。18世纪，从伦敦到爱丁堡需要8天时间，然而1918年英国民用航空运输委员会的报告说，在未来几年，用8天时间就可以完成从伦敦到墨尔本这样绕地球半周的旅程。

我们不必过分在意从一个地方到另一个地方所需的时间明显缩短，这仅仅是人们可以到达的更深远的、更重大的发展的一个方面。例如，19世纪农业科学和农业化学也取得了同样的进步。人们已经学会了如何给土壤施肥，以便在同一块土地上比17世纪时多收获三四倍的产量。医学科学也取得了让人惊叹的进步，人的平均寿命增加，每天的效率提高，因健康欠佳引起的生命衰弱明显减少。

总之，人类的生活发生了翻天覆地的变化，科学技术引领人类步入了一个新的阶段。人们在短短的100多年的时间里就引发了伟大的机器革命。在这期间，人类所取得的物质成就，远远超过从旧石器时代到农耕时代，或从埃及佩皮时代到乔治三世时代所取得的一切成就。人类事务的一个新的、巨大的物质框架已经形成。显然，我们的社会、经济和政治模式也需要做出很大的调整以适应这种变化，但是，这些调整必须等待机器革命的进一步发展之后，因为它至今仍处于起始阶段。

第58章
工业革命

　　在很多史书记载中总愿把我们上一章介绍的机器革命和工业革命混为一谈。事实上，机器革命在人类的经验中是一个全新的东西，它是从有组织的科学研究中产生的，就像发明农业或发现金属一样，这标志着一种全新的历史阶段的到来。而工业革命是社会和经济发展到一定阶段的产物，它和机器革命的起源完全不同。这两个过程同时发展，它们相互作用，然后它们本质却是完全不同的。即使是没有煤，没有蒸汽，没有机器，也会出现工业革命。不过，在这种情况下，它可能会更紧密地遵循罗马共和国末期社会和经济的发展路线，重演无依无靠自由农、集体劳动、庞大的庄园、巨额金融财富，以及破坏社会的经济发展等故事。事实上，工厂生产方式在电力和机器出现之前就已经产生了。工厂不是机器的产物，而是"分工"的产物。在水力涡轮机用于工业生产之前，那么技术娴熟而又遭受剥削的工人就已经开始制作女帽、纸箱、家具、彩色地图和书籍插图等。在奥古斯都时代，罗马就已经有了工厂。例如，新书就是在书商的工厂里由抄写员抄写出来的。细心阅读迪福的著作和菲尔丁的政治小册子的人会发现，英国在17世纪结束之前已经把穷人集中到工厂里，让他们为了生计而劳动。甚至早在1516年，莫尔在他的《乌托邦》一书中就已有有所暗示。工厂是社会发展的产物，而不是机器发展的产物。

到18世纪中叶以后，西欧社会和经济的历史其实是罗马国家在公元前最后三个世纪的历史的翻版。但是，因为欧洲的政治分裂、反对君主制的政治动乱、民间起义，还有西欧人更容易接受有关机器的想法和发明，使得历史的进程转向全新的轨

位于科尔布鲁克代尔的早期工厂

道。多亏有了基督教，便使人类团结的想法在新的欧洲大地上更为广泛地传播，加上政治权力相对没有那么集中，因此，那些精力充沛又急于致富的人非常乐意转变自己的观念——从奴隶集体劳动转变到机械动力和机器劳动上来。

机器革命——机器的发明和发现的过程，是人类经验中出现的新事物，不管对社会、政治、经济和工业带来什么样的影响，它都不停地向前发展。工业革命就像大多数其他的人类事务一样，越来越深地影响着人类的生活，因为机器革命引起人类状况的不断变化。一方面，在罗马共和国后期，财富集中在少数人手中，小农和小商人逐渐退出；另一方面，在18世纪和19世纪也出现了资本的大规模集中。两者的本质区别是，机器革命导致劳动的性质发生了根本性的改变。旧世界的动力是人力，一切都主要取决于人类——无知的、顺从的人类用双手所承担的力，偶尔也使用牛、马这样的畜力。担重物需要人力，开采岩石需要人力，耕田种地也需要人力。罗马的"轮船"，需要桨手汗流浃背地不停地划桨来获得动力。在人类早期文明中，很大程度上受雇劳动者被当成机器一样地役使。由动力驱动的机器刚出现时，仍不能把人们从笨重的体力劳动中解救出来，大量的人力还是被派去挖掘运河，修筑铁路和路堤，等等。因此，矿工的人数也急剧上升。但是便利的设施和商品的产量也不断地增加。到了19世纪，人力便不再被当成动力来源来使用，以往由人力从事的机

械劳动，现在被机器取代，并且完成得又快又好，如今只有在需要选择和智慧的行业才需要人来完成。人仅仅作为人而被需要。作为以往所有文明支柱的苦力——只知道服从，不懂得思考——对人类的社会发展来说，已经不重要了。

这种情况不仅出现在最新的冶金行业，还出现在古老的行业，如农业和采矿业中。在犁地、播种和收获时，机器的工作效率是人工的几十倍。罗马文明是以廉价和贬值的人为基础建立起来的，而现代文明则是以廉价的机器劳动为基础建立起来的。100年来，机器动力越来越便宜，而劳动力却越来越昂贵。机器之所以经过很长一段时间才运用到采矿业中，是因为在那段时间时，劳动力比机器动力更便宜。

现在，人类事情已经发生了最重要、最根本的改变。在旧文明中，富人和统治者最担心的是苦役的供应不足。到了19世纪，那些有头脑的人已经越来越清楚地意识到：有知识的平民比只会苦干的劳役更有价值。他必须是教育，为了确保"工作效率"，必须让劳动者接受教育，因为这样他才明白他在干什么。

从基督教开始传播以来，大众教育就开始在欧洲发展，但比较缓慢，这和伊斯兰教在亚洲传播时一样。因为非常有必要让信徒们了解一些使之得到拯救的信条，并让他们读一点使信仰得以传达的《圣经》。基督教的教义之争开始后，为了争取更多的追随者，各方都非常重视普及平民教育。例如，在英国，19世纪三十年代和四十年代，彼此竞争的教派为了发展年轻的信徒，建立了一系列儿童教育机构：国家教会学校，非国教"英国"学校，甚至还有罗马天主教小学。19世纪下半叶，整个西方世界的平民教育获得快速发展，但是上层阶级教育的发展速度远没有这么快。以前社会中存在的知识分子和无文化大众之间的巨大鸿沟，如今已经缩减到只是受教育程度上的一点细微的差别。这个变化过程的背后是机器革命。从表现上看来，它和社会状况无关，但事实上却在世界各地彻底地消灭了一个目不识丁的文盲阶段。

罗马的普通公民从未真正理解过罗马共和国的经济革命。普通的罗马公民也从来没有像我们现在这样清楚、全面地理解自己经历的变化。在工业革命持续到19世纪接近尾声时，越来越多受它影响的普通大众把它看成是一个整体的过程，因为如今他们可以阅读、讨论和相互交流，还因为他们可以四处游历，看到一些以前的平民没有机会看到的东西。

第59章
现代政治和社会思想的发展

古代文明的制度、习俗和政治理念，以一种无人设计、无人预见的姿态，一个时代接着一个时代地向前演进着。一直到公元前6世纪——人类发展史上的伟大的青春期，人类才开始思考彼此之间的关系。在这个伟大的世纪，人们首次提出改变和重建已经存在的信仰、法律和人类管理方法的要求。

我们已经介绍过希腊和亚历山大城在人类早期时代中对知识的掌握和传承所作出的巨大贡献，后来，随着蓄奴文明的崩溃、宗教迫害的加剧和专制政权的镇压，使得文明的曙光再次被无知和野蛮的黑暗笼罩。直到15世纪、16世纪，无畏的思想散发出的强光才有效地穿透了积聚在欧洲上空的黑暗。我们还介绍了阿拉伯人的发明创造和蒙古人的无敌征服所刮起的强风，如何彻底吹散欧洲人精神上的阴霾。起初，它主要是让人们了解到更多关于物质的知识。人类恢复理性后所获得的最早成就，是取得物质方面的成就和获得物质的力量。人类关系的科学，如个人和社会心理学、教育和经济，不仅本身更加微妙和复杂，同时和人的情感也必然有着千丝万缕的关系。它们的发展速度一直较慢，并且在发展过程中还受到各种反对势力的阻碍。人们会心平气和地聆听有着星辰或分子各种阐述，但是一听到有关我们生活方式的各种观念后，每一个人都会有所触动并做出反应。

在古希腊，柏拉图的大胆猜测要早于亚里士多德对事实的艰难探索。同样，欧洲人对新阶段的政治探索最早也是采用"乌托邦"的故事形式，它直接模仿柏拉图的"共和国"和他的法律形式。托马斯·莫尔爵士的《乌托邦》也是模仿柏拉图，并对英国新的《贫民法》的颁布产生极大的影响。那不勒斯的托马斯·康帕内拉写的《太阳城》，虽然构思更别出心裁，但是却没有产生实质性的影响。

到17世纪末期，我们发现有相当多的政治和社会科学著作被创作出来，而后还不断涌现。在这场大讨论中，有一位开拓性的人物叫约翰·洛克。他是英国一位共和党人的儿子，曾在牛津大学求学，主攻化学和医药。在他写的关于政府、宽容和教育的论文中，显示出他已经非常清醒地意识到社会改造的可能性。与约翰·洛克齐名，但稍晚于他的是法国的孟德斯鸠（1689–1755年），他对社会、政治和宗教组织展开了深入的探索和根本性的分析。他猛烈地抨击了法国专制的君主政体，撕去了它那神秘的威望的外衣。孟德斯鸠和洛克一起纠正和清扫了很多试图阻止人们改造人类社会的错误观念。

随后，在18世纪中后期法国出现了一大批继往开来的思想家，他们对人类的道德和智力进行了更加深入的探索。这些人大多数都是具有反抗精神的、耶稣会的优秀学者，因集体参与编纂法国的《百科全书》而被称为"百科全书派"。他们共同的目的是完成建造一个"新世界"的计划（1766年）。在百科全书派反对封建特权制度和天主教会时，一些经济学家或重农学派的学者也对粮食和商品新的生产与分配方式进行了大胆和毫无掩饰的探索。《自然法典》的作者摩莱里强烈地谴责了私有财产制度，并提出建立共产主义的社会组织。他是19世纪各种派别的集体主义思想家——他们被统称为社会主义者——的先驱人物。

什么是社会主义？可能有上百种关于社会主义的定义，也可能有上千个社会主义者组成的派别。从本质上讲，社会主义就是以公共利益为出发点，对私有财产观念进行批判的思想或主张。社会主义和国际主义是两个基本的思想观念，我们的大部分政治生活以它们为中心而展开。

财产这一观念是从生物好斗的本性中产生出来的。在人类还没有进化成人类之前，人类的祖先类人猿就已经是财产的所有者。财产的基本属性就是为了它而相互争夺。狗对骨头，母老虎对巢穴，咆哮的雄鹿对鹿群，都充满了强烈的占有欲望。在社会学中，没有比"原始共产主义"这一说法更荒谬的表达了。旧石器时代早期的部落家庭中的长者，对他的妻子和女儿、他的工具，以及其他所有可见的东西拥有所有权。"如果任何其他的人试图抢占他的财产，他就会用武力来保护这些财产。如果有可能，他还会杀死抢夺者。阿特金森在他的《原始法》中令人信服地阐述道：随着原始部落的不断发展，部落中的长者逐渐接纳了年轻男人的存在，并且承认他们对从其他部落抢夺回来的女人、他们自己制作的工具和装饰品，他们猎杀的野兽拥有所有权。这个人的财产和那个人的财产之间的相互妥协，推动着人类社会不断向前发展。它是人类用武力把其他部落驱赶出自己势力范围的那种本能的妥协。如果山丘、森林和溪流既不是被你占有，也不是被我占有，那它们就是被我们共同占有。如果谁想把它们占为己有——事实上这是不可能做到的，如果他要那样做——他就会被其他人消灭。因此，一开始，社会就是对所有权的一种缓解形式。野兽和原始野蛮人的所有权欲望，比今天文明世界的人要强烈得多，因为他们的这种欲望是一种本能，而不是出于理性。

对自然的野蛮人和如今未受过教育的人而言，他们可以占有的东西没有任何限制。不管什么东西——女人、活着的俘虏、捕获的野兽、森林、空地、石洞或其他别的东西——谁抢到手，就归谁所有。随着社会的发展，为了抑制自相残杀的争斗，人们制订出某种共同遵守的法律。此外，他们还想出了一种解决所有权的简便方法：凡是最先制造、捕获或宣称某种东西的人，就拥有这种东西的所有权。一个无法偿还债务的人，债权人将其产业没收是合情合理的。一个人一旦占有了某块土地，那么他从其他任何愿意耕种这种土地的人那里获得租金，同样是合情合理的事情。慢慢地，随着有组织生活的开始出现，人们渐渐明白这种对任何东西没有限制的占有欲望是有害的。人类是从一出现在这个世界上就占有了一切吗？不是，他们先诞生在这个世界上，然后才开始占有和索取。早期文明中的社会斗争现在已很难考证，但罗马共和国的历史告诉我们：社会已经意识到债务可能会给公众生活带来不便，应该取缔。无限地拥有土地也会造成诸多不便。我们发现，晚期巴比伦严格限制了占有奴隶财产的权利。最后，我们在伟大的革命家——拿撒勒人耶稣——所传播的教义中看到，他对财产的所有权进行了前所未有的猛烈抨击。他说，让一个拥有大量财产的人放弃他的财产，进入天国，比骆驼穿过针眼还要难。对财产所有权的抨击，在过去2500年到3000年间从未间断过。在拿撒勒人耶稣去世1900多年后，全世界信仰基督教的人终于相信，人类可以没有财产。同时，"一个人可以按自己的意愿处理自己拥有的财产"的这一观念，相对于其他财产观念来说，产生了很大的动摇。

但是，直到18世纪即将结束时，人们对这个问题的探索仍然处于质疑阶段。没有什么已经足够清楚，更不用说出答案，然后付诸行动。当时，社会中最主要的冲突，是人们为保护自己的财产而反对国王和贵族冒险家的贪婪和挥霍。最初，法国大革命最主要的目的是为了把私有财产从征税中解救出来。但是，革命中的平均主义又使革命对它曾经保护的私有财产进行了批判。当大多数人没有遮风挡雨的住所，没有果腹的食物，只要不辛勤劳动，雇主就不提供食物和住所时，人们如何能得到自由和平等呢？太过分了！——穷人抱怨道。

针对这一难题，有一个重要的政治团体给出的答案是"平分"私有财产，他们希望强化和普及财产。然而，早期的社会主义者——或更准确地说，是共产主义者——给出的答案是"取缔"私有财产，它们全都归国家（当初应该理解成"民主国家"）所有。

那些追求自由和幸福这一相同目的的不同的人，提出了自相矛盾的主张：有些人建议财产权应该尽可能地绝对化，有些人又建议应该完全杜绝私有财产。解决这个矛盾的前提是人们认识到这样一个事实：所有权不是单一的，而是众多不同的事物的复合体。

直到19世纪，人们才开始意识到：财产不是一种简单的东西，而是一种关于不同的价值和不同的后果的非常复杂的所有权；很多东西（如人的身体、艺术家的工具，服装、牙刷）是无可争辩的个人财产；此外，还有其他很多的东西，比如铁路、各样机器、房屋、花园、游艇等，需要具体考虑之后才能确定它们在何种程度、何种限制下属私人所有，又在何种程度、何种限制下属公共所有，为了集体的利益由国家管理或出租。在实际方面，这些问题渗透到政治中，属于实现和维持高效国家管理的问题。它们揭露了社会心理科学中存在的问题，并且与教育科学相互作用。对财产的抨击仍然是一种广泛的、强烈的情绪激动，而不是一门科学。个人主义者企图用我们所占有的财产来保护和扩大我们目前的自由，而社会主义者又企图平分我们的财产，并且约束我们获得财产的行为。事实上，人们会发现每一个阶层的人都是处于极端个人主义者（他们几乎不容忍任何形式的支持政府的税收）和共产主义者（否认任何私有财产）之间。现在我们通常所说的社会主义也被称为集体主义，它允许拥有相当数量的私有财产，但是教育、交通、矿山、土地所有权、重要物资的生产，等等，控制在具有高度组织性的国家手中。现在，的确有一些有更理性的人逐渐趋向于认同经过科学地研究和设计的温和的社会主义。人们越来越清楚地意识到，未受过教育的人在伟大的事业中不容易合作成功。当国家朝着更高级、更复杂的阶段迈进的时候，当国家从私人企业接管每一种职能时，都要求教育必须要有相应的进步，以及组建适当的监督和控制的组织机构。当代国家的新闻宣传和政治手段，对于大规模地开展集体活动而言，还有很多方面跟不上。

　　有一段时间，雇主和雇员，特别是自私的雇主和倔强的工人之间的关系非常

卡尔·马克思

紧张，它促使共产主义以粗糙的和初级的形式连同马克思这个名字一起传遍了整个世界。马克思的理论基于这样一种信念：人的思想受其经济需要的制约。在我们目前的文明中，富有的剥削阶级和被剥削的劳苦大众之间必须存在着尖锐的利益冲突。机器革命必然推动教育发展，受剥削的大众就会越来越有阶级意识，在对抗少数剥削者的斗争中就也会越来越团结。马克思预言，觉悟的工人阶级会以某种方式夺取政权，然后建立一个全新的社会国家。对抗、起义、爆发革命，这都是完全可以同情的，但同样也是一

个破坏过程。马克思主义在俄国得到了检验，事实证明它极度缺乏创造性。

马克思试图用阶级对立取代国家对立。马克思主义曾先后成立第一、第二和第三工人国际。但是，从现代个人主义思想出发，它也可能形成一种国际化的理念。在伟大的英国经济学家亚当·斯密之后，人们越来越深刻地认识到，要保持世界各地的繁荣，全世界的自由贸易就必须一直存在下去。个人主义者对国家的敌视，实际上是对关税和国界的敌视，也就是对国界限制自由行为和运动的敌视。有趣的是，我们看到两条思想路线，它们在精神上是如此的不同，在物质上也具有如此大的差异，就像马克思主义者所倡导的以阶级斗争为主的社会主义和英国维多利亚时代的商人所倡导的以个人主义为主的自由贸易理念那样有着天壤之别。尽管存在着这样的差异，但是它们同样暗示着将超越现存所有国家的边界和限制，在新的世界范围内处理人类事务。现实的逻辑打败了理论的逻辑。我们开始觉察到，个人主义理论和社会主义理论是从大相径庭的起点出发，对人类如何才能共同劳动这一问题进行探索，寻找更广泛的社会和政治思想以及诠释。当人们的信心在神圣罗马帝国和基督教世界遭遇打击，在这个发现时代，当人们的眼界从地中海世界扩展到整个世界时，这种探索再次在欧洲开始并得到强化。

如果要把迄今为止社会、经济和政治思想一一详细介绍，那么必定要介绍那些太有争议的观点，它们的确不符合本书的范围和意图。但是，如果我们像现在这样从世界历史的广阔的视角来看待这些东西，我们都必将承认：在人们的头脑中重建这些主导性的想法，仍然是未完成的任务，我们甚至不能估计已经完成到何种程度。某些共同的信仰似乎正在形成，它们的影响力在日常的政治活动和公众行为中表现得非常明显。但是，目前它们还不够清楚，也没有足够的说服力，从而不能推动人们坚定地、有系统地去实现它。人们的行为在传统和创新之间徘徊，从整体上来说，更倾向于传统。然而，即使和不久以前的思想相比，人们的思想中也似乎已经形成了一个在人类事务中建立新秩序的轮廓。不过，这是一个粗略的轮廓，还过于模糊不清，细节和方式也没有最终确定，但它坚定不移地朝着清晰的方向发展，其主要轮廓的改变也越来越少。

人类事务在很多方面，在不断扩大的范围内一年一年地变得越来越清楚。人类逐步成为一个共同体，对人类事务控制在一个共同的世界范围内，显得越来越有必要。例如，整个世界形成一个经济共同体的目标正在稳步推进，合理开发地球的自然资源需求进行综合性的考虑，探索给了人类更大的力量和范围，使人类现在零散的和有争议的管理方式面临越来越多的浪费和危险。金融和货币政策成为全世界都感兴趣的事，而且只有放眼全球，综合性处理才能取得成功。传染病和人口的增长及迁移如今已引起全世界的广泛关注。人类力量的不断增长和活动范围的不断扩展也使得战争成为极具破坏性和引发巨大动乱的行为，因此，战争再也不是解决国家和政府之间、人与人之间争端的方式了。所有这些事情，都呼唤着一个比迄今存在的任何政府有更大的规模、更有综合性和权威性的控制机关出现。

但是，仅仅通过征服或联合现有政府从而组建一个超级政府，并不能解决这些问题。有人曾根据现有的组织类推，想到成立人类议会和世界议会，选举世界总统或世界皇帝，等等。我们最初的自然反应往往也是得出一些这样的结论。但半个世纪以来的争论和经验，让我们对这种明确的信念感到气馁。沿着这样的思想路线统一世界，阻力太大了。现在，人们采用了另一种方法：世界各地现有的各个政府派出代表，组成一些可以在世界范围内行使权力的专门委员会或组织，参与或指导自然资源的开发、劳动条件均等化、世界和平、货币、人口、健康，等等。

人们可能会发现这个世界的共同利益被当成共同关注的事务来管理，但他们依然未能意识到有一个世界政府存在。然而，在人们的统一实现之前，在人类利益的国际性调节战胜由于爱国而产生的猜疑和嫉妒以前，在全世界形成一个人类统一的观念是非常有必要的。"人类一家"的观念，应该得到普遍地宣传和理解。

两千多年以来，那些伟大的普世宗教一直在艰难地维持和传播着一种"所有人都是兄弟"的观念。然而，一直到今天，由于部落、民族和种族摩擦而造成的仇恨、愤怒和猜疑，仍然阻碍着更广泛的意见和更为慷慨的冲动——它使每一个人都成为全人类的仆人。就像在6世纪和7世纪那混乱、无序的基督教时代，基督徒为了把基督教教义渗透到欧洲人的灵魂中而不懈奋斗一样，如今人们也为了博爱思想能渗入人类的灵魂而艰苦奋斗着。这种思想的传播和胜利必须依靠众多忠实而平凡的宣传者，并且没有任何一个当代作家可以冒昧地猜测它的进展程度，以及可能获得什么样的结果。

社会问题、经济问题似乎与国际问题密不可分地交融在一起。每一种问题的解决都依靠同样的服务精神，它给人们鼓舞人心的力量。个体老板和工人在面对共同利益时，双方都表现出不信任、固执和自私。极度膨胀的个人占有欲，与国家和皇帝的贪婪是同一回事，它们都是相同的本能倾向，全都是无知和传统的产物。国际主义就是国家的社会主义。至今还没有出现一种足够有深度和有力量的心理科学，或者经过充分计划的教育方法和教育组织可以真正地最终解决人们之间的交流和合作这一难题。在1820年，人们还不能设计出电气铁路系统，如今，我们也没有建立起真正有效的世界和平组织，但是，我们都相信它总有一天会出现，并且就在不远的将来。

没有人能超越他自己的知识，也没有任何思想可以超越当代的思想。我们不可能猜测或预言：人类还要经历多少战争、耗费、动乱和苦难，才能结束这种极度挥霍和漫无目的战乱之夜，迎来预示着心理和平和世界和平的伟大的黎明曙光。我们提出的解决方案仍然是模糊和粗陋的，它们被冲动和猜疑包围着。理智的改造是一项伟大而艰巨的任务，虽然它仍然不完整，但我们的观念迅速发展，变得越来越清晰，将凝聚起控制人们思想和想象的力量。它们目前还缺乏这种力量，是因为它们还缺乏保证和准确性。

第60章
美国的扩张

在世界的不同地区中，受新发明的交通工具影响最直接、最明显的是北美。美国在政治上体现的，并且由宪法确定的是18世纪中期形成的自由主义思想。它取消了国家教会或王权，取消了贵族头衔，并且珍惜地保护着私有财产，把它当成自由的一种手段。在美国，几乎每一个成年男性公民都有投票选举的权利——最初，在不同的州，具体做法各不相同。由于投票方法还很原始、粗糙，因而政治生活很快就被高度组织化的政党机构控制了，但是，这并没有阻止这些才获得独立和自由的人发挥出远远超过当代人的活力，事业心和公共精神。

然后，速度大幅度提高的交通工具出现了。美国从这场交通大提速中获得的利益最大，但美国人几乎都不这样认为，这真是一件奇怪的事情。美国已经采用了铁路、轮船、电报，等等，它们被美国人看成是国家发展过程中自然出现的东西。然而，它们不是。这些东西恰恰是为了及时地挽救美国的统一而出现的。今天的美国正是先依靠江河轮船，然后依靠铁路建立起来的。如果没有这些东西，如今这个幅员辽阔的大陆国家——美国，完全不可能建立起来；人口向西部迁移的进度会大大地延迟，有可能永远也不会越过中部大平原。为了找到更适宜的定居点，这些移民从东海岸迁移到密苏里州，虽然路程不及横跨半个大陆，但他们

竟然用了近200年时间。在密西西比河对岸建立的第一个州是1821年建立的有着
"轮船州"之称的密苏里州。但是,从这里到太平洋剩下的那段距离,移民们仅
用了几十年的时间完成了推进。

第一艘在河里航行的蒸汽船

如果我们把北美从1600年起之后每一年的地图在电影院里放映出来,那看起
来一定很有趣。我们用一个小黑点代表100人,用五角星代表人口在10万人以上
的城市。

读者会看到,两百年来,小黑点沿海岸地区和通航水域慢慢蔓延,当蔓延
到印第安纳州、肯塔基州时,速度变慢下来。然后,大约在1810年时,情况发
生了变化。在通航河流的沿岸地区,小黑点迅速增加并扩散开来。这是轮船的
出现带来的结果。不久之后,那些位于前面的"先锋点"就抵达了堪萨斯州和
内布拉斯加州。

然后,大约从1850年起,表示铁路的黑线出现了。从此,小黑点不再是慢
慢地蠕动,而是跑起来了。现在,它们出现的速度如此迅速,就好像是用喷涂
机喷上去的一样。突然间,在一个地方,出现了代表10万人口以上的第一座大
城市。随后,这些五角星大量涌现出来,每一颗五角星都像是不断延伸的铁路
网上的一个结。

美国的发展过程是全新的，在世界历史上没有先例的。这样一个国家在以前是不可能建立的，就算是建立起来，也会因为没有铁路，不久就会四分五裂。如果没有铁路或电报，北京管理加州比华盛顿管理起来还更方便一些。但是，美利坚合众国的庞大的人口不单是增长迅速，而且还均匀分布。如今，旧金山人和纽约人的相似程度，超过了一个世纪前的弗吉尼亚人和新英格兰人的相似程度。同化过程中没有受到任何阻碍。美国各州正在被铁路、电报等联系在一起，形成一个越来越巨大的统一国家，语言、思维和行为都与国家的统治保持和谐。不久，航空业也为维护和加强美国的统一发挥出巨大作用。

美国这个伟大的国家在历史上是一个全新的事物。虽然以前也有过人口超过1亿的庞大帝国，但它不过是众多独立的民族的联合，从来没有由单一民族组成的同等规模的国家。我们希望有一个新的名词来命名这个新事物。我们称呼美国为一个国家，正如我们称呼法国或荷兰为一个国家。但是，就像马车和汽车是两种不同的事物一样，美国也是不同于其他国家。它们在不同的时期和不同的条件下成立，它们以完全不同的速度和完全不同的方式寻求发展。就其规模和可能性来说，美国是欧洲国家和世界联合国家之间的一种国家。

然而，美国人民在拥有今天的强大和安宁，也经历了一个可怕的、残酷的内部冲突阶段。内河轮船、铁路、电报，及其他通信设施没有及早出现，以阻止南方各州联盟和北方各州联盟之间的利益和思想冲突进一步加深。南方各州是蓄奴州，北方各州的所有人都是自由人。最初，铁路和汽船把已经存在的南北两部分之间的差异带入了更尖锐的冲突之中。由于新的交通工具的出现而日益加强的统一局面，比以往任何时候更加迫切地需要确定是以南部的精神为主导还是以北部的精神为主导。双方相互妥协的可能性几乎为零。北方的精神是自由和个人主义，南方的则是支持大庄园主和贵族役使黑奴的风气。

在人口浪潮涌向西部的过程中，每一个新建立的州，每一个新加入快速增长的美国体系的部分，都不可避免地出现了这两种思想之间的冲突：是成为一个自由公民之州呢，还是实施等级制度和奴隶制度？从1833年开始，美国反奴隶制协会不仅阻止了奴隶制的进一步扩展，而且还为彻底废除奴隶制在整个国家展开宣传。在是否接纳得克萨斯州加入美国联盟时，双方终于爆发了公开的冲突。得克萨斯州原本是墨西哥共和国的一部分，但它主要是由蓄奴州的美国人开辟的殖民地。1835年，它脱离墨西哥，确立了自己的独立地位，并于1844年加入美国。根据墨西哥法律，奴隶制已在得克萨斯州被禁止，但现在南方又宣称得克萨斯州可以实行奴隶制。

与此同时，远洋航行的发展把越来越多的来自欧洲的移民带到北方各州，使得其人口迅速膨胀。爱荷华、威斯康星、明尼苏达和俄勒冈等北部农业区，此时也发展到可以各自成为"州"，使得反奴隶制的北方在参议院和众议院的可能获得更大的优势。种植棉花的南方各州，不仅为废奴运动带来的日益严重威胁而愤怒，而且还担心北方在国会中占据主导地位，于是开始计划从联邦中独立出去。他们开始梦想着吞并位于其南方的墨西哥和西印度群岛，建立一个脱离北方的、远达巴拿马的庞大奴隶制国家。

1860年，反对奴隶制度的亚伯拉罕·林肯当选为总统，南方各州决定脱离联邦。南卡罗来纳州通过了一项"独立法令"，并且为战争做好了准备。密西西比州、佛罗里达州、亚拉巴马州、佐治亚州、路易斯安那州和得克萨斯州也加入了脱离联邦的行列，它们组成"美利坚联盟国"，推选杰弗逊·戴维斯为首任总统，并制定出一部明确写着"拥护黑人奴隶制"的宪法。

亚伯拉罕·林肯是那些在美国独立战争结束后长大的新一代中的典型人物。在他年轻时，他也是西移人流中的一分子。1809年，林肯出生在肯塔基州，当他还是一个小男孩时被送往印第安纳州，稍大之后又迁到伊利诺伊州。在印第安纳州的穷乡僻壤渡过的那段日子，林肯的生活过得很艰苦。他住的房子是一座旷野里的简陋小木屋。他没有

亚伯拉罕·林肯

条件接受良好的学校教育，不过，他的母亲很早就教他读书和写字，他也如饥似渴地学习知识。17岁时，他成了一名高大的摔跤和赛跑运动员。有一段时间，他在一家商店做店员，后来又做仓库保管员，并且与一个喜欢喝酒的人合作经商，为此他欠下了一笔15年都没有完全还清的债务。1834年，当他只有25岁时，他当选为伊利诺伊州的众议院成员。在伊利诺伊州，奴隶制问题特别突出，因为国会里支持扩大奴隶制政党的主要领袖就是伊利诺伊州的参议员道格拉斯。道格拉斯是一个很有能力，也很有威信的人。有一段时间，林肯通过演讲和散发小宣传册和道格拉斯针锋相对，逐渐成为他最强大的对手，并且最终战胜了他。1860年，双方为了竞选总统，他们之间的斗争达到了白热化的状态。1861年3月4日，林肯就任总统。此时，南部各州已经积极主动地脱离了位于华盛顿的联邦政府的统治，并发动了战争。

美国内战正式爆发。联邦军队大多都是通过临时招募组建起来的，人数从几万人，发展到几十万人，直到最后联邦军队人数超过了一百万人。战斗在新墨西哥州和东部海岸之间的广大地区进行着，双方争夺的主要目标是华盛顿和里士满。战斗在田纳西州和弗吉尼亚州的山丘和树林里不停地进行着，并且沿密西西比河而下，越打越惨烈。这场战争造成了可怕的物资消耗和人员伤亡。进攻和反击此起彼伏。人们时而充满希望，时而沮丧，然后再充满希望，然后再次沮丧。有时，华盛顿差一点就被同盟军攻下，有的联邦军队又逼近里士满。同盟军没有人数优势，并且资源匮乏，但他们的统帅李将军非常优秀。但联邦军队的将领不但缺乏指挥才能，而且还被不停地换来换去。直到最后，由谢尔曼和格兰特担任指挥官，才战胜衣衫褴褛、物资耗尽的南方军队。1864年10月，谢尔曼将军率领联邦军队突破同盟军的左侧，从田纳西州穿过佐治亚州抵达海岸，横跨南方同盟各州，然后又通过卡罗来纳州，抵达同盟军的后方。与此同时，格兰特将军把李将军拖在里士满，直至谢尔曼将军把他的军队重重包围起来。1865年4月9日，李将军率领他的军队在阿波马托克斯向联邦军队投降，并且，在一个月内所有剩余的同盟军队也全部缴械投降。南方联盟宣告结束。

这场打了四年的战争，让美国人民遭受了巨大的肉体和精神上的伤害。在许多人看来，州的自主性原则是非常珍重的，然而北方似乎强制南方废除了奴隶制。因此，在边境各州，兄弟和表兄弟，甚至父亲和儿子，由于坚持不同的立场而加入相互敌对的军队中。北方人认为自己坚持的是正直的主张，但在许多人看来，这个主张也并非公正到无可挑剔。但是，林肯的立场无比坚定，在面对这样的混乱时，他始终保持着清醒的头脑。他主张统一，维护美国的和平；他反对奴隶制，但他认为这是一个次要的目的，他的主要目的是阻止美国分裂成两个相互对抗的部分。

当战争还处于初期阶段，国会和联邦将领就迫不及待地要求解放黑奴，林肯反对这样做，让这些人从狂热中冷静下来。他主持分阶段解放黑奴，并对奴隶主给予补偿。一直到1865年1月，国会才提出并通过一项宪法修正案，宣布永远废除奴隶制。当这条修正案在各州获得通过的时候，战争已经结束。

在1862年到1863年间，随着战争进行僵持局面，最初的激情和兴奋逐渐减弱，美国人出现了由战争带来的疲惫和厌战情绪。林肯发现，他身后是统治疑惑的、疲劳的美国人民，面前又是平庸的将领和沮丧的军队，他自己周围又充斥着失败主义者、叛徒、被解职的将领、投机的政客。他最大的安慰，可能是想到在里士满的杰弗逊·戴维斯也面临着同样糟糕的事情。就在这个时候，英国政府又从中添乱，为南方同盟提供了三艘私掠船——其中，"阿拉巴马号"是最有名的一艘——进一步增强了南方同盟的海上力量。此时，在墨西哥的法国军队正肆意践踏着门罗主义。此时，里士满方面提出一个微妙的停战建议：暂停内战，联合起来共同对付墨西哥的法国军队。但是林肯并没有接受这样的建议，他指出，除非联邦保持最高的权力，否则绝不停战，因为美国人只能作为一个整体而不是两个联合的部分来对付法国人。

在长期的充满疲惫、忙碌和沮丧的日子里，在分裂和绝望无处不在的氛围中，没有任何记录证明他曾经动摇他的信念。有时，当他没有什么工作要做时，他就默默地坐在白宫里，一动不动，俨然一座严峻的纪念碑；有时候，他也讲讲笑话，或是谈一些逸闻轶事来放松自己的大脑。

他终于看到了联邦的胜利。在南方军队投降后的第二天，他来到里士满接受李将军投降。他回到华盛顿后，在4月11日做了最后一次公开演讲，演讲主题是和解以及在战败各州重建忠心耿耿的政府。4月14日傍晚，他去华盛顿的福特剧院观看演出，当他看得正入神的时候，后脑被刺客射出的子弹击中。这名刺客是一个名叫布恩的演员，他在政治上对林肯不满，于是蹑手蹑脚地来到林肯所在的包厢，刺杀林肯。但是，林肯的事业已经完成，联邦得到了拯救。

在战争开始时，还没有通往太平洋沿岸的铁路。在战争结束后，铁路就像藤萝植物一样在美国大地上迅速蔓延开来。铁路已把美国各个部分紧密联系起来，编织成一个在精神和物质上都牢不可破的统一体。

第61章
德国在欧洲的崛起

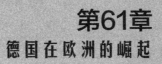

我们已经说过，在法国大革命和拿破仑的冒险引发的大动乱之后，欧洲平静了下来，出现了一段时间并不稳定的和平，并且五十年前的政治局势以一种现代化的面貌开始复活。直到19世纪中叶，新的冶炼钢铁的技术、铁路和轮船都没有产生明显的政治后果。但是，由于城市工业化的发展，社会的紧张局势不断加剧，使法国仍然处于一种明显不安定的状态中。紧接着1830年的大革命之后，又爆发了1848年大革命。接着，拿破仑三世——拿破仑·波拿巴的侄子——成为第一任总统，然后又在1852年当了皇帝。

他着手改建巴黎，使巴黎这座原来的到处都有涂鸦的、脏乱不堪的17世纪风格的城市，变成了如今这样的宽敞的、到处都是大理石建筑的拉丁化城市。他同时开始着手改造法国，要把它变成一个辉煌的现代化帝国。他还计划让欧洲再度陷入17世纪和18世纪时的徒劳的战争中，自己坐收渔利。此时，俄国沙皇尼古拉一世（1825-1856年）也正在入侵和压迫法国南方的土耳其帝国，并且眼睛紧盯着君士坦丁堡。

进入新世纪后，欧洲进入了一个新的战争周期，爆发的原因主要是为了"势力平衡"和争夺霸权。英国、法国和撒丁岛为了保卫土耳其，对俄国发动了克里米亚战争；普鲁士（意大利的盟友）和奥地利为争夺德意志的统治权而开战；法国以得到萨瓦作为出兵的条件，从奥地利手中解放了北意大利，使意大利逐渐成为一个统一的王国。拿破仑三世于美国南北战争期间在墨西哥进行了一场很不明智的冒险：他先拥立马克西米安为皇帝，后来当他受到胜利的联邦政府的威胁时，很快就抛弃了马克西米安。最终，拿破仑三世被墨西哥人枪杀。

1870年，法国和普鲁士之间为了争夺长期悬而未决的欧洲霸权，再次爆发了战争。普鲁士早就预见到这场战争并做好了准备，然而法国却因财政腐败而衰落。法军的失败是迅速的和富有戏剧性的。8月，德军入侵法国；9月，法国皇帝率领法国军队在色当投降；另外，10月，另一支法国军队在梅斯投降；1871年1月，巴黎在被包围和炮击后落入德军手中。随后，双方在法兰克福签署了和平条约，法国割让阿尔萨斯和洛林省给德国。不包括奥地利，德意志成为一个统一的帝国，普鲁士国王作为德国皇帝加入欧洲皇帝的阵营中。

在此后的43年里，德国成为欧洲大陆的领导力量。1877年到1878年，俄国和土耳其爆发了战争。然而在此之后，除了在巴尔干地区有某些调整外，欧洲各国艰难地保持着这种稳定长达30年。

第62章
轮船、铁路时代新的海外帝国

　　18世纪末是一个使帝国混乱和使扩张幻灭的时期。由于英国和西班牙与它们在美洲的殖民地距离太遥远，阻止本土和属地之间的自由往来，导致殖民地最终脱离宗主国家，成为具有不同的思想、兴趣和语言模式的新的、独特的社会实体。随着它们不断发展，连接它们的航运变得越来越紧张。那些位于荒野的小型贸易站（就像法国在加拿大设立的）或贸易办事处（如英国在印度设立的），为了自己的生存，可能会对给予它们支持的国家产生强烈的依赖。19世纪早期的一部分思想家认为，宗主国对海外殖民地的统治已经达到最高的限度。1820年，那些曾经在18世纪中叶的地图上如此醒目的标注欧洲以外的"欧洲国家"，此时已经大幅度萎缩。只有俄国还一如既往地横跨整个亚洲。

　　1815年的大英帝国包括：加拿大人口稀少的沿海河流和湖泊地区，以及一片辽阔的内陆荒野，哈德逊湾公司的毛皮交易站是那里唯一的定居点；东印度公司统治下的大约占印度半岛三分之一的土地；好望角海岸地区，那里居住着黑人和叛逆的荷兰殖民者；西非海岸的几个交易站、直布罗陀、马耳他岛、牙买加、西印度群岛、南美洲的英属圭亚那，此外，在世界的另一边，还有澳大利亚和塔斯马尼亚这两个流放罪犯的地方。此时，西班牙仍然保留着古巴和菲律宾群岛的几个定居点。

葡萄牙在非洲还保留着一些早期占领的殖民地。荷兰在东印度群岛和荷属圭亚那占有一些岛屿和属地。丹麦占据着西印度群岛的一个岛屿。法国占据着西印度群岛的一个或两个岛屿以及法属圭亚那。这些似乎就是欧洲列强最大程度需要的，或能从世界各地获得的属地。只有东印度公司仍然表现出强烈的扩张精神。

当欧洲正忙着与拿破仑作战之际，东印度公司在历任总督的治理下，在印度扮演着和之前土库曼人及其他北方侵略者扮演过的角色几乎完全相同的角色。维也纳和约签订之后，它一如既往地征税，发动战争、派遣使者出使亚洲各国，完全就是一个准独立的国家，然而，它又与一般的国家明显不同，那就是要把财富送到西方。

穿过峡谷、赞比西河的维多利亚瀑布和南罗得西亚的铁路桥

我不准备详述这个英国公司如何和这股势力结盟，如何又与那股势力结盟，最后征服所有对手赢得霸权的具体过程。总之，它的势力一直扩张到阿萨姆邦、纹德和奥德。印度地图开始呈现出当今英国小学生所熟悉的轮廓：由英国统治着的各大行政区包围和拼接着本地诸邦。

1857年，在东印度公司孟加拉军队的当地士兵发动的兵变被镇压之后，东印度公司这个"国家"被纳入了英国王室。根据1858年通过的《改善印度管理法》，总督成为英国国王的代表，东印度公司的地位由向英国国会负责的印度事务部取代。1877年，贝肯斯菲尔德勋爵为了完成这项工作，正式宣布维多利亚女王为"印度女皇"。

在这个时期，印度和英国就以这些不同寻常的"纽带"连接在一起。印度仍是大莫卧儿帝国，但莫卧儿大帝已被大不列颠"加冕共和国"取代。印度成为一个没有专制君主的专制君主制国家。它的统治结合了君主专制的缺点与民主吏治的不负责任，带有很多弊端。想要投诉的印度人根本找不到一个真正的君主投诉，因为他们的皇帝不过是一个金色的象征，他们只好在英国散发传单或向英国下议院提出质询。然而，英国议会整天忙于英国的事务，根本无暇顾及印度这些，他们只能听任少数英国官员的摆布。

直到铁路和轮船投入实际运用之前，除了在印度的对外扩张之外，没有任何一个欧洲帝国大规模向外扩张。英国的一个相当大的政治思想家流派指出，海外殖民地是王国变得弱小的根源所在。澳大利亚的殖民地发展缓慢，直到1842年在当地发现了珍贵的铜矿，并且在1851年又发现了金矿，它们才受到英国政府的高度重视。运输方式的改进也使澳大利亚羊毛在欧洲成为越来越适销对路的商品。在1849年以前，加拿大也没有明显的发展，它一直被法国和英国移民之间的纠纷所困扰，并且爆发过几次严重的暴动，直到1867年加拿大联邦自治政府颁布新宪法，才缓解了内部对立的紧张局面。铁路改变了加拿大的前景。就像它使得美国向西部扩展那样，它也使得加拿大同样向西部扩展，并使得当地出产的玉米和其他农产品销往欧洲市场。正是因为有了铁路，才保证了加拿大在快速发展的同时，移民的语言、情感和利益完全保持一致。铁路、轮船和电报机以及海底电缆的发明的确改变了殖民地发展的所有条件。

1840年之前，英国殖民地就已经出现在新西兰。新西兰土地公司随后也组建起来，开发利用岛上的一切资源。1840年，新西兰也被划入英国王室的殖民地。

正如我们已经指出的，加拿大是英国第一块以新的运输方式开发出新的经济活力的属地。随后，位于南美的共和国，特别是阿根廷共和国，在牲畜贸易和咖啡种植方面开始与欧洲市场紧密联系起来。以往各个时期，吸引欧洲列强到这片蛮荒之地的主要动力一直都是黄金或其他金属、香料、象牙和奴隶。但是到了19世纪后期欧洲人口的增加迫使各国政府到海外寻找粮食；工业科学技术的发展，增加了对新的原料，如各种脂肪和油脂、橡胶和其他以前一直被忽视的物质的需求。英国、荷兰和葡萄牙正是靠着手中控制的大量热带和亚热带产品，获得了丰富的和不断增长的商业利润。1871年后，德国、法国和意大利开始寻找还没有被其他列强占领的原材料产地，他们把目光转向了对他们而言具有巨大商业利益的现代化的东方国家。

就这样，西方列强们掀起了一股在世界各地——除美洲之外——争夺"政治上未受保护的土地"的新狂潮。美洲由于受门罗主义的禁止而躲过一劫。

挨着欧洲的非洲大陆，充满了隐约的财富诱惑。在1850年，它是一块黑色的神秘大陆，人们只是对埃及和海岸地区略有所知。由于篇幅所限，我不详细介绍那些首先进入非洲的探险家和冒险家的神奇故事，以及随他们的足迹而来的政客、官僚、商人、移民和科学家。我只告诉你们，那里有俾格米人那样的奇特人种，有俄卡皮鹿那样的奇怪野兽，有奇特的水果、花卉和昆虫，有可怕的疾病；有令人惊叹的森林和山区风光，还有巨大的内陆海，巨大的河流和瀑布。这里是一个全新的世界，甚至还在那里（津巴布韦）发现了某个已经消失的古代民族的文明遗迹。当欧洲人来到这个新的世界时，他们发现那些阿拉伯奴隶商人的手中已经有了来复枪，但是黑人仍在过着原始无序的生活。

到19世纪后期，整个非洲得到测绘、探索和评估，但它也被欧洲列强瓜分殆尽。在争夺这些殖民地的过程中，当地人的利益几乎全被忽略。尽管阿拉伯奴隶贩子没有被驱逐出非洲，但贩卖奴隶的行为的确得到遏制。在比属刚果，当地人被强迫采集天然橡胶汁。殖民者对橡胶汁的贪婪，加剧了缺乏经验的欧洲管理人员与当地人之前的冲突演变成可怕暴行。在这一点上，没有哪一个欧洲国家可以把责任推脱得一干二净。

1883年，英国不顾埃及是土耳其帝国的一部分的这一事实，公然派兵占领了埃及并驻扎了军队。1898年，马尔尚上校穿越非洲中部西海岸，企图从法绍达占领尼罗河上游地区，此举差一点导致法国和英国爆发战争。关于这些故事的细节，我就不一一叙述了。

如下这些历史事实，我也不准备一一叙述。英国政府让奥兰治河区和德兰士瓦的布尔人，也就是荷兰殖民者在南非内陆地区成立独立共和国。后来英国政府感到后悔并于1877年吞并了德兰士瓦共和国。德兰士瓦人为自由而战，在1881年的朱巴山战役中打败了英军。关于朱巴山战役，报纸上曾有持久的新闻报道，给英国人留下了很深的印象。1899年，英国与这两个共和国两次开战。英国人为这场战争付出了惨重的代价，然而最终仍以这两个共和国投降结束了这场打了三年的战争。

这两个共和国和被征服的时间很简短。在1907年，已经征服了它们的帝国主义政府垮台之后，自由党接管了南非事务。随后，这两个共和国与好望角殖民地和纳塔尔联合起来，加上南非所有国家，组成一个联邦，作为英国王室统治下的一个自治共和国。

非洲在四分之一个世纪的时间里就几乎被完全瓜分，只留下三个相对较小的国家：解放了黑奴的、位于西海岸的利比里亚；由穆斯林苏丹统治的摩洛哥；信奉着古老而奇特的基督教形式的野蛮国家阿比西尼亚——它通过1896年与意大利爆发的阿杜瓦尔战役，成功地捍卫了自己主权的独立。

第63章
欧洲入侵亚洲和日本的崛起

很难让人相信，很多人都真正接受了这幅用"欧洲色彩"绘制出来的非洲地图，并把它当成新的、永久性的解决世界事务的方法。然而，历史学家的职责就是接受历史，然后把它记录下来。在19世纪欧洲人的头脑中，只有肤浅的历史背景而没有看透历史的批判习惯。西方机器革命给欧洲人带来暂时的优势，这让一些人产生了错觉，对诸如伟大的蒙古人的征服这样的事一无所知：欧洲人在人类事务中将永远占据主导地位。他们没有意识到科学及其成果的可转移性；没有意识到中国人和印度人同样可以像法国人或英国人那样做科学研究。他们认为，西方人天生具有智慧和开拓精神，而东方人天生懒惰和守旧，所以欧洲人在世界上永远占据着主导地位。

这种夜郎自大的心态导致的后果，就是欧洲各国在国外设立的办事机构不仅与英国争夺世界上那些未开化和不发达的地区，而且还要去掠夺亚洲人口众多的文明国家，把它们当成原材料那样来开采。英国在印度建立了外表看似强大，实则岌岌可危的统治阶级，荷兰在东印度群岛建立了广阔而又有利可图的殖民地，这些都刺激着欧洲强烈的野心，它们在波斯解体后的奥斯曼帝国，远至印度、中国和日本来争夺殖民地。

1898年，德国侵占了中国的胶州湾，英国侵占了威海卫。1899年，俄国又占领了旅顺港。对欧洲人的仇恨火焰在整个中国大地上燃烧起来。欧洲人和皈依基督教的信徒被杀害，并于1900年围攻位于北京的欧洲各国大使馆。欧洲各国为了保护自己的使馆，对北京发动了联合进攻，并抢走了大量的奇珍异宝。之后，俄国占领满洲。1904年，英国入侵西藏……

在这些野蛮掠夺的列强中，此时又多了一个国家——日本。在此之前，日本在世界历史上扮演着无足轻重的角色，因为他封闭的文明对人类的命运并没有做出重要的贡献。他从外界吸引的多，但给予的很少。准确地说，日本人属于蒙古人种。他们的文明，他们的文字，他们的文学和艺术传统都来自中国。他们的历史浪漫而又有趣；他们早在基督教时代几个世纪之前就已经建立了封建制度和武士制度；日本对朝鲜和中国发动的战争，相当于东方的"英法战争"。日本与欧洲的第一接触是在16世纪。1542年，一些葡萄牙人乘中国船来到日本。1549年，耶稣会传教士弗朗西斯·泽维尔开始在日本传教。有一段时间，日本乐于和欧洲交流，大量日本人皈依了基督教传教士。在当时，一个名叫威廉·亚当斯的人成为最值得日本人信赖的欧洲顾问，他还教他们如何建造大船。此后，日本建造的船就航行到印度和秘鲁。后来，西班牙多明我会、葡萄牙耶稣会以及英国与荷兰的新教徒之间产生复杂的冲突，他们都警告日本人不要落到其他教派设计的政治阴谋中。在这个时期处于优势地位的耶稣会，残酷地迫害和侮辱佛教徒。由此，日本人得出这样的结论：欧洲人都是披着羊皮的狼，尤其是天主教基督教，不过是教皇和已经仅仅占领菲

18世纪的日本兵

律宾群岛的西班牙国王掩盖其政治阴谋的华丽外衣罢了。日本人对基督徒展开了大规模的迫害，1638年，日本的国门对欧洲人完全关闭，并一直保持了200多年。在这200多年时，日本完全切断与世界各地的联系，好像那里的日本人生活在另一个星球一样。除了允许建造在浅海航行的小型船只外，禁止建造其他任何大型航海船只。日本人不能走出国门，欧洲人也不能进入这个国家。

两个世纪以来，日本一直处于主流历史之外，日本人也一直生活在一个特别的封建国家中，占人口总数约5%的武士、贵族以及他们的家族毫无节制地压迫着其他人。在这期间，世界上的其他国家具备了更宽的视野和新兴的事实，各种新奇的运输船越来越频繁地从日本海峡通过。有时，失事的船只上的水手被救上岸。通过对定居在马岛上的荷兰人，日本人了解到他们和西方世界的实力差别。1837年，一艘挂着日本人从未见过的星条旗的船行驶到江户湾。船上载着一些从遥远的太平洋上搭救的日本水手。然而，这艘船遭到日本人炮击，只好驶离了日本。1849年，挂着相同旗帜的船驶到日本，要求日本释放先前被俘的18名美国水兵。然后，在1853年，佩里将军率领四艘美国军舰来到日本海，他拒绝日本方面要求其撤离的通牒，反而下令让舰队在禁止水域抛锚，随后令人把美国总统米拉德·费尔摩的一封亲笔信交给当时的两位日本统治者，然后离去。1854年，佩里将军又率领由10艘军舰组成的庞大的舰队再次驶达日本。这些军舰全是由蒸汽推动，并装备着大炮。佩里将军向日本政府提出贸易和交流的要求，日本没有抵抗的力量，被迫同意。于是，他率领500名士兵上岸，与日本政府签署了通商条约。当他们雄纠纠地走在日本大街上

东京街头

时，两边站满了充满疑惑的日本人。

俄国、荷兰和英国紧随美国之后，相继来到日本。日本一个拥有下关海峡领域的大贵族，命令对过往的外国船只开火，此举招致英国、法国、荷兰和美国舰队疯狂报复，炮台被摧毁，武士也被驱散。最后，这支联合舰队停在大阪海上（1865年），以发动炮击威胁日本签订了各项开放国门的条约。

这一事件让日本人蒙受着奇耻大辱。随后，日本人以顽强的毅力和惊人的智慧，把他们国家的文化和组织提升到欧洲列强的水平。在人类历史上，从来没有哪一个国家像日本这样快速发展。在1866年，日本还是一个中世纪的民族，就像一幅极端浪漫的封建主义的梦幻般的漫画，然而到1899年，它已经是一个完全西化的民族，国力已经赶上了当时最先进的欧洲列强。日本的这一变化，彻底打消了亚洲必然落后于欧洲的偏见，它的发展速度让欧洲自愧不如。

在此，我不打算对1894年到1895年爆发的中日战争进行详细的介绍，虽然这场战争体现了日本的西化程度。此时，日本已经组建起一支高效的西式陆军部队和一支小而精悍的舰队。日本的振兴，虽然得到了早已把它当成欧洲国家对待的英国和美国的赞赏，但是没有得到在亚洲寻找"新印度"的其他欧洲列强的理解。此时，俄罗斯已通过满洲向朝鲜推进；法国已经在遥远的越南建立了殖民地；德国则还在如饥似渴地窜来窜去寻找着合适的殖民地。这三个国家结成联盟，以阻止日本从中国的战争中获得任何利益。日本因在中日战争中消耗了大量军力而疲惫不堪，这三个国家便以发动战争来威胁日本。

日本被迫做出妥协，趁机聚集力量。为此，它花了十年时间，做好了与俄国开战的一切准备。这场战争在亚洲历史上具有划时代意义，也浇灭了欧洲国家唯我独尊的嚣张气焰。当然，俄国人对这场针对他们的、绕了半个地球的战争来说是无辜的，也是无知的。那些明智的俄国政治家也曾反对与日本争夺中国东北和朝鲜，但是沙皇周围全是一些军事经济冒险家——包括他的堂兄弟在内的大公爵。他们已经为未来抢夺满洲和中国下了大赌注，当然不会轻易放弃。大规模的日本军兵被运到与本土隔海相望的旅顺和朝鲜，大量的俄国军队也通过西伯利亚大铁路运送到战场前沿，1904年2月，日俄战争正式爆发。

　　最终，俄国军队由于指挥不当，加上物资供应不足，导致陆军和海军都被日本打败。俄军波罗的海舰队从遥远的非洲赶来，在对马海峡之战中被全部歼灭。这场无端的屠杀刺激了俄国普通民众，发起了一次革命运动，迫使沙皇于1905年结束了战争。俄国把1875年侵占的萨哈林岛（即如今的库页岛）让给了日本，然后撤离满洲。此外，俄国还把朝鲜的统治权转让给了日本。至此，欧洲对亚洲的侵略即将结束，欧洲伸入亚洲的触角开始回缩。

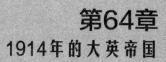

第64章
1914年的大英帝国

接下来，我介绍一下1914年大英帝国的各个组成部分不同的性质。它是一个很独特的政治组合，以前从未有过这种事例。在政治史上，它是一件新东西，正像美国是一件新东西一样。它比法国、荷兰或瑞典这样的民族主义国家来得更大、更为复杂。

整个联邦的核心和居首要地位的是不列颠联合王国的"君主共和国"，包括爱尔兰在内（这一点遭到相当一部分爱尔兰人的反对）。由英格兰、苏格兰和爱尔兰联合组成的英国议会，共同决定内阁首脑、性质和颁布的政策。内阁拥有最高的权力，拥有对外宣传和维持和平的权力。

接下来，对英联邦来说，在政治上具有重要意义的除了上述组成部分外，还有澳大利亚、加拿大、纽芬兰（英国在1538年建立的最早的殖民地）、新西兰和南非等"君主共和国"。实际上，它们都是独立的自治邦，与大不列颠结盟，但是每一个自治邦都有一名由英国君主任命的官方代表。

接下来是印度帝国，它是大莫卧儿帝国的扩展，加上它的属地和"保护"的各邦，如今已成为从俾路支到达缅甸，包括亚丁在内的庞大帝国。在整个帝国中，英国王室和印度事务部（处于英国议会控制下）扮演着原土库曼王朝的角色。

接下来是英国不甚明确的属地——埃及。它在名义上仍然是土耳其帝国的一部分，保留着自己的君主，事实上处于英国官方近乎专制的统治之下。

然后是更加不明确的属地——"盎格鲁-埃及"苏丹省，它由英国和被英国控制的埃及政府共同占有和统治。

还有一个部分自治社区，它们有些原来就属于英国，有些则不是，它们拥有选举产生的立法机构和被任命的行政长官，如马耳他岛、牙买加、巴哈马群岛和百慕大群岛等。

还有被英国政府（通过殖民部）用近乎专制的手段统治的殖民地，如锡兰、特立尼达、斐济、直布罗陀和圣赫勒拿岛。

最后，还有广大的（主要是）热带地区和原材料产地。这些政治上软弱和欠开化的土著社会名义上是英国的保护地，由英国派驻的权力大于本地酋长（如在巴苏陀兰）或特许公司（如在罗得西亚）的高级官员来治理。这些不甚明确的属地，有的由英国外交部获得，有些由殖民部获得，有些又由印度事务部通过购买获得，但其中大部分由殖民部负责。

因此，很明显的是，没有一个机构也没有一个人曾把大英帝国作为一个整体来看待。它是一个发展和组合起来的混合体，完全不同于以前人们所谓的"帝国"。它维持了广泛的和平与安定，正是因为这个原因，尽管它实施了诸多暴政，暴露出种种不足，然而它的统治仍然得到众多属地民族的容忍。它和雅典帝国一样，也是一个海外帝国。它和众多属地之间靠英国海军联系。就像所有的帝国一样，其凝聚力来自于交通方式的进步。16世纪到19世纪，航海技术、造船技术和轮船的发展，使英国统治下的属地维持和平成为一种便利的、可能的事情。然而，最新发展起来的航空运输和陆路运输又可能在某个未定的时期给它带来麻烦。

第65章
欧洲军备时代和第一次世界大战

　　物质科学的进步，创造了幅员辽阔的"轮船-铁路帝国"美利坚合众国，并使"轮船帝国"大英帝国的势力扩张到全世界。然而在欧洲拥挤的大陆国家中，这种新的交通方式却产生了完全不同的影响。这些国家发现自己被"骑马-土路"的时代的国界局限于固定区域中，他们的海外扩张的步伐已经远远落后于大英帝国。只有俄罗斯拥有东扩的自由。它借助横穿西伯利亚的大铁路不断扩张，直到深陷日俄战争的泥潭。它还入侵了东南方向的波斯和印度，此举激怒了英国。其余的欧洲列强则生活在拥堵加剧的局面中。为了建立新格局，它们不得不在更广泛的基础上重新安排自己的事务——有的通过某种方式的自愿结合，有的由某个强权国家主导联合。近代思想的倾向自然更偏向前者，然而所有政治传统力量推动欧洲国家选择了后者。

　　拿破仑三世"帝国"的垮台，新的德意志帝国的成立，欧洲人民的希望和恐惧逐渐形成这样一种观念：在德国的支持下实现欧洲的统一。欧洲政体在36年不稳定的和平局面中，逐渐倾向于这种可能性。查理曼帝国分裂后，法国一直是德国称霸欧洲的强大对手，它一直寻求与俄国结成紧密同盟来弥补自己的不足，德国则与奥地利帝国（在拿破仑一世时代，它已不再是神圣罗马帝国）结成同盟，

在战争的间隙走到坦克外呼吸新鲜空气的坦克兵

并成功与新意大利王国联合起来。起初，英国像往常一样对欧洲事务采用一种"和事佬"的态度，然而随着德国海军实力的不断增强，英国为了自保被迫和法、俄站在同一战线上。野心勃勃的皇帝威廉二世（1888-1918年）推动德国过早地向海外扩张，此举不仅把英国，还把日本和美国推进了自己对手的阵营。

所有这些国家都进行着战备武装，它们生产的枪支、装备、战舰等一年比一年多。和平局势一年比一年脆弱，欧洲上空弥漫的战争阴云也越来越厚。最后，大战终于爆发了。德国和奥地利首先对法国、俄国和塞尔维亚发动进攻。德国军队横穿比利时，遭到英国军队从比利时的一侧发起的袭击，此举促使日本成为英国的盟友。不久之后，土耳其加入德国阵营。1915年，意大利对奥地利宣战，同年10月，保加利亚加入德国同盟。罗马尼亚在1916年对德宣战，美国和中国在1917年被迫对德宣战。判定这场灾难是谁的责任不是本书的写作范围，让人好奇的是在这场规模史无前例的战争爆发之前，为什么没有人预见到并阻止它爆发呢？这对人类来说，数以千百万计的人由于太"爱国"、太愚蠢、太事不关己，以致不能形成公开的、广泛的、促使欧洲维持统一的运动来阻止这场灾难的发生，它比少数人蓄意挑起战争这件事，后果要严重得多。

1917年春，法国曾对香槟前线发动了一次既耗费又徒劳的进攻，这次进攻不但未能攻破敌军，反而使自身遭受了巨大的损失。到了1917年底，如果德国政府是为了安全和福祉而战，而不是为了自满和胜利而战的话，那么事态的逐渐进展全然是有利于德国的。但是直到最后，直到精疲力竭已达到顶点，同盟国的人民却仍然坚持努力要获得最终胜利。

为了达到这个目的，不仅必须要打退英国而且必须征服它，为了那样做，德国已经把美国拖进了他的敌人的阵营中。整个1916年，德国的潜艇战役一直在不断地加强，但是迄今为止，它对中立国的船只仍比较尊重。1917年1月，德国宣称要对英法进行更加严密的封锁，并警告一切中立国家，要求它们把自己的船只驶离英国的海面。然后，一场针对世界各国船只不加区分地予以击沉的战斗开始了，它迫使美国于1917年4月参战。整个1917年，当俄国正因崩溃而变得软弱无力时，美国则正在迅速地成为一个军力强大的国家。无限制的潜艇战并没有如德国人预想的那样成功，为了它，德国帝国主义却甘冒树立这个新对手的危险。英国海军证明自己比陆军更有创造力，也更有谋略；在海底、在地面和在天空中，反潜装备迅速地发展起来；在一个月左右的严重破坏以后，德国击沉的船只数量明显下降。英国政府认为必须实行粮食配给制，当时由于规划得好，实施得恰当，英国公众又表现出极为出色的精神和智慧，所以英国远离了饥荒和社会混乱的危险。

尽管潜艇战没有取得预期的效果，即使美国军队已像乌云一样集结起来，德国帝国政府仍然坚持作战。在当年10月，像1915年推翻过塞尔维亚以及1916年推翻过罗马尼亚的冬季攻势，现在又以压倒性的优势转向意大利。卡波雷战役后，意大利战线崩溃。奥德军队奔涌而下，直抵威尼斯地区，炮火几乎可以射到威尼斯。因此，德国感到对俄国的和平建议采取高压政策是正当的。《布列斯特-立托夫斯克和约》（1918年3月2日）给西方协约国一些暗示，即德国的胜利对它们预示着什么。那是一种压服和过分索价的和约，是充满自信的胜利者以万分傲慢的姿态指令的。

整个冬天，德军一直在从东线转移到西线。此时，1918年春，饥荒、厌战、流血而疲惫不堪的德国又准备着一次真的要能结束战争的最大努力。美国军队在法国已有数月之久，但大部分美军还在大西洋彼岸。如果德国必须做这样一次进攻的话，此时无疑是最佳时机。

第一次进攻的目标是索姆河地区的英军。那些不是很高明的骑兵将领们仍在指挥这一条骑兵根本不起作用反而是累赘的战线，他们在毫无准备的情况下受到袭击。3月21日，在"高夫的灾难"中，英国第五军几乎溃不成军被赶到亚眠。由于英、法将领之间缺乏团结，彼此猜忌，使得在法国的协约国军队没有统一的指挥，而在高夫的后面又没有任何后援部队。协约国损失了近1000门大炮，有几万人被俘。整个4月和5月，德军对协约国前线展开了密集的攻势。他们几乎从北部突破防线，大举进攻马恩河。1918年5月30日，德军进抵马恩河。

这是德国势力的顶峰。在它后面，除了已经耗竭的家园外已一无所有。福煦将军受命为协约国全部联军的最高统帅。生力军正渡过英吉利海峡从英国赶来，而且美国此时已有几十万大军进入法国。6月，疲惫的奥地利军队对意大利发动了最后一次进攻，但是在意大利的反击下遭到失败。6月初，福煦将军开始反攻。到了7月，战局发生了逆转，德国人不断后退。提埃里堡战役（7月18日）充分体现了美军的素质。8月，英军又开始了一次大规模而又富有成效的突击，德军阵线向亚眠的凸出部分被瓦解。鲁登道夫说："8月8日是德国军队历史上的不祥之日。"9月，英军对兴登堡防线的进攻，确保了协约国的胜利。

德国军队已没有了斗志。10月，整个西线不断地上演着失败和后退的故事。11月，英军到达伐郎兴，美军进抵色当。在意大利，奥军也在混乱中撤退。这时，霍亨索伦和哈布斯堡的军队到处都在崩溃，越到后面速度越快。法国人和英国人都不敢相信他们的报纸，因为报上天天宣布俘获了上百门大炮和上千战俘的消息。

9月，协约国对保加利亚的大举进攻促使这个国家爆发了一场革命，并提出了和平建议。接着，土耳其在10月投降，奥匈也在11月投降。德国曾试图把舰队拉出来发动最后一战，然而水兵们发动了哗变（11月7日）。

德皇和皇太子仓皇出逃到荷兰，威严扫地。11月11日，停战协定签订，战争正式结束。

这场战争持续了四年零三个月，它几乎逐渐地把西方国家的每一个人都拖进了它的漩涡。事实上，在这场战争中战死的人多达800万人以上，另有2000万或2500万人死于战争所造成的贫困和混乱。千百万人因为营养不足而体质衰弱，生活悲惨。大部分活着的人那时正从事战争工作，在接受军事化训练、在制造军需品、在医院里服务、在代替入伍男人工作，等等。商人们已经适应在处于危机状态的世界里牟取利益。的确，战争已经变成一种气氛、一种生活习惯和一种新的社会秩序。然而，它却突然结束了。

伊普尔遗址，曾经是一个古老而美丽的佛兰德城镇，完整地展现了战争过后的狼藉

在伦敦，11月11日上午11时左右宣布停战。这一消息使一切日常例行的工作突然停止了。职员从办公室里涌到街上；店员离开店铺；公共汽车司机和军用卡车司机想把汽车开到哪里就开到哪里，车上载着自由上下车的、惊喜若狂的乘客，他们没有要去的目的地，也不管汽车开到哪里。茫然若失的群众立即涌上街道，凡是有国旗的人家和商店都把这种饰物挂了出来。夜晚来临，好几个月以来因空袭而一直保持黑暗的许多主要大街上灯火辉煌。群众蜂拥而来，聚集在灯光下，这一切看起来是那么的陌生。人人感到惶然，怀着一种不自然的和痛苦的慰藉。战争终于过去了，在法国将不会再有屠杀，不会再有空袭，一切都将好起来。

人们想哭，又想笑——真是哭笑不得。兴奋的年轻人和休假的年轻士兵组成稀疏而嘈杂的队伍，挤过人流，尽力做出欢乐的样子。一尊缴获的德国大炮从陈列着许多这类战利品的马耳大街拖到特拉法尔加广场，群众举火焚烧了它的炮架。鞭炮和花炮到处都在响着。但是，人们并没有什么共同的欢乐，每个人几乎都因为惨重的损失，忍痛太深而没有庆祝的热情了。

这就是大战的主要经过。我要强调的一点是：非常明显，在短短几个月内，现代科学技术的进步就已经使得战争的性质得到深刻的改变。物理科学带来力量，它冶炼出钢铁，缩短了距离，战胜了疾病。然而，力量是被善意利用还是被邪恶利用，取决于这个世界的道德和政治智慧。欧洲国家的统治者受到陈旧的仇恨和猜疑政策的刺激，发现自己手中拥有不可抗拒的破坏力和抵抗力。战火燃遍了全世界，无论是战胜国还是战败国都遭受了惨重的损失。在战争的最初阶段，德国军队猛烈进攻巴黎，俄国入侵东普鲁士。这两场战役都伴随着猛烈的进攻和顽强的抵抗。后来，防守力量不断增强，阵地战法不断得到改进，以至于一段时间，对方的军队都坚持在战壕中形成对峙，除非做出巨大的牺牲，否则根本不可能向前推进。交战双方的军队规模达到几百万人。在他们背后，各国普通民众也被组织起来向前线运送食品和弹药。除了用于军事目的生产之外，几乎其他一切生产活动都停了下来。在欧洲，所有身强力壮的男人都加入了陆军和海军，或者进入为战争服务的临时工厂工作。无数妇女进入工厂干起了男人做的工作。在欧洲各交战国，大约一半以上的人完全改变了他们的职业。教育和正常的科研工作受到限制或完全为军事目的服务，新闻事业由于受到军事控制和"宣传"的干扰，遭到严重破坏。

现代战争的破坏性

为了打破前线战局的军事僵局状态，双方开始通过空袭手段破坏对方的后勤补给线。此外，此时机枪的口径和射程也有一个较大的提高，毒气弹和被称为"坦克"的小型移动堡垒也投入了战场，瓦解了战壕中军队的抵抗力量。在所有新的战争手段中，从空中进攻最具革命性的意义，它使战争从二维变成了三维立体作战。以往的人类战争史上的一切战争，都是调动军队然后展开会战，如今，战场可以是任何地方。最初由齐柏林式飞船，然后由轰炸机把战争由前线战场扩展到后方的任何一个地方。文明战争中平民和战斗人员之间的区别已经完全忽视，任何生产粮食的人、缝制衣服的人、砍伐树木的人、修理房屋的人，以及每一座火车站和仓库都被列为袭击的目标。空袭的范围和造成的恐怖氛围与日俱增。在欧洲的一些重要城市，如巴黎和伦敦几乎每天夜间都会遭到轰炸，高射炮向夜空吐出长长的火舌，消防车和救护车呼啸穿过空无一人的街道。这一切给老人和孩子的精神和健康造成的影响，尤其让人感到不安。

瘟疫是战争的忠实追随者。然而，在这场战争中，从战争爆发到1918年战争结束始终没有暴发瘟疫。在这四年里，医学的进步使一般的流行病得到有效的控制，然而，随后在全世界暴发的流感仍然夺走了数百万人的生命。饥荒曾一度得到缓解，然而到1918年欧洲的大部分地区再次出现了严重的饥荒。由于参战各国都征调了大批农民入伍，使得全世界的粮食产量大幅度下降，此外，潜艇攻击运粮船只、封锁的国界、世界运输系统的混乱进一步阻碍着粮食正常供应。各国政府手中的粮食严重短缺，只好不同程度地实行人口配给制度。到了战争的第四年，整个世界又陷入了衣服、粮食住房以及大部分正常生活所需要的日用品都陷入短缺中。商业和经济生活异常混乱。每个人很忧心忡忡，并且大多数人都过着异常艰难的生活。

第66章
俄国十月革命

在大战的中心国家崩溃以前，自称是拜占庭帝国继承人的半东方君主制国家——俄国，已经于1917年初崩溃。

在大战之前的很多年里，俄国的沙皇制度已经有了明显的腐朽迹象，宫廷竟然被一个荒唐的宗教骗子拉斯普京控制。公共管理，无论是民事的还是军事的，都显示出极端的低效率和腐败状态。在战争之初，俄国人民的爱国热情普遍高涨，广大青年应征入伍，他们既没有足够的军事装备，也没有合适的主管供应的人员。这支规模庞大的军队，在物资供应完全没有保障和毫无组织纪律的情况下，急匆匆地被运送到德国和奥地利边境。

毫无疑问的是，俄国军队于1914年9月突然出现在东普鲁士，把德国军队的精力和注意力从第一次成功进军巴黎的胜利中吸引过来。在数以万计的俄国人付出了巨大的苦难和牺牲后，才使法国躲过被彻底推翻的劫难，并使整个西欧对这个伟大的、悲壮的民族欠下了道义上的重债。但是，这场战争对这个庞大的、组织不健全的帝国的实力而言，实在太沉重了。俄国的普通士兵是在没有炮火支援，也没有充足的弹药供应的情况下冲锋陷阵，他们在官员和将军们狂热的军国主义的欺骗下白白送命。在一段时间内，他们就像野兽忍受痛苦那样默默地忍受着。但是，即使是最无知的人，他的忍耐也是有限度的。不久，一种对沙皇制度深恶痛绝的情绪，在这支被出卖、遭受屠杀的军队中蔓延开来。从1915年起，俄国让他的西方盟国感到越来越焦虑。整个1916年，俄国在很大程度上都处于防守状态，并有传言称，它将与德国单独媾和。

1916年12月29日，拉斯普京在彼得格勒的宴会上被谋杀。人们还做了一次整顿沙皇专制政体的尝试，但为时已晚。这一事件不断发展，到第二年3月，由于彼得格勒出现了粮食危机，一场革命起义爆发了。起义军试图推翻国家杜马这个代议制机构，试图逮捕自由党领导人，组建以沃夫亲王为首的临时政府，同时迫使沙皇在3月15日退位。

有一段时间，俄国人民似乎把希望寄托在一场适当的、可控的革命上面——比如换一个新沙皇，建立新统治。然而，越来越明显的是，俄国人民对任何这样的调整都已经完全失去了信心，他们对欧洲的旧秩序、对沙皇和战争、对欧洲列强已经深恶痛绝，他们想迅速摆脱这种难以忍受的苦难。协约国各成员国不了解俄国的现实，他们的外交官对俄国一无所知。他们把注意力集中在俄国上流社会，关注俄国宫廷而不是俄国的整个情况，导致对俄国的新形势判断失误。这些外交官中没有人对共和政治存有好感，他们尽可能地为新政府设置各种障碍。俄国共和政府的首领克伦斯基是一个善于雄辩的、具有活力的领导人，他发现自己一方面受到国内更深刻的革命运动——"社会革命"力量的拥护，一方面又受到国外其他协约国的冷落。这些盟友国家既不同意他给予俄国农民超出他们限度的土地，也不同意他给予俄国农民渴望的超出他们限度的和平。法国和英国的媒体纠缠着他们疲惫的盟友，发起了新一轮的新闻围攻。然而，当德国军队从海上和陆地对里加发动猛烈进攻时，英国海军却对出兵波罗的海支援俄国舰队畏缩不前。

新的俄罗斯共和国只好在没有支援的情况下独自作战。尽管有协约国巨大的海军优势和英国伟大的海军上将约翰·费舍尔（1841-1920年）强烈抗议，值得注意的是，除了一些潜艇攻击外，协约国在整个战争期间还是由德国人完全控制了波罗的海的制海权。

然而，俄罗斯人民群众坚决要求结束战争，不管付出任何代价。在彼得格勒，成立了一个代表工人和普通士兵的组织——苏维埃，它呼吁在斯德哥尔摩召开社会主义者国际大会。在这个时候，柏林出现了粮食危机，厌战情绪在奥地利和德国进一步蔓延和高涨。鉴于此后发生的一系列事件，毫无疑问，这次国际大会的召开促使德国在1917爆发了一场追求民主、和平的革命。

克伦斯基曾恳求他的西方盟友允许这次大会召开，但是出于对全世界掀起社会主义和共和主义运动的恐惧，尽管英国工党大多数人对它抱有好感，但它还是遭到西方盟友的拒绝。在没有协约各盟国的道义支持和物质支持的情况下，这个不幸的、"温和的"俄罗斯共和国仍然坚持着战斗，并在7月发起了最后一次孤注一掷的进攻，在取得一些初步的胜利后又失败了。俄国人民再一次遭到残酷的屠杀。

俄国人民的忍耐达到了极限。俄国军队爆发了兵变，尤其是在北方战线。1917年11月7日，苏维埃推翻了克伦斯基政府，夺取了政权。在由列宁领导的布尔什维克社会主义者的统治下，新政权无视西方列强的干涉，决心为俄国带来和平。1918年3月2日，俄国和德国单独签订了《布列斯特–立托夫斯克和约》。

事实很快表明，这些布尔什维克社会主义者的品质截然不同于那些善于辞令的立宪主义者或者克伦斯基时期的革命者。他们是笃信马克思主义的共产党人，他们坚信他们加入俄国政权仅仅是全球社会主义革命的开始。他们凭借着坚定的信念，在完全没有经验的前提下开始改变社会和经济秩序。西欧和美国政府本身困难重重，没有能力指导和帮助这个非同寻常的政治实验，并且这些国家的报纸还不遗余力地诋毁这些夺权者。一场令人憎恶的、令人作呕的恶意宣传在全世界的报纸上展开。布尔什维克领导人被描述成嗜杀和掠夺成性的、生活腐败的可怕怪物，相比之下，拉斯普京统治时期的沙皇宫廷倒显得仁慈许多。冒险在这个已经精疲力竭的国家里随处可见，叛乱分子获得武装和资助。布尔什维克政权的敌人，采用了一切最卑鄙、最恐怖的进攻手段。1919年，统治者已被五年密集战争折磨得筋疲力尽，组织一片混乱的俄国布尔什维克，与英国军队在阿尔汉格尔斯克作战，与日本侵略者在东西伯利亚作战，与法国和希腊特遣队在罗马尼亚作战，与俄国原海军上将高尔察克在西伯利亚作战，与由法国舰队支持的邓尼金在克里米亚作战。

这年7月，由尤登尼斯率领的一支爱沙尼亚军队差一点就攻下了圣彼得堡。1920年，波兰军队在法国的煽动下对俄国发动了新的进攻。在邓尼金之后，弗兰格尔将军这个新的反叛者，率领一支军队破坏和蹂躏着自己的国家。1921年3月，克朗斯塔特的水手们发动起义。俄国政府在列宁的领导下，经受住了各种攻击，这充分表明这个政权有着顽强的生命力。俄国普通百姓在极端困难的条件下，始终坚定不移地支持自己的政府。到1921年底，这个共产党的政权最终得到英国和意大利承认。

然而，如果说布尔什维克政府在反对外国干预和内部叛乱的斗争中取得了胜利，那么在其根据俄国共产主义思想试图建立新的社会秩序时就没有那么顺利了。俄国农民只拥有一小块贫瘠的土地，让他们在思想上和生产方式上完全变成共产主义，无疑是让鲸鱼飞起来。虽然革命把大地主的土地分给了他们，但农民种植粮食的目的仅为了换取可流通的货币，事实上，革命又已经让货币大幅度贬值。在战争的影响下，农业生产遭到严重破坏，农民收获的粮食下降到仅够自己糊口。城市陷入了大饥荒。按照共产主义思想仓促制订的发展工业的计划也没有成功。到1920年，俄国呈现的前所未有的现代文明彻底崩溃，铁路锈迹斑斑，城镇逐渐衰落，各地的人口死亡率居高不下，但这个国家仍与它的敌人在其国门口作战。1921年，已遭到战争严重破坏的东南各省发生了大干旱，并导致大饥荒，有数以百万计的人饿死。

第67章
世界政治经济秩序的重建

　　鉴于本书的写作计划和范围，我没有深入地介绍各种条约签订背后复杂而激烈的纷争，特别是结束了第一次世界大战的《凡尔赛条约》。我们开始认识到，这场大规模的、可怕的冲突，既没有结束什么，也没有开始什么，更没有解决什么。它夺走了数百万人的性命，带给世界贫困和荒芜；它完全砸碎了俄国；它让我们意识到这样一种可怕的现实：我们的生活缺乏计划和远见，愚蠢地、稀里糊涂地生活在一个充满危险、没有人情的世界里。以自我为中心的粗糙组织、国民的狂热和帝国的贪婪把人们带进了这场悲剧之中。然而，它们在战争中没有被削弱，只要世界从战争的疲惫中稍有恢复，它们就极有可能重新酿造一场类似的大灾难。战争和革命对人类所起的作用，就是用一种非常粗略和痛苦的方式来摧毁陈旧过时和阻碍进步的势力。第一次世界大战解除了德国帝国主义对欧洲的威胁，并彻底粉碎了俄国帝国主义，它还清除一些君主制政体。但是，仍然有众多的旗帜在欧洲上空飘扬，各国边疆仍然纷争不断，各国的军队装备了大量的新式武器。

　　凡尔赛和平会议为第一次世界大战和战败国问题做出了某种符合战争逻辑的结论。德国、奥地利、土耳其和保加利亚等战败国没有资格参加会议讨论，它们只能无条件地接受会议的决定。从人类福祉的角度来看，这次会议选择的地点极不明智。1871年，新的德意志帝国就是在凡尔赛宫宣告成立。如今，在同一个镜厅上演了完全逆转的充满戏剧性的一幕，它给人们内心造成的冲击无疑是巨大的。

在战争初期曾经出现过的宽容此时已经消失，战胜国的人民只是深刻地体现到自己的损失和痛苦，完全不顾战败国家也遭受了同样的磨难。战争的爆发，事实上是欧洲各国相互竞争的民族主义没有受到任何联邦机构协调的自然和必然的结果。众多的主权独立的国家，拥挤在面积狭窄的地区，而各自的军备力量又很强大，发动战争是必然的逻辑。如果第一次世界大战没有以这样的形式爆发，它也必然以另外的、类似的形式爆发。如果没有政治上的统一防范和阻止，在20或30年后肯定会再次发生同样规模的灾难。为战争而联合起来的国家肯定会带来战争，就像母鸡肯定会下蛋一样。然而，在战争中饱受折磨和摧残的人们无视这一事实：如果战败国家的人民必须为一切战争损失承受道义上和物质上的责任，那么毫无疑问，如果战争的结局相反，他们也会以同样的方式对待这些战胜国的人民。法国和英国认为这场战争是德国惹的祸，而德国又把责任推到俄国、法国和英国身上。只有少数清醒的有识之士认为，导致战争的真正原因是欧洲分裂的政治格局。签订《凡尔赛条约》的目的对战败国实施最严厉的惩罚，让那些已经破产的国家再承担巨额的战争赔款。由此可以看出，战胜国家企图通过建立反对战争的国际联盟来重组国际关系的动机明显没有诚意，而且理由也不充分。

到目前为止，就欧洲方面而言，是否存在着为建立永久和平而组织国际关系的意图，这是令人怀疑的。建立国家联盟的提议被美国总统威尔逊带进了现实政治中，它的主要支持者是美国。此前，美国这个新的现代化国家，除了提出保护新大陆不被欧洲国家干扰的门罗主义外，再也没有提出其他解决国际关系的独特见解。现在，它突然被邀请对当代最重要的问题贡献精神力量，这是前所未有的事。美国人民向来希望建立世界的永久和平，他们对旧世界的政治传统极不信任，对旧世界的纠葛刻意保持着距离。正当美国人开始为协调欧洲国家的矛盾提出自己的见解时，德国的潜艇战把美国拖入了战争中，美国自然也加入反德联盟。威尔逊总统建立国际联盟的计划是企图在短时间内建立独特的美国世界，这是一个粗略的、欠全面考虑的、危险的计划。然而欧洲人却认为这是美国政府成熟的意见。1918年到1919年，欧洲普遍存在着强烈的厌战情绪和焦虑，为了阻止战争的再度爆发，它们不惜付出任何牺牲。但在旧世界中，没有一个政府愿意为了避免战争而放弃丝毫利益。威尔逊总统关于建立国家联盟的公开演说，在一段时间内，越过世界各国政府首脑，直抵民众的内心。他们把这一倡议看成是美国政府成熟的意图，因而反应强烈。不幸的是，威尔逊总统和各国政府打交道，而不是与民众打交道。他原本是一个拥有大智慧和开阔眼界的人，然而在推进这一政治实验时，他却表现出某些自私和狭隘。因此，由他唤起的巨大的政治热情，很快在民众身上消失了。

狄龙博士在他的《和平会议》一书中说："在威尔逊总统到达欧洲的海岸时，欧洲就像一块为陶工准备的黏土。人们从未如此渴望跟着摩西去那禁止战争的理想王国。在他们看来，威尔逊总统就是像摩西那样的正义的伟大的领袖。在法国，人们怀着敬畏和热情在他面前鞠躬。巴黎的工党领导人告诉我，他们在威尔逊总统面前流下了欢喜的泪水，并说为了帮助他实现那伟大的计划，他和同志们愿意出生入死。在意大利的工人阶级看来，他的名字犹如来自天堂的号角，它预示着新的世界就要到来。德国人把威尔逊总统和他的主张看成和平的保障。无所畏惧的米尔伦说：'如果美国总统威尔逊用最严厉的语言来批评德国人，他们也会全部接受，毫无怨言，并立即按照他的话去做。'在德意志和奥地利，他的名字就是救世主，可以把所有处于痛苦和悲伤的人拯救出来。"

这就是威尔逊总统带给人们的强烈希望。然而，他最终完全让人失望，他建立的国际联盟竟如此的软弱和无能。再讲述这些故事只会让人觉得烦冗和心情沉重。他夸大了我们人类共同的悲剧，他在他的梦想里是那样的伟大，然而他在他的表现中却又如此的无力。美国人对他们总统的做法提出异议，他们并不接受总统让美国加入欧洲联盟。有一部分美国人逐渐意识到，美国已经卷入了一场它本身毫无准备的争端中。欧洲人也逐渐意识到，美国并没有尽其所能地给旧世界带来什么实质性的东西。事实上，国际联盟是一个出生时就已经残废的早产儿，其复杂而不切实际的章程和明确限制的权力，已经成为有效重建国际关系之路上的一个严重障碍。如果国际联盟从未存在过，许多问题或许会更加简单和明朗。然而，最初欢迎这个计划的世界各地的像火一样的热情，以及世界人民——是人民而不是政府——要求制止战争的意愿，在每一本历史书都是重点记录的内容。在制造分裂和不善管理人类事务的目光短浅的政府背后，一支真正维持世界团结和建立世界新秩序的力量，正在形成并不断壮大。

从1918年起，世界进入了"会议时代"。这些会议中最成功和取得建设性成就的当属美国总统哈丁于1921年组织召开的华盛顿会议。此外还值得注意的是1922年召开的热那亚会议，德国和俄国都派代表出席了会议。在此，我们不对这些会议一一做详细的介绍。事实越来越清楚地表明，人类如果要避免极具破坏性和大规模屠杀的世界大战，就必须参与到世界重建这项艰苦的工作中来。国际联盟不过是一个纯粹的政治组织，它不过是在承认各现存国家的利益的前提下，对人类事务进行修补。这种在解决事实问题中无能为力的机制，根本无法适应我们所处的这个新时代的复杂的政治需求。人类必须系统运用和发展人类关系学、个人和群体心理学、金融和经济科学、教育学，以及其他仍然处于起步阶段的科学，那些狭隘的、陈旧的、消亡的或垂死的道义和政治上的观念，必将被人类具有相同的来源和相同的命运这样一种更清晰和更简单的观念所取代。

但是，如果当今人类面临的危险、混乱和灾难超越任何过去的经验，这是因为如今的科学给他们带来前所未有的力量。大胆地想象、详尽而清晰的表达以及周密地规划这样的科学方式，似乎带给人类不可控的力量，也给了人类控制这些力量的希望。人类仍然处于青春期，它的烦恼是不是衰老

飞机飞过诺斯霍尔特空军基地

和疲惫，而是实力不断增长但缺乏历练。当我们把整个人类历史看作是一个过程，当我们看到人类坚定不移地向上奋斗时，我们就会看到目前人类面临着多大的希望和危险。人类至今仍处于伟大的晨曦中，但是在鲜花和日落的美丽中，在幼小动物的快乐嬉戏和各种景观带来的喜悦中，我们总会领悟到生活对我们的启示。在某些少数的雕塑作品和绘画艺术作品中、在伟大的音乐作品中、在漂亮的贵族建筑和美丽的花园中，我们同样可以得到人类的意志可以用物质来表现的启示。我们有梦想，我们有着尽管散漫，但不断增加着的力量。谁会怀疑人类将实现超过我们最大胆想象的成就，谁会怀疑人类最终会实现团结与和平，谁会怀疑人类将不断生息繁衍，谁会怀疑我们的孩子将生活在我们用鲜血和生命换来的、比我们所知的所有宫殿或花园都要漂亮和有爱的世界里，然后去扩大冒险范围，取得更伟大的成就？

人类如今取得一切成就和建立的所有事业，与我们谈及的整个历史相比，只不过是伟大事业的开头而已。

附录

世界大事年表

　　大约在公元前1000年，雅利安人在西班牙半岛、意大利和巴尔干地区和北印度建立定居点。此时，诺索斯已经被摧毁，埃及的特多麦斯三世、阿麦诺菲斯三世和拉美西斯二世王朝已经过去三四百年。国力弱小的古埃及第二十一王朝正统治着尼罗河流域。以色列在早期国王的统治下是一个统一的王国。扫罗、大卫，甚至所罗门都有可能在位。阿卡德·苏美尔帝国的萨尔贡一世（公元前2750年）已成为巴比伦历史中遥远的记忆，比如今到君士坦丁大帝统治时代还要遥远。汉谟拉比已经死了一千年。亚述人已经占据了拥有少量军队的巴比伦。公元前1100年，提格拉特·帕拉沙尔占领了巴比伦，但没有将其永久征服，亚述和巴比伦仍然是独立帝国。在中国，周王朝正蓬勃发展。英格兰的巨石阵，此时已经出现了几百年。

　　接下来的两个世纪，埃及在第二十二王朝的统治下得到复兴；短暂的所罗门希伯来王国分裂；希腊人在巴尔干地区、意大利南部和小亚细亚扩散开来；伊特鲁里亚人主宰着意大利中部。下面是确实可查的年代表。

公元前

800年 兴建迦太基。

790年 埃塞俄比亚征服埃及，建立了第二十五王朝。

776年 举办第一届奥林匹克运动会。

753年 罗马建城。

745年 提格拉特·帕拉沙尔三世征服巴比伦，并创建新亚述帝国。

722年 萨尔贡二世开始以铁制武器武装亚述军队。

721年 萨尔贡二世把以色列人驱逐出境。

680年 亚述王以撒哈顿攻占埃及底比斯（埃塞俄比亚人的第二十五王朝覆灭）。

664年 普萨姆提克一世恢复埃及的自由，并建立第二十六王朝。

608年 埃及王尼科在米吉多之战中击败犹太王约西亚。

606年 迦勒底人和米堤亚人占领尼尼微，建立迦勒底帝国。

604年 尼科推进到幼发拉底河，被尼布甲尼撒二世打败（尼布甲尼撒把犹太人劫往巴比伦）。

550年 居鲁士二世取代了在位的米底国王阿斯提亚格斯；释迦牟尼、孔子和老子大约生活在这个时期。

539年 居鲁士占领巴比伦，建立了波斯帝国。

521年 希斯达斯贝斯的儿子大流士一世的儿子统治从多瑙河到鯏河流域的广大土地，并远征斯基台。他的探险队到西徐亚。

490年 马拉松战役。

480年 温泉关战役和萨拉米海战。

479年 普拉多战役和麦卡尔战役。

474年　伊特鲁里亚舰队被西西里岛的叙拉古人歼灭。

431年　伯罗奔尼撒战争开始（至404年）。

401年　远征波斯的军队"万人大撤退"。

359年　菲利普成为马其顿国王。

338年　凯罗尼亚战役。

336年　马其顿军队进入亚洲；菲利普被谋杀。

334年　格勒奈克斯河战役。

333年　伊苏斯战役。

331年　阿尔比勒战役。

330年　大流士三世被杀害。

323年　亚历山大大帝去世。

321年　旃陀罗笈多在旁遮普崛起；萨姆尼特人在古罗马卡夫丁城附近的卡夫丁峡谷击败了罗马军队。

281年　皮洛士入侵意大利。

280年　赫拉克里亚战役。

279年　奥斯库卢姆战役。

278年　高卢人入侵小亚细亚，定居加拉太。

275年　皮洛士离开意大利。

264年　第一次布匿战争；阿育王在比哈布尔登基（至227年）。

260年　米勒战役。

256年　埃克诺米斯战役。

247年　秦始皇成为秦王。

220年　秦始皇称帝。

214年　中国开始修建长城。

210年　秦始皇逝世。

202年　扎马战役。

146年　迦太基沦陷。

133年　阿塔罗斯把王国遗赠给罗马人。

102年　马略赶走日耳曼人。

100年　马略凯旋；中国征服了塔里木河流域。

89年　所有意大利人成为罗马公民。

73年　斯巴达克斯的奴隶起义。

71年　斯巴达克斯奴隶起义失败。

66年　庞培率领罗马军队到达里海和幼发拉底河。

48年　尤利乌斯·恺撒在法萨卢斯战役中击败了庞培。

44年　尤利乌斯·恺撒遇刺身亡。

27年　屋大维被尊称为"奥古斯都"（至公元14年）。

4年　拿撒勒人耶稣诞生。

公元

14年　屋大维逝世，由儿子提比略继位。

30年　拿撒勒人耶稣被钉死在十字架上。

41年　克罗狄乌斯（第一位军团皇帝）在卡利古拉遭暗杀后被士兵们拥立为皇帝。

68年　尼禄自杀。加尔巴、奥托、维泰利乌斯先后即位。

69年　韦斯帕西安成为罗马皇帝。

102年　班超到达里海。

117年　哈德良继图拉真后成为皇帝。罗马帝国的疆域达到顶峰。

138年　印度斯基泰人清除了希腊统治印度的最后痕迹。

161年　马克·奥勒留继安东尼·皮乌斯为帝。

164年 大瘟疫流行，直到180年马克·奥勒留逝世。这场瘟疫不仅给亚洲带来灾难，还让罗马帝国开始了近100年的战争和混乱。

220年 汉代灭亡，中国开始了长达四百年的分裂时期。

227年 阿尔达希尔灭亡安息王朝。

242年 摩尼开始传教。

247年 哥特人渡过多瑙河，大举入侵罗马帝国。

251年 哥特人打败并杀死罗马皇帝德西乌斯。

260年 第二萨珊国王撒波一世攻占安提奥克，俘获瓦勒安皇帝，但他从小亚细亚撤回里被帕尔米的奥迪尼林斯打败。

277年 摩尼被钉死在十字架上。

284年 戴克里先成为罗马皇帝。

303年 戴克里先迫害基督徒。

311年 罗马皇帝加莱里乌斯停止迫害基督徒。

312年 君士坦丁大帝成为罗马皇帝。

323年 君士坦丁主持召开尼西亚宗教会议。

337年 君士坦丁在临终前接受洗礼。

361-363年 朱利安的叛教者试图替代密特拉教基督教。

392年 狄奥多西成为东罗马和西罗马皇帝。

395年 狄奥多西大帝去世；霍诺留和阿卡丢把罗马帝国划分为东、西两部分。

410年 西哥特人在阿拉里克的率领下攻占罗马。

425年 汪达尔人定居于西班牙南部；匈奴人占领潘诺尼亚；哥特人定居于达尔马提亚；西哥特人和苏维汇人来到葡萄牙和西班牙北部；盎格鲁人入侵英格兰。

439年 汪达尔人攻占了迦太基。

451年 阿提拉入侵高卢和弗兰克斯，在特鲁瓦被阿勒曼尼人和罗马人击败。

453年 阿提拉去世。

455年 汪达尔人洗劫了罗马。

476年 奥多亚克向君士坦丁堡报告西方已没有皇帝。西罗马帝国结束。

493年 东哥特狄奥多里克征服了意大利，并成为意大利国王，但名义上仍向君士坦丁堡称臣。

527年 查士丁尼称帝。

529年 查士丁尼关闭了有一千多年历史的雅典学校。贝利萨留（查士丁尼的一位将军）攻占了那不勒斯。

531年 科斯罗伊斯一世登基。

543年 君士坦丁堡暴发瘟疫。

553年 哥特人被查士丁尼逐出意大利。

565年 查士丁尼去世；伦巴第人征服了大部分北意大利。

570年 穆罕默德出生。

579年 科斯罗伊斯一世去世；伦巴第人统治意大利。

590年 瘟疫肆虐罗马；科斯洛埃斯二世登基。

610年 赫拉克利乌斯登基。

619年 科斯洛埃斯二世攻占埃及、耶路撒冷和大马士革，驻军赫勒斯庞特。

622年 穆罕默德从麦加逃到麦地那。

627年 赫拉克利乌斯在尼尼微打败波斯军队；唐太宗成为皇帝。

628年 卡瓦特二世谋杀了他的父亲科斯洛埃斯二世。穆罕默德写信给各国的统治者。

629年 穆罕默德返回麦加。

632年 穆罕默德去世，阿布·伯克尔成为哈里发。

634年 雅姆克河战役爆发；穆斯林攻占了叙利亚，奥马尔成为第二位哈里发。

635年 唐太宗接见景教传教士。

637年 卡第西亚战役爆发。

638年 耶路撒冷投降哈里发奥马尔。

642年 赫拉克里乌斯去世。

643年 奥斯曼成为第三任哈里发。

655年 穆斯林打击了拜占庭舰队。

668年 摩阿维亚的哈里发从海路进攻君士坦丁堡。

687年 赫里斯塔尔的丕平做了宫相。

711年 穆斯林军队从非洲入侵西班牙。

715年 哈里发瓦利德一世的领土从比利牛斯山延伸到中国。

717–718年 瓦利德的儿子和继承人苏莱曼，攻打君士坦丁堡失败。

732年 查理·马尔泰在普瓦捷附近击败穆斯林军队。

751年 丕平接受加冕成为法国国王。

768年 丕平去世。

771年 查理曼成为法兰克王。

774年 查理曼征服了伦巴底。

786年 诃隆·阿尔·拉西德成为巴格达阿拔斯王朝的哈里发（至809年）。

795年 利奥三世成为教皇（至816年）。

800年 利奥教皇为查理曼加冕。

802年 埃格伯特成为威塞克斯国王。

810年 保加利亚大公克鲁姆击败并杀死了皇帝尼基福鲁斯。

814年 查理曼大帝去世。

828年 埃格伯特成为英格兰第一位国王。

843年 虔诚者路易去世，法国卡洛林王朝开始分裂。

850年 一个名叫留里克的北欧人成为诺夫哥罗德和基辅的统治者。

852年 保加利亚国王鲍里斯成为第一个基督教国王（至884年）。

865年 俄罗斯人的舰队威胁君士坦丁堡。

904年 俄罗斯舰队离开君士坦丁堡。

912年 罗伦成为诺曼底公爵。

919年 亨利当选德国国王。

936年 奥托一世继位成为德意志国王。

941年 俄国舰队再次威胁君士坦丁堡。

962年 德意志国王奥托一世由约翰十二世加冕为第一撒克逊皇帝。

987年 休·卡佩成为法国国王。法国加洛林王朝覆灭。

1016年 克努特成为英格兰、丹麦和挪威王。

1043年 俄罗斯舰队威胁君士坦丁堡。

1066年 诺曼底公爵威廉征服英国。

1071年 塞尔柱土耳其人复兴伊斯兰教；梅拉斯吉特战役爆发。

1073年 希尔德布兰德成为教皇（即格里高利七世）。

1084年 诺曼人罗伯特·奎斯卡德洗劫了罗马。

1087年 乌尔班二世任教皇（至1099年）。

1095年 乌尔班二世在克莱蒙特发动第一次十字军东征。

1096年 民众组成的十字军遭到屠杀。

1099年 布荣的戈弗雷占领耶路撒冷。

1147年 第二次十字军东征。

1169年 萨拉丁成为埃及苏丹。

1176年 弗里德里希·巴巴罗萨在威尼斯承认教皇亚历山大三世至高无上权力。

1187年 萨拉丁占领耶路撒冷。

1189年 第三次十字军东征。

1198年 教皇英诺森三世即位（至1216年），成为西西里国王弗里德里希二世（4岁）的监护人。

1202年 第四次十字军东征，进攻东罗马帝国。

1204年 拉丁人攻占了君士坦丁堡。

1214年 成吉思汗攻占了北京。

1226年 阿西西的圣方济各去世。

1227年 成吉思汗去世，窝阔台继位。

1228年 弗里德里希二世发动第六次十字军东征，并征服耶路撒冷。

1240年 蒙古人摧毁基辅，向俄罗斯索贡。

1241年 蒙古人在西里西亚的利埃格尼战役中获胜。

1250年 弗里德里希二世去世，直至1273年无人即位。

1251年 蒙哥成为大汗；忽必烈做了中国皇帝。

1258年 旭烈兀摧毁了巴格达。

1260年 忽必烈成为大可汗。

1261年 希腊人从拉丁人手中收复君士坦丁堡。

1273年 哈布斯堡家族的鲁道夫成为皇帝。

1280年 忽必烈建立元朝。

1292年 忽必烈去世。

1293年 实验科学的先驱罗杰·培根去世。

1348年 黑死病开始蔓延。

1368年 元朝灭亡，明朝建立。

1377年 教皇格里高利十一世回到罗马。

1378年 教皇分立：乌尔班六世居罗马，克勒芒七世居阿维农。

1398年 胡斯在布拉格宣传威克利夫教义。

1414–1418年 召开康斯坦茨宗教会议。

1415年 胡斯被烧死。

1417年 教皇分裂结束。

1453年 穆罕默德二世率领奥斯曼土耳其人攻占君士坦丁堡。

1480年 莫斯科大公伊凡三世脱离蒙古人。

1481年 苏丹穆罕默德二世准备征服意大利时去世。

1486年 迪亚斯绕过好望角。

1492年 哥伦布横渡大西洋到达美洲。

1498年 马克西米连一世成为神圣罗马皇帝。

1498年 瓦斯科·达伽马绕过了好望角，到达印度。

1499年 瑞士成为独立共和国。

1500年 查理五世出生。

1509年 亨利八世继任英格兰国王。

1513年 利奥十世任教皇。

1515年 弗朗西斯一世成为法国国王。

1520年 苏莱曼成为苏丹（至1566年），统治从巴格达到匈牙利的广阔领土；查理五世成为皇帝。

1525年 巴贝尔赢得帕尼帕特战役，攻占了德里，建立莫卧儿帝国。

1527年 德国军队在波旁公爵的率领下，掠夺罗马。

1529年 苏莱曼围攻维也纳。

1530年 查理五世由教皇加冕；亨利八世与罗马教廷开始争吵。

1539年 耶稣会成立。

1546年 马丁·路德去世。

1547年 伊凡四世成为俄国沙皇。

1556年 查理五世退位；阿克巴统治大莫卧儿帝国（至1605年）。

1558年 查理五世去世。

1566年 苏莱曼大帝逝世。

1602年 詹姆斯一世成为英格兰和苏格兰国王。

1620年 "五月花号"帆船到达美洲；第一批黑奴运抵詹姆斯敦（今弗吉尼亚州）。

1625年 查尔斯一世成为英格兰国王。

1626年 弗朗西斯·培根爵士去世。

1643年 路易十四开始执政，开始长达72年的统治。

1644年 满族人灭亡明朝。

1648年 签订《威斯特伐利亚条约》。

1649年 查理一世被处死。

1658年 阿克巴成为莫卧儿帝国君主。克伦威尔去世。

1660年 查尔斯二世即位英格兰国王。

1674年 英国夺取新阿姆斯特丹，并改名为纽约。

1683年 土耳其最后攻击维也纳，被波兰约翰三世打败。

1689年 彼得大帝成为俄国沙皇。

1701年 弗里德里希一世成为普鲁士国王。

1707年 莫卧儿帝国解体。

1713年 普鲁士弗里德里希大帝出生。

1715年 路易十五成为法国国王。

1755–1763年 英国和法国争夺美洲和印度；法国与奥地利、俄国结盟，对抗普鲁士和英国，开始"七年战争"（1756–1763年）。

1759年 英国将军沃尔夫占领魁北克。

1760年 乔治三世即位。

1763年 加拿大割让给英国；英国开始统治印度。

1769年 拿破仑·波拿巴出生。

1774年 路易十六即位。

1776年 美利坚合众国发表《独立宣言》。

1783年 英国和美国签订《巴黎和约》,英国承认美国独立。

1787年 美国联邦政府在费城成立。

1788年 美国第一联邦国会在纽约召开。

1789年 法国召开三级会议；巴士底狱被攻占。

1792年 法国对奥地利宣战；普鲁士对法国宣战；瓦尔米战役；法兰西成为共和国。

1793年 路易十六被斩首。

1794年 罗伯斯庇尔被处死，雅各宾共和国结束。

1795年 督政府成立；拿破仑·波拿巴出征意大利。

1798年 波拿巴远征埃及；尼罗河战役。

1799年 波拿巴返回法国，就任第一执政官。

1804年 拿破仑·波拿巴称帝。

1806年 普鲁士军队在耶拿被打败。

1808年 拿破仑封他的弟弟约瑟夫为西班牙国王。

1810年 西班牙的美洲殖民地成为共和国。

1812年 拿破仑从莫斯科撤退。

1814年 拿破仑退位，路易十八即位。

1824年 查理十世成为法国波旁王朝国王。

1825年 尼古拉一世成为沙皇。世界上第一条铁路——英国斯托克顿至达林顿的铁路建成通车。

1827年 诺瓦里诺战役。

1829年 希腊独立。

1830年 路易·菲利普推翻查理十世；比利时脱离荷兰；利奥波德一世成为比利时国王；俄属波兰起义，最终被镇压。

1835年 第一次使用"社会主义"这个词。

1837年 维多利亚女王即位。

1840年 维多利亚女王与阿尔伯特亲王结婚。

1852年 拿破仑三世登基成为兰西帝国皇帝。

1853–1856年 克里米亚战争。

1855年 亚历山大二世即位，成为沙皇。

1861年 亚伯拉罕·林肯成为美国总统；美国内战爆发。

1865年 日本向世界开放。

1870年 拿破仑三世对普鲁士宣战。

1871年 巴黎投降（1月）；普鲁士国王成为"德意志皇帝"；签订《法兰克福和约》。

1878年 签订《柏林条约》，西欧开始46年的武装和平时期。

1888年 弗里德里希三世（3月）和威廉二世（6月）成为德国皇帝。

1894–1895年 甲午中日战争。

1904–1905年 日俄战争。

1912年 中华民国成立。

1914年 第一次世界大战在欧洲爆发。

1917年 两次俄国革命，俄国建立布尔什维克政权。

1918年 第一次世界大战结束。

1920年 国际联盟召开首次会议，德国、奥地利、俄罗斯和土耳其被排除在外，美国没有派代表出席。

1921年 希腊完全抛开国际联盟，与土耳其开战。

1922年 希腊人在小亚细亚被土耳其人打败。